NPDP 过关 1000 题

陈和兰　朱焕　编著

NPDP 是新产品开发专业人士资格认证，是产品经理职业生涯中一块重要的敲门砖。为更好地适应 NPDP 培训认证的发展需要，本书作者精心编撰了大量的章节练习题和综合模拟题，这些题目严格依据 NPDP 考纲和官方教材内容编写，旨在全方位、多角度地检验考生的理论知识水平和实践能力。书中不仅涵盖 NPDP 考试所涉及的各个知识点，还提供了详尽的答案解析，帮助考生深入理解每一个概念的应用，以提高 NPDP 考试通过率。本书主要读者对象为参加 NPDP 培训和准备认证考试的人士，以及广大产品研发管理人员和项目经理。

图书在版编目（CIP）数据

NPDP 过关 1000 题 / 陈和兰，朱焕编著. -- 北京：机械工业出版社，2024. 8. -- ISBN 978-7-111-76593-6

Ⅰ．F273.2-44

中国国家版本馆 CIP 数据核字第 2024FP6320 号

机械工业出版社（北京市百万庄大街 22 号　邮政编码 100037）
策划编辑：张星明　　　　　　　责任编辑：张星明　陈　倩
责任校对：张爱妮　张亚楠　　　责任印制：郜　敏
三河市航远印刷有限公司印刷
2024 年 10 月第 1 版第 1 次印刷
184mm×260mm·23.5 印张·554 千字
标准书号：ISBN 978-7-111-76593-6
定价：98.00 元

电话服务　　　　　　　　　网络服务
客服电话：010-88361066　　机　工　官　网：www.cmpbook.com
　　　　　010-88379833　　机　工　官　博：weibo.com/cmp1952
　　　　　010-68326294　　金　书　网：www.golden-book.com
封底无防伪标均为盗版　　　机工教育服务网：www.cmpedu.com

前　言

企业通过为客户提供产品或服务盈利并得以生存和发展。产品管理覆盖产品的战略、创意、开发、上市及生命周期管理等多个环节，为企业的产品全方面管理提供了一套完整的方法论。在长期的产品管理实践中，我们深刻体会到这套方法论的重要性，并一直致力于将其普及与传承。

产品开发与管理协会（Product Development and Management Association，PDMA）推出的 NPDP 是产品管理领域国际公认的唯一新产品开发权威认证。《NPDP 知识体系指南》是 NPDP 考试的基本出题依据。对于大部分人而言，参加 NPDP 认证的培训课程并通过 NPDP 考试，是掌握基于《NPDP 知识体系指南》的产品管理体系的高效方法。

在 NPDP 认证考试课程的日常培训中，经常有考生询问在哪里可以找到系统、高质量的考试模拟题。的确，目前市面上很难找到这一领域的优质的书籍。因此，为了更好地推广产品管理知识体系，更好地服务广大 NPDP 考生，帮助广大考生更轻松地通过 NPDP 考试，我们编纂了这本《NPDP 过关 1000 题》。

本书的章节结构严格按照 NPDP 考纲设计，内容分为四部分：第一篇是 NPDP 章节练习题，第二篇是 NPDP 综合模拟试题，第三篇是 NPDP 章节练习题参考答案及解析，第四篇是 NPDP 综合模拟试题参考答案及解析。

章节练习题紧扣每一章的主题，确保考生能复习巩固每一章的内容；综合模拟题用于综合检验考生的整体复习效果。一般建议考生在学习完一个章节之后即开始本章章节练习题的答题，答题完成之后结合参考答案和解析认真比对答题效果，针对本章的错题通过自己看书或求助老师分析错误原因和症结，确保能清晰地掌握这些错题的原理。

综合模拟题全面仿真考试情境，适用于考生学习完整个课程之后进行练习。考生在学习完所有内容后进入集中强化练习阶段，这时就可以集中开始四套综合模拟题的练习。这样不仅能在考前就身临其境地体验考试状态，还能针对错题进行查漏补缺，从整体上对 NPDP 考试有更深入的理解和掌握。

在编著本书的过程中，我们投入了大量的时间进行研究，确保每一道题目和每一个解析都是高质量和高价值的。历经数月，通过反复研究 NPDP 的考纲，分析历年出题思路，确保本书的练习题和模拟题能够覆盖所有的考试点并能够反映最新的考试趋势。除此之外，我们还参考了大量的案例研究，确保每个解析不但准确无误，而且能提供深刻的见解和实际操作的指导。

在本书即将出版之际，我们要感谢所有为本书做出贡献的人，他们的专业知识和无私奉献是这本书得以完成的基石。我们还要感谢我们的家人，感谢他们在我们写作期间给予了无限的支持和鼓励。

最后，我们希望本书能够成为您的良师益友，不仅帮助您通过 NPDP 考试，还能帮助您在产品管理的职业道路上走得更远。

陈和兰　朱焕
2024 年 6 月 15 日

目　录

前言

第一篇 | NPDP 章节练习题

第 1 章　战略 ··· 2
第 2 章　组合管理 ··· 11
第 3 章　产品创新流程 ··· 15
第 4 章　产品设计与开发工具 ··· 23
第 5 章　产品创新中的市场调研 ··· 32
第 6 章　文化、团队与领导力 ··· 37
第 7 章　产品创新管理 ··· 43

第二篇 | NPDP 综合模拟试题

NPDP 综合模拟试题（一）··· 52
NPDP 综合模拟试题（二）··· 80
NPDP 综合模拟试题（三）··· 106
NPDP 综合模拟试题（四）··· 137

第三篇 | NPDP 章节练习题参考答案及解析

第 1 章　战略练习题参考答案及解析 ··· 164
第 2 章　组合管理练习题参考答案及解析 ··· 177
第 3 章　产品创新流程练习题参考答案及解析 ··· 182
第 4 章　产品设计与开发工具练习题参考答案及解析 ······························· 195
第 5 章　产品创新中的市场调研练习题参考答案及解析 ··························· 206

第 6 章　文化、团队与领导力练习题参考答案及解析 …………………………… 213

第 7 章　产品创新管理练习题参考答案及解析 …………………………………… 220

第四篇 | NPDP 综合模拟试题参考答案及解析

NPDP 综合模拟试题（一）参考答案及解析 ………………………………………… 232

NPDP 综合模拟试题（二）参考答案及解析 ………………………………………… 265

NPDP 综合模拟试题（三）参考答案及解析 ………………………………………… 309

NPDP 综合模拟试题（四）参考答案及解析 ………………………………………… 327

第一篇

NPDP章节练习题

第1章

战　略

1. 以下关于平台项目的描述中，哪个是正确的？
   A. 构成产品系列开发的基础　　　　B. 总要导入创新性技术
   C. 轻微地影响产品功能　　　　　　D. 通常涉及支持一条产品线的改变

2. Cox 公司采取的开放式创新做法是：与各种各样的合作方合作，同时创新渠道的开放度也很高。Cox 公司是哪种开放式创新类型？
   A. 特殊型创新者　　　　　　　　　B. 整合型创新者
   C. 封闭型创新者　　　　　　　　　D. 开放型创新者

3. 在可持续产品创新中，经常会提到外部性（Externalities）这一概念。外部性是指什么？
   A. 企业在可持续创新时，考虑外部竞争者的影响，从而制定相应的可持续发展战略
   B. 产品对人或环境的影响，而该影响并未反映在产品的市场定价中。政府会通过政策或法规的方式将外部性纳入产品价格
   C. 企业考虑外部环境，比如行业结构、行业规模、行业增速等，制定可持续创新战略
   D. 与"三重底线"的概念相同

4. Dennis 正在制定数字化战略。在明确愿景、使命、价值观及支持战略后，他决定采用数字化战略制定的结构化流程。现在已经完成识别工作，Dennis 接下来要进行哪步？
   A. 排序　　　　B. 设计　　　　C. 实施　　　　D. 改进

5. 采用风险投资、授权许可或联盟等方式参与开放式创新，属于哪类参与者？
   A. 中介者　　　B. 提供者　　　C. 开放者　　　D. B 和 C 选项

6. "三重底线"是一种可持续性计分卡，它衡量哪些方面？
   A. 财务、社会和环境　　　　　　　B. 利润、人类和地球
   C. A 和 B 选项　　　　　　　　　　D. 以上皆错

7. Eric 最近准备创业。他学习了一种以创业者为中心的经营策划方法，该方法包含客户细分、价值主张、渠道通路、客户关系、收入来源、关键业务、核心资源、重要合作和

成本结构。请问该方法是以下哪种？
A. 精益创业画布　　B. 创新画布　　C. 商业模式画布　　D. 商业计划书

8. 核心竞争力是什么？
A. 能让一个企业比其他公司做得更好的能力，通过该能力提供独特的竞争优势
B. 团队或小组具备的能力
C. 新产品的所有功能可以满足客户需求
D. 软能力

9. David 是一家宠物用品公司的产品经理。最近，他被提拔到公司新设立的战略发展部担任负责人。David 需要制定战略，他要为此做一些准备，并运用一些结构化方法和工具。除了以下哪种方法，David 都可以用来制定战略？
A. SWOT 分析　　B. PESTLE 分析　　C. 德尔菲技术　　D. 概念工程

10. 具有知识产权的新产品价值可以通过什么途径产生？
A. 用公司品牌来营销该专利产品　　B. 把知识产权卖给另一家公司
C. 把知识产权授权给另一家公司　　D. 以上皆对

11. 宝洁公司将专利开放给外部共同开发产品。这属于哪种创新模式？
A. 激进式创新　　B. 延续式创新　　C. 常规式创新　　D. 开放式创新

12. A 公司是一家世界 500 强公司，拥有多条产品线，某些产品在市场上非常成功。但公司高级管理层认为不但产品间缺乏衔接，而且产品研发时间过长，导致产品的整体更新换代速度十分缓慢。如果请你提出建议，你会怎么提？
A. 更换产品经理
B. 检查该公司的项目组合管理体系是否健全
C. 审查产品创新流程是否合理
D. 制定产品平台战略

13. 什么是分析者战略？
A. 经常采用新技术　　　　　　　　B. 通过模仿探索者的成功创意而生存
C. 总是维护它的市场地位　　　　　D. 率先进入市场

14. 营销组合战略四要素中不包含以下哪个？
A. 产品　　B. 促销　　C. 价格　　D. 人

15. 以下哪个不是知识产权管理方法？
A. 被动型　　B. 主动型　　C. 分析型　　D. 优化型

16. 对组织信念进行说明，阐述组织存在的意义。这是以下哪个？
    A. 愿景　　　　　　B. 使命　　　　　　C. 价值观　　　　　　D. 战略

17. Y 公司处于一个竞争激烈的行业，快速上市是克敌制胜的关键。Sam 希望在未来能够快速推出一系列标准化产品，并简化产品设计。以下哪种是最佳方法？
    A. 采用敏捷方法　　　　　　　　　　　B. 加快关口评审速度
    C. 加快在市场中推广产品　　　　　　　D. 制定有效的产品平台战略

18. 在产品创新中，战略被定义为"公司实现长期目标，反映公司的行业定位、新机会和可用资源的策略"。应该如何理解战略？
    A. 战略就是严肃地玩一场游戏　　　　　B. 战略就是确定资源分配
    C. 战略就是聚焦　　　　　　　　　　　D. 战略就是战术的运用

19. 在波士顿矩阵中，哪类产品位于高增长和高市场份额象限？
    A. 瘦狗产品　　　B. 现金牛产品　　　C. 明星产品　　　D. 问题产品

20. 通过控制库存商品及平衡可再生资源的流动，保护并增加自然资源。这是以下哪种经济？
    A. 回收经济　　　B. 发展经济　　　C. 循环经济　　　D. 演化经济

21. 产品营销组合通常由4P组成，以下哪个不是4P中的要素？
    A. 产品（Product）　　　　　　　　　B. 平台（Platform）
    C. 价格（Price）　　　　　　　　　　D. 地点（Place）

22. 迪士尼公司对外声明中有一句话是"制造快乐"。这是该公司的什么？
    A. 愿景　　　　　　B. 使命　　　　　　C. 价值观　　　　　　D. 战略

23. 开放式创新的典型特点是什么？
    A. 节省组织研发成本　　　　　　　　　B. 有更多的创意涌现
    C. 节约组织人员时间　　　　　　　　　D. 利用外部智力，共同创造价值

24. 某公司正在利用气泡图平衡项目组合。该公司制定的创新战略是分析者战略，组合管理人员发现很大比例的项目处于高风险高回报的问题象限。该公司平衡组合的工作是否正确？
    A. 正确。野猫项目是高回报项目，投资回报可观
    B. 正确。分析者战略是高风险的创新战略，与野猫项目正好一致
    C. 不正确。分析者战略是跟随式的战略，与野猫项目不一致
    D. 不正确。野猫项目的风险过高，无法预计投资回报

25. 苹果公司利用 Apple Store 开启了新的商业模式。商业模式的核心要素包括哪些?
    Ⅰ. 价值主张   Ⅱ. 盈利模式   Ⅲ. 核心技术   Ⅳ. 关键风险
    A. Ⅰ、Ⅱ   B. Ⅱ、Ⅲ   C. Ⅰ、Ⅱ、Ⅲ   D. Ⅰ、Ⅱ、Ⅲ、Ⅳ

26. 考虑到包括关乎所有相关方的全球因素的创新办法被称作什么?
    A. 相关方创新   B. 可持续创新   C. 连续创新   D. 以上皆错

27. 兔八哥餐馆是一家位于美国纽约的中餐馆,它的产品是一款名为"兔八哥"的中式快餐,仅在中午售出(早餐和晚餐均不提供),客户群定位为上班的白领,快餐只有三种口味可选,下单后直接送到纽约核心商业区的办公楼中。事实表明,这款产品很受客户欢迎。如果用波特的战略框架进行分析,兔八哥餐馆应用了哪种产品战略?
    A. 差异化战略   B. 细分市场战略   C. 成本领先战略   D. 快速跟进战略

28. 在开放式创新类型中,创新渠道开放度高,合作方多样性低,属于哪种类型?
    A. 整合型创新者   B. 开放型创新者   C. 特殊型创新者   D. 封闭型创新者

29. 产品平台战略的优点在于什么?
    A. 迅速且持续地开发产品   B. 鼓励从长远角度看待产品战略
    C. 与竞争产品相比,具备显著不同的特点   D. 以上皆对

30. 企业的愿景是什么?
    A. 产品创新项目的目标   B. 表述企业观念的哲学
    C. 价值取向   D. 企业最期望的未来状态

31. 使命能够帮助组织实现什么?
    A. 聚焦人力和资源   B. 启发思想
    C. 计划推出产品   D. 以较低利率获得资本

32. 以下哪个是知识产权的例子?
    A. 保密协议   B. 专利   C. 商标   D. B 和 C 选项

33. 奇力公司有一款利润可观的产品,其高居市场份额榜首多年。在此期间,没有明确的理由改变该款产品的功能或对其进行重大改进。目前,有一个新的竞争对手通过新技术开发了一款新产品并进入市场,但该产品的某些特点不如奇力公司当前的产品。面对该情况,奇力公司应该怎么办?
    A. 将其视为一个潜在的颠覆式创新
    B. 奇力公司的市场份额很高,可以无惧竞争对手

C. 降低奇力公司的产品价格
D. 对奇力公司的产品功能稍加改善

34. "我们是一个什么样子的组织"，对该问题的回答可用于定义一个组织的什么？
    A. 组织结构   B. 人力资源政策
    C. 愿景   D. 使命

35. 不同类型开放式创新者的关键成功因素和管理风格有所不同，整合型创新者的关键成功因素和管理风格分别是什么？
    A. 技术导向和高度参与式   B. 技术、服务、时间和参与式
    C. 质量、服务、时间、品牌和自上而下式   D. 以上皆错

36. 关于组织纲领、哲学、宗旨、经营原则和信念的说明被称作什么？
    A. 战略   B. 目标   C. 使命   D. 价值观

37. 一些组织专注于小众市场而不是宽市场，其采用了以下哪种战略？
    A. 成本领先战略   B. 防御者战略   C. 市场细分战略   D. 差异化战略

38. 一种展示技术性能随时间变化的图被称作什么？
    A. 炒作图   B. 技术S曲线
    C. 产品生命周期曲线   D. 现金流曲线

39. 在波士顿矩阵中，明星产品被定义为市场份额高但增长潜力大的产品。公司应该对此类产品采取什么策略？
    A. 从产品中最大限度地获取利润
    B. 在产品依然赚钱时将其卖掉
    C. 对产品、竞争对手和市场进行详细分析，为该产品的未来制定有效的战略
    D. 投资，实现增长

40. 一家出口新鲜水果的公司开发了一个苹果新品种。该品种的苹果非常小，可以一口吃掉，特别适合幼儿食用。该公司应该申请什么类型的知识产权对该品种加以保护？
    A. 植物品种权   B. 商业秘密   C. 版权   D. 专利

41. 选择将要提供的产品及其所在的市场，这是什么战略？
    A. 经营战略   B. 公司战略   C. 产品创新战略   D. 营销战略

42. 技术开发重在分析和再造，是以下哪种战略类型？
    A. 回应者战略   B. 探索者战略   C. 防御者战略   D. 分析者战略

43. 主要以商业模式创新的战略是什么？
    A. 延续式创新 B. 颠覆式创新 C. 常规式创新 D. 激进式创新

44. 在创新景观图中，将颠覆式技术创新和商业模式创新进行有效整合的是哪种创新？
    A. 常规式创新 B. 颠覆式创新 C. 激进式创新 D. 架构式创新

45. 根据技术S曲线，采取高风险战略的组织会在哪个阶段采用新技术？
    A. 概念阶段 B. 引入阶段 C. 成长阶段 D. 成熟阶段

46. 针对风险管理与诉讼，优化型的知识产权管理方法会怎么做？
    A. 回应意外诉讼 B. 监控风险，防御侵权
    C. 保护知识产权 D. 为高风险投保

47. 营销战略中对产品的描述包括哪三个不同层次？
    A. 主要利益、次要利益、附加利益 B. 主要性能、次要性能、增强性能
    C. 有形特性、无形价值、附加利益 D. 核心利益、有形特性、增强特性

48. 开放式创新不包括以下哪种做法？
    A. 从其他组织购买流程或发明
    B. 获取专利使用许可
    C. 将不能用于公司业务的内部发明转移到公司外部
    D. 控制组织内部知识，不让其流出

49. 平台型项目是以下哪个？
    A. 形成系列产品开发的基础 B. 总要引进新技术
    C. 小幅增强产品功能 D. 支持一条产品线的小改变

50. 开放式创新参与方式不包括什么？
    A. 开放者 B. 提供者 C. 中介者 D. 防御者

51. Mary在制定公司的能力战略。她已经明确了公司的使命、目标、经营战略和创新战略。她下一步要做什么？
    A. 进行"能力盘点"，对组织当前资源和优势做到心中有数
    B. 进行SWOT分析，重点分析组织利用机会和应对威胁的能力
    C. 识别所需能力与现有能力之间的差距
    D. 明确组织应如何开发所需能力及获得所需资源

52. 除了以下哪个，都是制定可持续经营战略的步骤？
    A. 评估问题并明确目标   B. 将客户需求和设计属性进行关联
    C. 在组织使命中纳入可持续性   D. 制定可持续战略

53. JAD 公司在开发新产品并将其商业化的过程中，在经济、环境和社会等方面体现可持续发展特征，并在产品生命周期的采购、生产、使用和服务结束全阶段予以落实，同时强调需要全球视野，超越产品或服务的主要生命周期，并考虑所有相关方。这是以下什么实践？
    A. 可持续发展   B. 循环经济
    C. 可持续产品创新   D. 外部性

54. 采用多轮问卷调查并将调查结果发给专家小组是以下哪种方法？
    A. SCAMPER 分析   B. SWOT 分析   C. 德尔菲技术   D. PESTLE 分析

55. 基于政治、经济、社会、技术、法律和环境的结构化分析工具是什么？
    A. PESTLE 分析   B. 可行性分析   C. 德尔菲技术   D. SWOT 分析

56. 可持续性成熟度模型中，最高的成熟度等级是以下哪个？
    A. 初始级   B. 改进级   C. 领先级   D. 成功级

57. 在波特竞争战略中，以下哪个不适用成本领先战略？
    A. 通过吸引价格敏感型客户提升公司的市场份额
    B. 大规模生产日常用品企业
    C. 快速消费品
    D. 创新型高科技产品一开始投入市场

58. 既满足当代发展需要，又不损害后代满足自身需要能力的发展模式被称作什么？
    A. 可持续产品创新   B. 可持续发展   C. 循环发展   D. 循环经济

59. 在可持续性成熟度模型中，第二级成熟度是以下哪个？
    A. 领先级   B. 改进级   C. 成功级   D. 初始级

60. 可持续性应与以下哪个方面结合？
    A. 战略、组合   B. 产品创新流程、营销组合
    C. 产品设计与开发   D. 以上皆对

61. 以下哪个是组织身份的特征？
    A. 政治性   B. 持久性   C. 难以辨识性   D. 相似性

62. F 公司准备开发一款新车，底盘采用现有的共用模块（Common Building Block，CBB）。该产品创新适合采用以下哪种战略？
    A. 技术战略　　　B. 技术战略　　　C. 平台战略　　　D. 能力战略

63. G 公司在开发鞋子的时候，采用了可降解材料以平衡可再生资源的流动。请问该公司采用的是何种创新方法？
    A. "三重底线"　　B. 可持续创新　　C. 循环经济　　　D. 可持续开发

64. C 公司正在开发苹果新品种，选择哪种方式保护知识产权最合适？
    A. 植物品种权　　B. 品牌　　　　　C. 商标　　　　　D. 版权

65. 不同类型开放式创新者的关键成功因素和管理风格有所不同，封闭型创新者的关键成功因素和管理风格分别是什么？
    A. 技术导向和高度参与式
    B. 技术、服务、时间和参与式
    C. 质量、服务、时间、品牌和自上而下式
    D. 质量、服务、时间、品牌、技术和自上而下式

66. 描述1：通过有目的的知识流入和流出加速内部创新，并利用外部创新扩展市场的一种创新范式。描述2：在产品生命周期中，从经济、环境和社会角度强调可持续发展的重要性，并在采购、生产、使用和服务结束的若干阶段遵循可持续发展模式。以上关于开放式创新的描述，哪个是正确的选项？
    A. 描述1对，描述2错　　　　　　B. 描述2对，描述1错
    C. 全对　　　　　　　　　　　　D. 全错

67. 你被任命为一家乳制品公司的顾问，该公司在竞争激烈的全球市场中非常重视制造和销售同质化的产品。你最有可能向该公司推荐波特竞争战略中的哪种？
    A. 差异化　　　　B. 成本领先　　　C. 细分市场　　　D. 以上皆对

68. 波特认为可以通过以下哪种通用战略确定组织的优势？
    A. 相关战略　　　　　　　　　　B. 可持续性战略
    C. 成本领先战略　　　　　　　　D. 集合战略

69. 以豪华轿车为例，以下哪种说法最能够涵盖产品的三个层次？
    A. 一种运输工具、身份的象征、产品交付与融资
    B. 身份的象征、售后服务、无限期质保
    C. 一种运输工具、财富的展示、汽车拥有者的声望与权力
    D. 身份的象征、皮质座椅与内饰、售后服务

70. F 电动汽车公司高级管理层认为，现在电动汽车虽然有很多问题但也有很多新的机会，公司要借助自身开发和应用的灵活性，快速上市以占领更大的市场份额。F 电动汽车公司采用的是什么战略？
    A. 探索者　　　　B. 分析者　　　　C. 防御者　　　　D. 回应者

71. 以下哪种战略开发和应用新技术的灵活性强？
    A. 探索者　　　　B. 分析者　　　　C. 防御者　　　　D. 回应者

72. Bob 正在领导公司的高级管理者一起制定战略。以下哪个是战略的定义？
    A. 一种基于洞察力和远见的想象。它揭示了可能性和实践制约条件，描述了组织最期望的未来状态
    B. 有关组织的纲领、思想、目的、商业准则和公司信念的表述，使得组织的精力和资源得以集中
    C. 个人或组织在情感上坚守的原则
    D. 定义与传播一个组织的独特定位，说明应当如何整合组织的资源、技能与能力以获取竞争优势

第 2 章
组合管理

1. 在组合管理中，采用打分法进行项目排序时，常用的标准是以下哪个？
   A. 市场吸引力和上市成本
   B. 战略一致性和产品吸引力
   C. 技术可行性和新产品创意数量
   D. 利用核心能力和每个项目资源的能力

2. 以下哪对参数常用于组合平衡中的可视化气泡图？
   A. 风险与回报
   B. 净现值与投资回报率
   C. 成本与数量
   D. 风险与不确定性

3. 在一组项目之间分配资源以优化绩效的做法被称为什么？
   A. 价值最大   B. 合理化   C. 利润需求   D. 裁剪

4. 在评估产品机会时，以下哪种是非财务分析方法？
   A. 风险等级   B. 净现值   C. 投资回收期   D. 内部收益率

5. 产品组合通常包含哪些类型的项目？
   A. 平台型与技术服务型
   B. 平台型与突破型
   C. 突破型与技术服务型
   D. 降低成本型与技术服务型

6. 运用敏捷方法管理项目的组织，需要更频繁地进行项目组合评审，主要是什么原因？
   A. 敏捷项目范围会快速频繁地变化
   B. 不仅项目优先级会因战略变化而变化，项目本身的定义和范围也会变化，变得不再像之前一样与经营战略保持一致
   C. 缺乏可用资源
   D. A 和 B 选项

7. 以下哪个不是组合平衡的分类标准？
   A. 项目的三重制约   B. 风险水平   C. 回报收益   D. 资金投入

8. 项目组合是以下哪个？
   A. 一个与客户相关的新产品概念的特性清单

B. 对项目成本和资源的分析

C. 一组新颖和创新程度各异的开发项目

D. 事业部新产品战略中的一个元素

9. 项目发起人被定义为什么？
   A. 负责执行产品创新项目组合的领导者　　B. 负责管理单个项目的人
   C. 提供项目权力和资金来源的高级管理者　D. 负责产品创新流程的高级经理

10. NFC公司是做社交网络的一家小公司。这家公司经过市场调研发现，传统家电行业的年轻客户对于家电的社交网络互联有日趋增长的需求，于是开发了一款微型接入盒，通过该接入盒能将传统家电通过互联网接入社交网络，并能相互分享家电使用信息和资料。在刚推出的前两年，该产品并没有得到市场重视。但在第三年，该产品开始受到客户追捧，销售量直线上升。NFC公司的这款产品属于什么类型的产品？
    A. 渐进式创新　　　B. 延续式创新　　　C. 突破性创新　　　D. 开放式创新

11. 某跨国企业的创新战略是探索者战略。在其产品组合的项目类型中，50%的项目是衍生型项目，20%的项目是突破型项目，20%的项目是支持型项目，10%的项目是平台型项目。该组合是否有效？
    A. 有效。衍生型项目能够节约开发成本，有效提升产品毛利
    B. 有效。突破型项目、平台型项目、衍生型项目和支持型项目的占比分别是20%、10%、50%和20%，有效平衡了项目风险和回报
    C. 无效。组合没有与战略保持一致
    D. 无法判断

12. 在组合管理中，以下哪个评估标准的复杂度最高？
    A. 标准权重　　　B. 评分法　　　C. 通过/失败法　　　D. 定义的标准

13. 大多数公司在产品组合中囊括数量众多的项目，因此要确保资源和聚焦领域不至于太过分散。应确保项目数量合理，以达到管道中资源需求和可用资源供给之间的最佳平衡。这属于组合管理五大目标中的哪个？
    A. 价值最大　　　B. 项目平衡　　　C. 战略一致　　　D. 管道平衡

14. 净现值方法也用于评估项目组合，它的一个缺点是什么？
    A. 不能基于排名对项目进行排序
    B. 净现值无法进行资源配置
    C. 计算净现值的工具并非随时可用
    D. 很难获得准确的现金流数据，尤其是在开发早期

15. 新产品机会的一个常见来源是什么？
    A. 客户问卷调查　　　　　　　　　B. 价值最大
    C. 有效地分析当前组合　　　　　　D. 回顾过往的成功

16. Ken 在进行组合管理时遇到了各种各样的问题，目前这种应对式解决问题的方法让他苦不堪言。组合管理方面的专家建议他事先制定组合管理准则，这些准则可以起到很好的指导作用。组合管理准则不包含以下哪个？
    A. 产品创新章程和团队规则　　　　B. 意外结果和组合的范围
    C. 变更管理和评分规则　　　　　　D. 估算资源、组合更新周期和资源调整

17. 平衡组合需要考虑什么？
    A. 成本　　　B. 效益　　　C. 风险　　　D. 以上皆对

18. 组合绩效度量指标用来评价组合的平衡和有效性。以下哪种说法是错误的？
    A. 组合绩效度量指标就是项目选择标准
    B. 一旦选定组合绩效度量指标，接下来就要定期记录这些度量值
    C. 成功实施战略变化可以降低组合风险
    D. 使用绩效度量评估组合是否随战略变化而变化

19. 在组合管理中，进行战略调整的目标不包括以下哪个？
    A. 战略里程碑　　B. 战略匹配　　C. 战略优先级　　D. 战略贡献

20. 先确定组织战略和经营传略，再确定整个组合的资源水平，接着排列业务及产品类别的优先顺序和比例，最终根据优先顺序将项目分配进战略桶。这是哪种连接战略和组合的方法？
    A. 自下而上法　　B. 自上而下法　　C. 中间展开法　　D. 二者结合法

21. 通过财务分析方法配置资源的方法是什么？
    A. 基于项目资源需求　　　　　　　B. 基于新经营目标
    C. 基于资源战略　　　　　　　　　D. 基于资源限制平衡

22. Ben 在从事组合管理工作，他发现组合管理是一项既复杂又充满挑战的工作。除了以下哪个，其他都体现了组合管理的复杂性？
    A. 项目之间经常争夺资源
    B. 资源需求和供给经常发生变化
    C. 项目会被意外取消
    D. 只要按照计划管理组合，就不会有什么变化

23. 以下哪个属于资本支出？
    A. 用于新设备的支出
    B. 用于制造新建筑的支出
    C. A和B选项
    D. 制造设备租金

24. 在组合管理中，以下哪个复杂度最高？
    A. 资源供给和需求低、中、高
    B. 量化资源
    C. 资源分解结构
    D. 资源用时

25. XY塑料制品公司想拓展产品的应用领域，上年的调查结果显示日托中心有可能使用A公司的产品。产品创新团队下一步应该做什么？
    A. 机会评估
    B. 产品原型
    C. 概念开发
    D. 营销测试

26. 采用评分标准给项目打分时，出现了项目最被看好但分数最低的意外结果。此时，产品组合经理应该怎么办？
    A. 考虑标准是否完整，或者项目是否已经失去了原有价值
    B. 淘汰该项目
    C. 上报发起人
    D. 更改评分标准

27. 产品经理需要对产品创新及产品组合情况进行汇报，使用下列哪种工具最适合？
    A. 项目审核清单
    B. 甘特图
    C. 鱼骨图
    D. 气泡图

28. 组合管理中的五大目标是什么？
    A. 价值最大、项目平衡、战略一致、战略平衡、盈利充分
    B. 价值最大、战略平衡、战略一致、管道平衡、盈利充分
    C. 管道平衡、盈利充分、价值最大、项目平衡、战略一致
    D. 管道平衡、盈利充分、价值最大、战略平衡、战略一致

29. 关于资源配置的说法，以下哪个是不正确的？
    A. 资源配置可以基于项目资源的需求
    B. 资源配置可以基于新经营目标
    C. 可将资源配置作为一个业务流程
    D. 资源配置需要基于盈亏平衡情况

第 3 章
产品创新流程

1. 重视产品创新的早期对于什么而言很重要?
   A. 制定一个获胜新产品概念
   B. 减少不确定性和风险
   C. 保证项目有清晰的方向
   D. B 和 C 选项

2. 设计思维包括发现、定义、创建及什么?
   A. 研究和开发　　B. 上市　　C. 制作原型　　D. 评估

3. 在众多产品创新流程中,开发阶段是一个什么样的阶段?
   A. 进行深入的技术、营销和商业分析
   B. 测试新产品及商业化计划的各个方面
   C. 快速了解市场机会和技术需求
   D. 包括产品设计、原型制作、可制造性设计、制造准备和上市规划

4. 集成产品开发表明相关方应该如何?
   A. 受产品创新流程的影响最大
   B. 尽早参与产品创新流程
   C. 增加项目风险
   D. 创建一个高效的开发环境

5. 首次提出瀑布模型的人是温斯顿·罗伊斯。近年来,瀑布模型被广泛应用于什么行业?
   A. 能源行业　　B. 移动应用行业　　C. 医药行业　　D. 软件行业

6. 在一个冲刺中,由团队完成的、足够小的工作单位被称作什么?
   A. 产品待办列表项　　B. Scrum　　C. 冲刺　　D. 迭代

7. 经典瀑布模型的第一步是需求,第三步是什么?
   A. 验证　　B. 维护　　C. 设计　　D. 实施

8. 门径流程中的测试与确认阶段有哪些工作?
   A. 初步评估市场机会、技术需求及能力的可获得性
   B. 筛选阶段之后的一个关键阶段。在该阶段要进行更为深入的技术、市场及商业可行性分析

C. 测试产品及其商业化计划的所有方面，以确认所有假设和结论
D. 产品的完整商业化，包括规模化制造及商业化上市

9. 敏捷方法用于加速什么流程中某些阶段的工具？
   A. 风险管理过程　　　　　　　　　B. 产品创新流程
   C. 精益产品创新方法　　　　　　　D. Scrum 框架

10. 公司应实施有序和统一的流程，这样做对什么有明显的促进作用？
    A. 产品创新成功　　B. Scrum 管理　　C. 风险管理　　D. 丰田生产方式

11. 由多职能领域团队进行有效和高效的产品创新以满足客户需求的产品创新被称作什么？
    A. 门径流程　　B. 集成产品开发　　C. 瀑布模型　　D. 团队产品开发

12. 经典瀑布模型包含哪些步骤？
    A. 需求、设计、实施、验证、维护
    B. 启动、规划、执行、监控、收尾
    C. 计划、实施、验证
    D. 研究、概念开发、原型、制造设计、商业化

13. 以下哪个选项最好地解释了敏捷方法和精益产品创新方法之间的差异？
    A. 它们属于相同的原则，所以不存在重大差异
    B. 精益产品创新方法侧重于减少浪费和运营效率，而敏捷方法的侧重点在于拥抱变化和及时响应
    C. 精益产品创新方法只适用于硬件产品，而敏捷方法适用于软件产品
    D. 精益产品创新方法侧重于团队的参与，而敏捷方法更侧重于过程

14. 下列哪种产品创新方法中提到了潜在的浪费来源？
    A. 精益产品创新方法　　　　　　　B. 敏捷方法
    C. 门径流程　　　　　　　　　　　D. 瀑布模型

15. 敏捷方法中的要素包括 Scrum、产品负责人、敏捷团队、冲刺、产品待办列表和以下哪个？
    A. 精益相关方　　B. 项目经理　　C. 敏捷教练　　D. 产品倡导者

16. 在敏捷产品创新方法中，敏捷团队的人数通常为多少？
    A. 通常为 7 人，也可增减 2 人　　　B. 8～12 人
    C. 5 人以下　　　　　　　　　　　D. 人数不限

17. 在系统工程中，所有系统都由什么组成？
    A. 具有属性或功能的部件或元素　　　B. 基础模块（Building Block）
    C. 分子或原子　　　　　　　　　　　D. A 和 B 选项

18. 在精益创业中，实施开发—测量—学习循环时，如果实验推翻了假设，那么产品经理下一步应如何做？
    A. 坚持　　　　B. 转型　　　　C. 关闭项目　　　　D. 退出市场

19. 产品创新章程包括新产品概念中的哪些部分？
    Ⅰ. 市场和技术关键领域　　Ⅱ. 总体目标和具体目标　　Ⅲ. 详细的财务分析和项目计划
    A. Ⅰ、Ⅱ　　　　B. Ⅰ、Ⅲ　　　　C. Ⅱ、Ⅲ　　　　D. Ⅰ、Ⅱ、Ⅲ

20. 根据克劳福德和迪·贝尼迪托的定义，产品创新章程应涵盖什么？
    A. 立项原因　　　　　　　　　　　　B. 总体目标和具体目标
    C. 项目准则和边界　　　　　　　　　D. 以上皆对

21. 系统工程在重工业领域应用较广。以下哪个不是系统工程的特点？
    A. 预先、有目的和深入的设计思考　　B. 通过从一般分析到具体分析来界定问题
    C. 以人为中心的创新方法　　　　　　D. 跨学科

22. 某产品团队是一个全球化的虚拟团队，他们希望制定基本工作规则，比如面对面会议的频率、会议如何召开及什么时候召开等。这些规则通常记录在产品创新章程中的哪个部分？
    A. 聚焦领域　　　　　　　　　　　　B. 总体目标和具体目标
    C. 背景　　　　　　　　　　　　　　D. 特别准则

23. 以下哪个是产品创新生命周期中累积成本最大的阶段？
    A. 机会生成　　　B. 概念生成　　　C. 概念评估　　　D. 开发

24. 关于把关者，以下哪种说法不合理？
    A. 把关者必须是高级管理者
    B. 把关者应是跨职能团队
    C. 把关者需要审批证明项目仍然符合战略目标，可以决定项目是否通过
    D. 把关者必须有审批下一阶段计划的预算审批权

25. 关于模糊前端的表述，以下哪种说法不正确？
    A. 产品创新最早阶段通常称为模糊前端
    B. 模糊前端包含产品创新的启动环节，奠定了产品创新的框架基础

C. 模糊前端的重点在于快速启动产品创新，从而缩短上市时间，给客户带来竞争优势
D. 模糊前端阶段往往伴随着产品概念不明确、工作不可预知等情况

26. 关于开发阶段的描述，以下哪个是正确的？
    Ⅰ. 产品原型开发完成　Ⅱ. 产品需要通过市场测试　Ⅲ. 制订运营计划　Ⅳ. 制订市场计划
    A. Ⅰ、Ⅱ　　　　B. Ⅰ、Ⅱ、Ⅳ　　　　C. Ⅰ、Ⅱ、Ⅲ　　　　D. Ⅰ、Ⅱ、Ⅲ、Ⅳ

27. 之所以说产品创新章程非常有价值，是在于以下哪些原因？
    A. 提供了新产品概念的聚焦领域和方向
    B. 明确了产品创新项目的目的和团队成员的角色和职责
    C. 定义了产品创新项目的里程碑和项目团队
    D. 识别产品创新项目风险、应急计划和储备金

28. 冲刺回顾会要评审哪些内容？
    Ⅰ. 哪里做得好　Ⅱ. 哪里有问题　Ⅲ. 产品亮点是什么　Ⅳ. 下次如何提高
    A. Ⅰ、Ⅱ　　　　B. Ⅰ、Ⅱ、Ⅳ　　　　C. Ⅰ、Ⅲ、Ⅳ　　　　D. Ⅰ、Ⅱ、Ⅲ、Ⅳ

29. 以下哪个不是敏捷方法的原则？
    A. 尽早、持续地交付有价值的产品　　B. 拥抱变更
    C. 结对编程　　　　　　　　　　　　D. 简洁

30. 以下哪个不是设计思维的框架？
    A. 发现机会　　　　　　　　　　　　B. 定义需求
    C. 使用测试　　　　　　　　　　　　D. 创建概念

31. 产品创新流程的第一个关口及评审重点是什么？
    A. 初步评估：产品概念有价值吗　　　B. 方向：我们需向何处去
    C. 筛选：我们要开发吗　　　　　　　D. 测试：我们要上市导入吗

32. 激进式创新的专注点在哪里？
    A. 广泛的研究　　　　　　　　　　　B. 用新技术创造新市场
    C. 一个新产品系列　　　　　　　　　D. 高预算、高风险项目

33. 将创意转化为行动，以细节为导向，专注于交付项目计划设定的里程碑。在创新Z模型中，这属于哪种类型的人？
    A. 开创者　　　　B. 推进者　　　　C. 执行者　　　　D. 规划者

34. 在产品创新流程中的概念生成阶段，以下哪种说法是正确的？
    A. 对于新产品机会，最好只产生一个新产品概念，并坚持该概念
    B. 对于新产品机会，产生尽可能少的新产品概念，因为该过程需要花费一定的时间，而上市速度是非常重要的
    C. 对于新产品机会，产生尽可能多的新产品概念，因为概念产生得越多，出现成功概念的概率就越大
    D. 以上皆错

35. 结构化的产品创新流程的好处是什么？
    A. 更好地进行组织沟通和思考
    B. 更快地否决项目
    C. 加快市场化
    D. 以上皆对

36. 采用最小可行产品的优点在于什么？
    A. 损失和风险更低
    B. 尽早获得客户反馈
    C. 为快速迭代和更新功能打下基础
    D. 以上皆对

37. 精益创业方法的六个关键因素不包括以下哪个？
    A. 开发——测量——学习循环
    B. 学习计划——螺旋式提升
    C. 减少浪费
    D. 创业三阶段：问题和解决方案匹配、产品与市场匹配及规模化

38. 某军工企业采用系统工程开发新的武器装备。他们希望发挥系统工程的优点，克服其缺点，从而提升产品开发的效率和效果。除了以下哪个，其他都是系统工程的优点？
    A. 多系统优势明显且极具价值
    B. 因为对项目运营和资源做出承诺，所以当产品创新流程进入尾声时，有效应对变化的能力会变弱
    C. 与设计相关的决策非常详细，并可在客户深度参与下提前做出决策
    D. 在项目早期就有学习机会，可将知识传播给所有相关方

39. 近年来，新能源汽车成为市场的宠儿。Allan 创办了一家公司，为新能源车提供音响部件。他遵循精益创业中的开发——测试——循环方法。第一轮测试下来，他发现该车音响市场已饱和，转而将该产品转型为可以用于网络直播的整套音响。这属于什么转型？
    A. 缩小式转型
    B. 客户细分市场转型
    C. 价值获取转型
    D. 放大式转型

40. 敏捷方法的关键因素包括Scrum、敏捷教练、敏捷团队、产品负责人、冲刺待办列表，以及以下哪个？

A. 相关方 B. 项目经理
C. 产品待办列表 D. 产品经理

41. 在产品创新中，并行工程的基本原则是什么？
   A. 重在工程设计
   B. 在早期设计阶段认真考虑整个产品生命周期的要素
   C. 各阶段尽可能同时并行
   D. B 和 C 选项

42. 哪种产品创新流程中特别提到了潜在的浪费来源？
   A. 精益产品创新方法 B. 敏捷方法
   C. 门径流程 D. 瀑布模型

43. 精益创业提倡的 BML 循环指以下哪个？
   A. 学习—成长—分享
   B. 问题和解决方案匹配—产品与市场匹配—规模化
   C. 市场—组织—商业—技术
   D. 开发—测量—学习循环

44. 在敏捷方法中，在固定阶段迭代式地开发产品被称作什么？
   A. Scrum B. 冲刺 C. 项目计划 D. 高绩效团队

45. 在敏捷方法中，敏捷团队的管理模式是什么？
   A. 自我管理 B. 项目经理管理 C. 产品经理管理 D. 敏捷教练管理

46. 以下哪种表述最能反映特定产品创新流程模型的价值？
   A. 在所有情况下，敏捷方法都是最好的选择
   B. 敏捷方法和精益产品创新方法相结合通常是最好的选择
   C. 门径流程是适用于所有类型产品的唯一模型
   D. 高绩效公司会在不同的产品创新流程模型中，选择相关元素开发自己的模型，以适应公司具体背景和要求

47. 产品创新伴随着失败的风险，以下哪种说法是正确的？
   A. 产品创新累积成本与风险成反比 B. 产品创新累积成本与风险成正比
   C. 产品创新累积成本与风险无关 D. 产品创新累积成本与风险持平

48. 在门径流程中，原型制作属于哪个阶段？
   A. 筛选 B. 商业论证 C. 开发 D. 测试与确认

第3章 产品创新流程

49. 哪种产品创新流程可能因遵循准则、约束或过度官僚化而导致扼杀创造力？
    A. 门径流程
    B. 精益创业
    C. 敏捷方法
    D. 精益产品创新方法

50. 集成产品开发体系层次，由低到高分别是什么？
    A. 基本工具、聚焦客户、项目与团队、知识技能与创新、战略与组合
    B. 聚焦客户、项目与团队、基本工具、战略与组合、知识技能与创新
    C. 基本工具、项目与团队、聚焦客户、战略与组合、知识技能与创新
    D. 聚焦客户、基本工具、项目与团队、知识技能与创新、战略与组合

51. 精益产品创新方法所关注的内容是什么？
    A. 生产率
    B. 核心利益
    C. 快速原型
    D. 高性能

52. 敏捷方法和精益产品创新方法分别适合于具有什么特点的任务？
    A. 快速变化的与减少浪费的
    B. 标准化的与追求利润的
    C. 创新的与非创新的
    D. 线性化的与减少浪费的

53. 产品创新章程的内容包括什么？
    A. 组织、文化、聚焦领域、创新战略
    B. 背景、聚焦领域、总体目标和具体目标、特别准则
    C. 产品概念、评价准则、产品创新流程、上市计划
    D. 团队、流程、开发宣言、营销组合

54. 最小可行产品在哪些创新流程中得到了应用？
    A. 敏捷方法和精益产品创新方法
    B. 敏捷方法和精益创业
    C. 系统工程和门径流程
    D. 设计思维和精益创业

55. 产品创新章程（PIC）包括什么？
    A. 详细的发布计划
    B. 项目总体目标和具体目标
    C. 产品的具体规格
    D. 成功所需的市场调研计划

56. 什么流程有助于在产品创新中平衡风险与回报？
    A. 六西格玛设计
    B. 组合决策
    C. 产品创新
    D. 门径流程

57. 设计思维的最佳定义是什么？
    A. 创造性的问题解决方法。更全面地说，是一种系统化、协作式的方法，用来识别问题并创造性地解决问题
    B. 基于头脑风暴的问题解决方法

C. 基于感性工学的问题解决方法

D. 使用创意设计工具开发新产品概念

58. 针对系统工程的缺点，Haberfellner 提供了以下有价值的建议，不包括以下哪个？
    A. 在总体概念上体现灵活性，追求"敏捷"，即尽可能做到可适应、可扩展和可拆除
    B. 先交付一部分成果，并提供一部分收益
    C. 尽可能考虑周密全面，通过超级集成解决方案解决复杂问题
    D. 不去优化没有价值的细节

59. 精益创业提倡采用学习计划——螺旋式提升的方式获得产品创新的逐步成功。学习计划中的四个象限分别是什么？
    A. 市场、组织、商业、技术　　B. 范围、进度、成本、质量
    C. 战略、组合、流程、工具　　D. 财务、客户、内部流程、学习与成长

60. 敏捷方法更为强调什么内容？
    A. 个体和交互、可工作的软件、客户合作、响应变化
    B. 流程和工具、详尽的文档、合同谈判、遵循计划
    C. 计划导向、风险最低、成本最小、质量最优
    D. 功能多、交付快、成本低、质量好

61. 在产品创新项目中，以下关于不确定性水平的描述哪个是正确的？
    A. 在启动阶段（模糊前端）最高并随着项目开展逐渐降低
    B. 逐渐提高
    C. 在项目开始阶段低，在中间阶段达到峰值
    D. 在整个项目期间都相同

62. 产品创新章程具体内容不包括以下哪个？
    A. 项目章程　　　　　　　　B. 总体目标和具体目标
    C. 特别准则和可持续性　　　D. 背景和聚焦领域

第4章

产品设计与开发工具

1. 可生产性设计的目的是在确保质量标准的同时，尽量减少什么？
   A. 产品核心利益　　　　　　　　B. 产品有形特性
   C. 产品增强特性　　　　　　　　D. 产品成本和生产时间

2. 信噪比、质量损失函数、田口实验设计是以下哪个工具中包含的内容？
   A. 卡诺模型　　　B. 稳健设计　　　C. 零缺陷　　　D. 戴明环（PDCA）

3. 关于质量功能展开（QFD），以下哪种说法是正确的？
   Ⅰ. QFD 是一种客户之声技术，用来连接客户需求和工程设计规格
   Ⅱ. QFD 矩阵中的行通常代表技术信息
   Ⅲ. QFD 矩阵中的列通常代表需求信息
   Ⅳ. 可用联合分析法对需求进行排序
   A. Ⅰ、Ⅲ、Ⅳ　　　B. Ⅰ、Ⅱ、Ⅲ　　　C. Ⅰ、Ⅳ　　　D. Ⅰ、Ⅱ、Ⅲ、Ⅳ

4. 讲述消费者使用产品和体验的故事，目的是更好地理解有关具体产品设计属性或新需求的问题或话题。这是什么方法？
   A. 头脑书写法　　　B. 故事板　　　C. 移情分析　　　D. 用户画像

5. 希望通过逆向工程开发新概念，应该采用什么方法？
   A. 模仿型逆向工程　　　　　　　B. 研究型逆向工程
   C. 跟随型逆向工程　　　　　　　D. 照搬型逆向工程

6. 基于假想的故事和典型人物，预计不同的未来状态。在产品创新中，通常是在假定的条件下描述客户了解产品、挑选产品和购买产品的行为。这种方法最有可能是以下哪个？
   A. 头脑风暴　　　B. SWOT 分析　　　C. 名义小组　　　D. 情景分析

7. 有声思维梯度法、数量化理论Ⅰ、偏最小二乘法、遗传算法和模糊逻辑属于什么方法？
   A. 感性工学　　　　　　　　　　B. 情感分析
   C. 神经网络法　　　　　　　　　D. 微软反应卡

8. 以下哪个不是 TRIZ 工具？
   A. 40 个发明原理　　B. 分离方法　　C. IDOV 法　　D. 76 个标准解

9. 以下哪个与发散思维相吻合？
   A. 用于概念生成阶段
   B. 在概念评估阶段进行
   C. 经常用来对数量众多的创意进行缩减
   D. 用于评估产品设计和开发活动

10. 收敛思维是以下哪个？
    A. 从大量的创意中选择少数创意
    B. 一般是数量最多的创意
    C. 用于在概念生成阶段产生大量的创意
    D. 从少量创意到大量创意

11. 情感分析的特点是什么？
    A. 了解人们在博客或社交网络中对产品的评论和观点，并对这些评论进行分类
    B. 运用自动化技术识别评论者在产品特性上表达的意见
    C. 运用基本贝叶斯和深度学习算法
    D. 以上皆对

12. 可持续性方法中的 SPSD 框架是什么？
    A. 可持续产品和服务开发。通过在产品生命周期中实现产品和服务的可持续开发，将提供产品转化为提供服务，以减少制造
    B. 分析、报告、排序和改进。提倡开展生态设计，包括对环境进行评估、分析和报告，对相关因素进行排序并提出改进措施
    C. 关于材料、设计和生态的指导原则。强调材料选择及其对产品方法、功能设计、市场需求、价格和环境的影响
    D. 以上皆错

13. 以下哪个通常会用到评分法？
    A. 产品使用测试和市场测试
    B. 概念生成与概念评价
    C. 市场测试和试销工作
    D. 概念评估和组合管理

14. 衍生产品是什么？
    A. 一个轻微的变化或改进的新产品
    B. 一种新产品，基于对现有产品的修改和/或改进一些产品特性
    C. 根据市场调研和客户服务记录进行新产品改进
    D. 以上皆错

15. 概念开发与测试阶段所需的关键市场信息有哪些？
    A. 市场规模、销售潜力、竞争对手、竞争产品、目标市场特征和客户愿意支付的价

格等

B. 将最初创意转化为详细的概念说明。将用户需求与产品属性、功能进行关联，从而制定产品设计规格

C. 在开发最终形式和功能的产品时，需要提供有关目标市场偏好和产品改进的信息

D. 目标市场对产品的接受度（可能与竞争对手有关）、销售潜力、定价及有利于商业化的所有信息

16. 在概念评估阶段，关于市场需求分析，以下哪种说法是正确的？
   A. 重点关注市场吸引力的分析，目的是判断要不要进入该市场
   B. 重点分析消费者想要什么，目的是更好地定义产品
   C. 重点分析市场是否接受产品，目的是不断完善产品功能
   D. 重点分析消费者购买产品的意愿，目的是提升产品销售量

17. 对标的定义是什么？
   A. 从一些组织收集的数据，允许组织用自身绩效和其他公司绩效进行对比
   B. 一个产品设计和制造的迭代过程
   C. 自下而上的技术发现，及其与数据之间的连接
   D. 全面的绩效指标，用来平衡四类绩效

18. 在DISC工作评估工具中，支配型的人有何特点？
   A. 非感性，热衷于精确和细致的工作，在评估完整数据的基础上才会做出理性决策
   B. 精力充沛且非常健谈，很容易建立社会关系，并喜欢接触新人
   C. 平和、冷静、有价值，比其他人更容易适应环境，也更容易表现出对他人的理解
   D. 喜欢快节奏的工作，做决策很快，要求也很高，以行动为导向

19. 感官检验通过什么评估产品？
   A. 味觉和嗅觉   B. 视觉和听觉   C. 触觉   D. 以上皆对

20. 原型包括哪几种？
   Ⅰ. 阿尔法原型   Ⅱ. 贝塔原型   Ⅲ. 试生产原型   Ⅳ. 上市产品原型
   A. Ⅰ、Ⅱ、Ⅲ   B. Ⅰ、Ⅱ、Ⅲ、Ⅳ
   C. Ⅱ、Ⅲ、Ⅳ   D. Ⅰ、Ⅲ、Ⅳ

21. 以下关于营销计划的表述，哪种说法是正确的？
   A. 营销计划是关于如何提升新产品销售量的计划
   B. 营销计划是关于如何扩展新产品营销渠道的计划
   C. 营销计划是关于如何增加产品利润的计划
   D. 营销计划是关于产品如何定位、怎样加强客户与产品利益间联系的计划

22. 关于仿真和原型，以下哪种表述是正确的？
   Ⅰ. 仿真和原型都是以低成本模拟新产品概念和功能
   Ⅱ. 仿真和原型的目的都是快速测试产品是否可行
   Ⅲ. 仿真和原型都有实体模型
   Ⅳ. 可以在产品制造前就利用仿真和原型技术进行测试改进
   A. Ⅰ、Ⅲ、Ⅳ   B. Ⅰ、Ⅱ、Ⅲ   C. Ⅰ、Ⅱ、Ⅳ   D. Ⅰ、Ⅱ、Ⅲ、Ⅳ

23. 以下哪个不是形态分析的步骤？
   A. 识别客户需求
   B. 以用户为中心，明确对产品设计而言至关重要的产品要素或维度
   C. 将产品要素转化为概念或创意，创意可来源于每个要素的分支
   D. 创建形态图，水平方向为要素或维度，在每个要素下有一连串的概念或创意。将每个要素下的创意组合起来，形成解决方案，然后进入产品设计阶段

24. Jeffery 对用户群体进行客观和直接观察后，设计了一些具有代表性的虚构角色，以预测用户对产品特性的态度和行为。这是一种什么样的调研工具？
   A. 用户故事   B. 用户画像   C. 生命中的一天   D. 故事板

25. 概念设计是什么阶段？
   A. 对产品的形式、功能、优点和特性等进行详细描述
   B. 产生、开发和交流新创意的创造性过程
   C. 将创意转化为详细的概念说明
   D. 选项 A 和 C

26. 在六顶思考帽中，什么帽子强调积极、价值和收益？
   A. 白   B. 黄   C. 绿   D. 红

27. Jim 通过调研收集了客户需求。他将产品满足客户需求的程度划分为魅力属性、期望属性、必备属性和无差异属性。Jim 采用了什么方法？
   A. MoSCoW   B. 亲和图   C. 分层抽样   D. 卡诺模型

28. 在六顶思考帽中，什么帽子强调控制、流程？
   A. 白   B. 黄   C. 蓝   D. 黑

29. Jeffery 带领团队采用概念工程进行概念开发。团队先了解客户环境，下一步应该怎么做？
   A. 用专业方法进行落实   B. 生成概念
   C. 选择最终概念   D. 将对客户的了解转化为需求

30. 概念场景是通过生成一些具体场景，了解潜在概念在现实生活中是如何发挥作用的一种技术。应用概念场景的第一步是开发概念，下一步是什么？
    A. 在整个场景中，对概念进行评估并优化
    B. 将概念在现实生活中的应用，包括用户、其他参与者和所有活动，用场景的方式体现出来
    C. 围绕每个概念创建并确定一个场景，包括参与者、环境和实现目标的流程
    D. 在相应的场景和用户环境中，针对"概念能够实现哪些价值"展开讨论

31. Peter 从市场上购买了几款竞争对手的产品，带领产品开发团队通过对产品、系统、部件进行拆解，对其中的功能进行识别和分析。之后，他们把将要开发的产品与竞争对手的产品功能和生产工艺进行比较。这是一种什么技术？
    A. 快速原型   B. 质量功能展开   C. 分析者战略   D. 逆向工程

32. 生命中的一天是什么工具？
    A. 创意生成   B. 战略制定   C. 组合管理   D. 以上皆错

33. 以下除了哪个，其他都是可装配性设计方法？
    A. 日立装配评估法   B. 卢卡斯法
    C. 原型法   D. Boothroyd-Dewhurst 法

34. 关于突发情绪法，以下哪种说法是错误的？
    A. 情绪是静态、稳定的
    B. 用户对设计的反应模式是由评估结果驱动的
    C. 情绪反应和对产品特性的期望会受情绪影响
    D. 情绪反应和对产品特性的期望会由差异化要求而引发

35. Jessica 通过观察用户在一天中所从事的个人活动、遭遇的问题和产生的情绪，了解用户在体验产品或服务时的举动、行为和环境。这是哪种市场调研技术？
    A. 人种学方法   B. 生命中的一天
    C. 感性工学   D. 概念场景

36. 稳健设计是由谁创立的？
    A. 田口玄一   B. 狩野纪昭   C. 赤尾洋二   D. 石川馨

37. 产品开发团队发现消费者刚开始使用产品时会产生一些心理感受，这些心理感受会起到非常重要的作用。因此，你会建议团队采用什么方法设计产品？
    A. 逆向工程   B. 情感化设计   C. 功能分析   D. FAST 技术图

38. 团队开发了原型,邀请用户使用并体验。针对使用结果,首先收集用户的建议和意见,然后对产品进行改进。这是一种什么原型法?
    A. 纸质原型法   B. 功能原型法
    C. 可体验原型法   D. 阿尔法原型法

39. 环境质量功能展开遵循公理化设计逻辑,要求每项设计都应考虑哪四个方面?
    A. 环境、质量、功能和特性   B. 客户、功能、实物和流程
    C. 客户、市场、产品和技术   D. 战略、组合、流程和工具

40. 在产品设计阶段,产品经理进行决策时所采用的一个特定工具是什么?
    A. 核心战略技术   B. 焦点小组   C. 六西格玛设计   D. 众包

41. 开放式创新和六西格玛的区别是什么?
    A. 六西格玛是在消除制造过程中的浪费,而开放式创新是增加创意数量
    B. 开放式创新用社交媒体收集客户需求,而六西格玛是根据公司过往的表现来开发产品功能
    C. 六西格玛是将设计特点与客户需求结合,而开放式创新是在设计之前定义产品特点
    D. 六西格玛是一种通过设计改善质量的工具,而开放式创新是利用外部资源开发产品

42. 六西格玛设计被定义为什么?
    A. 用市场调研定义产品需求   B. 根据既定程序开发新产品
    C. 设计新产品和工艺满足客户需求 D. 将客户需求与技术规格相结合

43. 六西格玛采用DAMIC。在产品创新中,DMAIC的目的是什么?
    A. 改进现有流程而使其满足客户需求
    B. 使用结构化的问题解决技术满足消费者需求
    C. 将定性化需求转换为定量参数
    D. 考虑了通货膨胀因素的销售预测

44. 发明问题解决理论(TRIZ)是什么?
    A. 对具体市场和未知产品类别进行销售预测时所采用的方法
    B. 运用逻辑和数据提升团队创新性解决问题能力的方法
    C. 侧重人才、资源和影响力以确保团队参与热情的产品创新流程
    D. 评估投资回报最高的最佳产品组合方法

45. 发明问题解决理论(TRIZ)的矛盾解决矩阵模式是什么?
    A. 首先确定具体问题,然后确定通用问题,在解决具体问题前先解决通用问题
    B. 首先确定具体问题,然后在一个目标客户群体中测试解决方案,从而生成更多模

型，选择具体解决方案
C. 首先用一个普通解决方案解决普遍问题，然后选择要解决的具体问题
D. 建立跨功能团队同客户一起进行测试各种产品解决方案，选择最受好评的解决方案

46. 使用 FAST 技术图时，当从右到左进行分析时，要回答什么问题？
   A. 该功能是基本功能吗　　　　　　B. 该功能是如何实现的
   C. 为什么需要该功能　　　　　　　D. 该功能是次要功能吗

47. Dennis 负责公司的一个产品创新项目。他应该在该项目中如何应用 TRIZ？
   A. 将跨功能资源分配到项目中的每项工作中
   B. 使用客户开发原则开拓新客户
   C. 应用客户之声技术，积极倾听客户需求
   D. 应用 40 个发明原理和 76 个标准解

48. 通过用户体验地图可以给开发者带来什么机会？
   A. 将用户需求与设计属性进行匹配
   B. 对未来技术和消费者趋势进行预判
   C. 运用图形而非文字来生成创意
   D. 识别差距，进而创造价值

49. 快速原型法也被称作什么？
   A. 实体自由成形技术　　　　　　　B. 增材制造
   C. 3D 打印　　　　　　　　　　　D. 以上皆是

50. 传统的生命周期成本方法忽略了什么？
   A. 制造成本　　　　　　　　　　　B. 研发成本
   C. 营销成本　　　　　　　　　　　D. 外部成本和生命周期结束成本

51. 可回收性设计方法主要集中在哪些方面？
   A. 产品再利用和再加工
   B. 用户如何与产品（或用户界面）进行交互，如何使用产品，有哪些行为，在哪里使用产品
   C. 提升在维修和排除故障时诊断、拆卸或更换产品零件、部件、子组件或组件的能力
   D. 在确保质量标准的同时，尽量减少产品成本和生产时间

52. 创意人员将摩拜单车的车胎改为蜂窝结构，无须充气，减少了维护成本。这是采用了 SCAMPER 法中的哪个？
   A. E 去除　　　　B. R 逆向操作　　　　C. M 调整　　　　D. P 改变用途

53. Koen 正在对新产品概念进行详细定义，因为他知道这样做的价值在于什么？
    A. 有助于进行产品功能相关的消费者研究
    B. 能够为详细的产品设计规划奠定良好基础
    C. 为所有项目团队成员提供清晰的产品概念
    D. 以上皆对

54. 功能可以分为使用功能和美学功能。美学功能是什么？
    A. 产品需要实现的功能
    B. 通过五种感觉——视觉、嗅觉、味觉、触觉和听觉中的一种来实现
    C. 用户与产品交互时产生的功能
    D. 产品内部作用后产生的功能

55. 六西格玛设计 IDOV 中的 V 代表什么？
    A. 高速（Velocity）
    B. 多样（Variety）
    C. 验证（Validate）
    D. 大量（Volume）

56. DMAIC 是六西格玛五个阶段的首字母缩略词，其中的 C 代表什么？
    A. 协调（Coordinate）
    B. 控制（Control）
    C. 合作（Cooperate）
    D. 取消（Cancel）

57. 什么是环境质量功能展开？
    A. 综合了质量功能展开、对标和生命周期评估，研究产品及其组成部分对环境产生的影响
    B. 质量功能展开
    C. 环境分析
    D. 以上皆错

58. 在各种信息或创意之间建立联系的图形化创意生成技术是什么？
    A. 故事板
    B. 头脑风暴及头脑书写法
    C. 思维导图
    D. 逻辑思维

59. 六顶思考帽中将思维模式分成六个明确的功能和角色。其中，黑色帽子代表什么？
    A. 聚焦事实，客观分析
    B. 表达感情，主观判断
    C. 创造力，提出新创意
    D. 寻找问题或缺陷

60. 概念开发与测试所需市场信息有什么？
    A. 目标市场偏好和产品改进信息
    B. 早期财务分析信息
    C. 确定概念
    D. 销售潜力和定价

61. 纸质原型法的目的是什么？
    A. 评估所设计的外观、感觉、功能和界面是否满足消费者需求
    B. 测试产品如何工作并交付预期功能。评估以用户为中心的设计需求，包括人机工程、认知方面的考虑及用户体验
    C. 产品或服务体验设计。研究用户与产生功能、情绪的产品使用设置之间的互动关系
    D. 以上皆错

62. 可持续发展中的 D4E 缩写代表什么？
    A. 面向进化的设计
    B. 面向环境的设计
    C. 面向经济性的设计
    D. 面向替代的设计

63. 质量功能展开是什么？
    A. 确保产品质量的方法
    B. 高质量的产品计划，吸引客户购买
    C. 将市场需求翻译为技术和工程要求的方法
    D. 设计创新型产品的方法

第 5 章
产品创新中的市场调研

1. 使用焦点小组进行市场调研的主要优点是以下哪个？
   A. 开发广泛洞察的能力 B. 低成本
   C. 易于执行 D. 深入洞察

2. 根据具体需求，首先直接调查和搜集用户信息，然后展开研究的方法是以下哪种？
   A. 一级市场调研 B. 二级市场调研
   C. 定性研究 D. 定量研究

3. 某些研究人员为了解决某个问题，搜集了很多公开发布的信息。这是哪种研究方法？
   A. 调查研究 B. 客户之声 C. 二级市场调研 D. 以上皆对

4. 市场调研的主要作用是以下哪个？
   A. 识别个人需求 B. 尝试预测未来的行为
   C. 提供市场营销问题的解决方案 D. 提供信息，帮助做出决策

5. 一名产品经理正在设计一个直接接触潜在客户的研究项目。在此之前，他查阅了技术出版物、电子数据库和网络资料。这种查阅公开资料的方法是以下哪种？
   A. 市场测试 B. 客户之声 C. 组合管理 D. 二级市场调研

6. 作为一种市场调研工具，客户现场访问在什么场合最适用？
   A. B2C 市场 B. B2B 市场 C. C2C 市场 D. 以上皆错

7. 由训练有素的主持人进行访谈的市场调研工具是以下哪个？
   A. 人种学方法 B. 亲和图 C. 组织测试 D. 焦点小组

8. 市场调研流程六个步骤中的第四步是"分析与解读数据"，其目的是以下哪个？
   A. 选择并应用适当的方法收集数据，以达到所需的准确度
   B. 应用相应方法对数据进行分析，并对问题进行归纳和总结
   C. 用调研结果对问题进行解读，并得出具体结论
   D. 按照调研结果和结论，解决所定义的问题

9. 在选定的市场范围内展开包含各种要素的营销活动,这是以下哪种市场测试技术?
   A. 展开　　　　　　B. 试销　　　　　　C. 微市场　　　　　　D. 直销

10. 抽样指以下哪个?
    A. 选8~12人组成焦点小组
    B. 一种用少量群体(样本)代表一个更大群体的方法
    C. 产品使用测试
    D. 对所有目标消费者进行全面调研

11. 市场调研规划通常最需要关注什么问题?
    Ⅰ. 什么是客户最需要解决的问题　Ⅱ. 市场调研的目的是什么
    Ⅲ. 市场调研的成本和范围是什么　Ⅳ. 市场调研需要解决哪些具体问题
    A. Ⅰ、Ⅱ　　　　B. Ⅰ、Ⅱ、Ⅳ　　　　C. Ⅰ、Ⅱ、Ⅲ　　　　D. Ⅰ、Ⅱ、Ⅲ、Ⅳ

12. 通常来说,只有基于市场导向,产品创新成功率才会更高。那么,市场导向指什么?
    A. 根据市场和用户需求指导组织的产品创新工作
    B. 研究技术,确定市场细分目标
    C. 市场细分
    D. 利用科技解决客户问题

13. 眼动追踪适用于什么情景?
    A. 线上产品或服务　　　　　　B. 网站
    C. 包装和广告　　　　　　　　D. 以上皆对

14. 以下哪个通常不是市场调研的关键步骤?
    A. 研究竞争对手　　B. 定义问题　　　C. 收集数据　　　D. 分析与解读数据

15. 可以通过观察得到第一手信息的市场调研方法是什么?
    A. 焦点小组　　　　B. 调查问卷　　　C. 领先用户　　　D. 客户现场访问

16. 除了以下哪个,其他都是市场调研中的关键绩效指标?
    A. 安装基数　　　　B. 市场渗透率　　C. 员工满意度　　D. 市场份额

17. 以下关于产品使用测试的表述中,哪种说法是错误的?
    A. 阿尔法测试检查产品是否符合设计
    B. 贝塔测试检查产品在现场环境下能否正常工作
    C. 伽马测试检查产品质量是否达标
    D. 产品使用测试通常包括阿尔法测试、贝塔测试和伽马测试

18. 关于 A/B 测试，以下哪种说法是错误的？
    A. 通常在线上实施
    B. 用于互联网产品创新和数字化营销中，用于确定哪个方案更优
    C. 在 A/B 测试中，会平均分配每个变量的测试样本
    D. 会研究和比较两个以上的版本或变量

19. 机会识别与评估阶段通常被称作什么阶段？
    A. 模糊前端或发现阶段   B. 开发与测试阶段
    C. 产品使用测试阶段   D. 市场测试阶段

20. 将两个样本与一个对照样本进行比较，找出与对照样本相同的那一个。这是什么检验？
    A. 三点检验   B. 成对偏爱检验   C. 成对比较检验   D. 二三点检验

21. 家外调研法和家中调研法归属于以下哪种市场调研方法？
    A. 消费者测评组   B. 市场测试   C. 产品使用测试   D. 人种学方法

22. 关于眼动追踪，以下哪种说法是正确的？
    A. 一种特殊的感官检验
    B. 要通过专门的工具，包括耳机或眼镜，度量人们的观看位置和观看时长
    C. 研究者用专门的装置跟踪参与者的视线并生成痕迹图
    D. 以上皆对

23. 除了以下哪个，其他都是市场调研中的关键绩效指标？
    A. 分销   B. 新产品上市时间
    C. 易用性   D. 参与度

24. Dan 希望在产品创新流程中的开发阶段之前，采用一种专业方法评估客户对新产品概念的接受程度。此外，他还希望对各种开发方案进行排序并明确哪些产品概念最优。你会推荐 Dan 采用以下哪种市场调研方法？
    A. TURF 分析   B. 概念场景
    C. 概念测试与概念分类   D. 概念工程

25. 你决定利用众包，通过互联网来收集人们的创意。你明白星巴克、乐高、戴尔等许多公司都成功使用了该技术。你现在要做出很多决定，比如是否要通过付费去激励人们提交创意、是否用公司自己的网站或使用外包服务去收集创意。为了有效使用众包方法，你应该怎么做？
    A. 对所有创意进行排序   B. 通过大众对创意进行排名
    C. 将入选创意提交给管理层审批   D. 进行定量研究

26. 越来越多的产品经理开始使用大数据，原因是什么？
    A. 它是一种总能产生可用数据的精确工具   B. 用户数据量不断增加
    C. 它可以帮助决策和判断发展趋势   D. 用户数据格式较为独特

27. 在创意评估与早期商业分析阶段，除了哪种市场调研方法，其他都有用到？
    A. 阿尔法测试   B. 二级市场调研   C. 焦点小组   D. 客户现场访问

28. 在产品创新流程后段，尤其是在原型制作和上市准备阶段，累积成本大幅增加。为了最小化失败风险，市场调研应当如何做？
    A. 又快又少地轻松进行   B. 提供关于客户需求的明确信息
    C. 相对经济、快捷   D. 收集可靠的信息，生成统计结果

29. 在进行产品使用测试时，首先要考虑的是什么？
    A. 用户组   B. 产品形式
    C. 产品使用测试的目的   D. 用户组的行为模式

30. 社交媒体特别有利于接近谁？
    A. 潜在的新客户   B. 领先用户   C. 国外市场客户   D. 需要服务的用户

31. 因子分析、聚类分析、多维尺度分析、联合分析和多元回归都是以下哪种方法？
    A. 定性研究方法   B. 多变量研究方法   C. 客户之声   D. 人种学方法

32. 通过以下哪种方法，研究人员可以更好地了解消费者对各种产品属性组合做出的反应？
    A. 多元回归分析   B. 多维尺度分析   C. 联合分析   D. 焦点小组

33. 以下哪个不属于大数据的特征？
    A. 碎片化   B. 大量   C. 高速   D. 多样

34. 以下哪个不是二级市场调研的优点？
    A. 收集信息时间短、成本低   B. 数据来源广泛
    C. 为一级市场调研奠定良好的基础   D. 数据及时并有针对性

35. 二级市场调研有何价值？
    A. 针对产品研究重点   B. 提供趋势信息和竞争分析
    C. 适用于高风险或高成本决策情景   D. 有定性和定量等不同的方法

36. 定性研究和定量分析的区别在哪里？
    A. 结果是否可信   B. 数据是否可以收集

C. 结果是否能够验证　　　　　　D. 数据是否可经统计分析

37. 在进行定量分析时,所需样本量越大意味着什么?
    A. 所需的置信区间越大　　　　B. 所需的置信水平越高
    C. 方差越小　　　　　　　　　D. 数据所需准确度越低

38. 开展焦点小组时,要注意什么?
    A. 只召集一次,会议更为聚焦　　B. 主持人需具备必要背景和专业训练
    C. 鼓励创意和漫谈　　　　　　　D. 邀请更多会议常客

39. 人种学方法是一种定性调研方法。通过该方法可获取客户哪方面的基本信息?
    A. 生活方式和文化环境　　　　B. 行为习惯和深层需求
    C. 文化环境和地理环境　　　　D. 民族倾向和价值观

40. 消费者测评组最大的价值在于什么?
    A. 了解消费者对产品的喜好　　　B. 代表目标市场的态度
    C. 快速并大量收集信息　　　　　D. 提供无法用仪器测量的信息

41. 阿尔法测试、贝塔测试、伽马测试分别代表什么版本?
    A. 交付使用前版本、上市前版本、最终版本
    B. 内部测试版本、用户测试版本、上市前最终版本
    C. 交付使用前版本、最终版本、上市前版本
    D. 内测版本、公测版本、备案版本

42. 试销方法不包括以下哪种?
    A. 概念销售　　B. 销售波调研　　C. 模拟试销　　D. 受控试销

43. 多维尺度分析指以下哪个?
    A. 分析变量之间的关联,比如产品属性之间的关系
    B. 分析客户对相似产品之间的差异感
    C. 分析客户对不同产品属性组合的喜好
    D. 分析产品不同属性在市场竞争中的地位

44. 阿尔法测试通常发生在何处?
    A. 市场中　　B. 实验室里　　C. 客户处　　D. 试销情况下

第 6 章
文化、团队与领导力

1. 在新冠疫情期间，很多的组织采取虚拟团队的方法开展产品创新项目。不同于集中办公方式，虚拟团队模式需要人们付出额外的努力才能克服其缺点。虚拟团队的缺点是什么？
   A. 高昂的差旅费用
   B. 可以获得全球资源
   C. 会出现文化、种族或语言障碍
   D. 不受地理区域限制

2. 情商是领导者需要具备的重要素质。除了自我认知、激励、移情、社交技能，情商还包括什么？
   A. 谈判技能　　　B. 政治意识　　　C. 文化意识　　　D. 自我调节

3. 高级管理者在产品创新中的角色是以下哪个？
   A. 对项目配置进行定义
   B. 制定经营战略
   C. 了解现有产品系列和制定产品计划框架
   D. 制定应用和管理组合的流程

4. Antonisse 和 Metz（2013）提出了五种团队与领导力可持续发展的最佳实践。除了以下哪个，都是最佳实践？
   A. 利用可持续性推动创新成功和竞争优势
   B. 如果有不确定性因素，在不违背流程要求的前提下，尽可能晚做决策
   C. 获得高级管理层的承诺
   D. 将可持续性纳入现有的创新项目和创新流程

5. 在虚拟团队模式中，招聘合适的人、个人领导力、团队形成阶段和共同目标等实践活动归属于什么要素？
   A. 启动与组建团队
   B. 沟通
   C. 知识管理
   D. 领导力

6. 系统整合来自多个学科领域的综合团队，该组织形式被称为什么？
   A. 跨职能团队
   B. 系统集成和开发
   C. 集成开发
   D. 系统设计与集成开发

7. 高级管理人员在产品创新的角色不包括什么？
   A. 制定战略方向 B. 提供足够的资源和支持系统
   C. 设置官僚层级和繁文缛节 D. 支持产品创新流程

8. 产品创新流程经理负责什么？
   A. 新产品推出的成功 B. 资源配置
   C. 确保项目有序和及时地通过流程 D. 项目进度表

9. 以下哪种项目类型应选择重量型团队结构？
   A. 产品改进项目 B. 产品创新项目
   C. 产品重新定位项目 D. 产品线延伸项目

10. 组建产品创新团队时，主要考虑哪些因素？
    A. 团队结构 B. 团队目标 C. 组织文化 D. 以上皆对

11. "必胜"是C公司一款重要产品的开发团队，产品经理Lucy正在制定团队目标。以下哪种表述较为合适？
    Ⅰ. 项目总体目标和具体目标需记录在产品创新章程中
    Ⅱ. 要考虑绩效目标和成功措施
    Ⅲ. 项目指标应与产品创新战略一致
    Ⅳ. 绩效指标需侧重于个人目标，确保调动团队成员的积极性
    A. Ⅰ、Ⅱ B. Ⅰ、Ⅱ、Ⅳ C. Ⅰ、Ⅱ、Ⅲ D. Ⅰ、Ⅱ、Ⅲ、Ⅳ

12. 团队冲突最大的阶段是哪个阶段？
    A. 形成阶段 B. 震荡阶段 C. 规范阶段 D. 成熟阶段

13. 在虚拟团队模式中，沟通要素包含什么实践活动？
    A. 使用电子邮件、语言和习俗和鼓励多元化
    B. 会议形式、严格的计划和质量标准
    C. 任务导向、现场访问和80/20倾听
    D. 系统工程、协作工具和经验教训

14. 在虚拟团队模式中，会议形式、严格的计划和质量标准归属于什么要素？
    A. 启动与组建团队 B. 会议
    C. 知识管理 D. 领导力

15. 关于产品创新中高级管理者的参与，以下哪种说法最合理？
    A. 高级管理者应当推迟参与，直到产品创新的后期，这样可以不浪费他们的时间

B. 高级管理者应当在产品创新的早期就参与，这样可以最有效地影响成果

C. 高级管理者应当在产品创新中自始至终深度参与，因为他们不应期望项目负责人的工作是富有成效的

D. 高级管理者不应在产品创新中有任何参与，因为这并没有很好地利用他们的时间

16. Karl 在组建团队时，注重用 DISC 工作评估工具对团队成员进行评估。经过评估，他发现其中一名开发人员的特点是：只有在详细评估数据的基础上才会做出理性决策，热衷于精确和细致的工作。这名成员属于什么类型的人？

   A. 支配型　　　B. 影响型　　　C. 稳健型　　　D. 谨慎型

17. 对于新问世产品创新项目，通常推荐哪种团队结构？

   A. 职能型团队　　B. 轻量型团队　　C. 重量型团队　　D. 自治型团队

18. 没有正式的项目经理，团队成员只汇报给职能经理。这最有可能是以下哪种团队结构？

   A. 职能型团队　　B. 轻量型团队　　C. 重量型团队　　D. 自治型团队

19. 某团队有职能经理，也有专职的项目经理，项目团队成员同时向项目经理和职能经理汇报。项目经理设定优先级和工作任务，并对项目成果负有主要责任。这最有可能是以下哪种团队结构？

   A. 职能型团队　　B. 轻量型团队　　C. 重量型团队　　D. 自治型团队

20. 产品创新战略是由以下哪方提供的？

   A. 公司客户　　　B. 流程经理　　　C. 高级管理层　　D. 流程倡导者

21. 在战略宣传和贯彻方面，高级管理者应避免什么？

   A. 各层级战略必须相互关联

   B. 职能部门和产品开发参与者应定期沟通

   C. 对战略的解读和认知仅需维系在高级管理层

   D. 产品创新方向必须聚焦在战略领域

22. 虚拟团队模式包含五个要素和十六项实践活动。以下哪个不是五个要素中的内容？

   A. 沟通　　　　B. 知识管理　　　C. 谈判　　　　D. 领导力

23. Jack 领导的项目团队正在学习项目团队生命周期 Z 模型。Jack 发现自己擅长制定战略并落实创意，并向相关方宣传项目的重要性。在 Z 模型中，Jack 比较符合什么角色？

   A. 开创者　　　B. 执行者　　　C. 规划者　　　D. 推进者

24. 高级管理层在产品创新的角色是确定方向及什么？
    A. 对项目进行定义
    B. 确定经营战略
    C. 对现有产品系列和未来产品进行定义
    D. 制定结构化组合管理流程

25. 当使用重量型团队结构时，重量型团队领导者的权力和职能领导相比如何？
    A. 权力取决于组织使用的矩阵结构
    B. 重量型团队领导者和功能团队领导者有平等的权力
    C. 功能团队领导者的权力优先
    D. 重量型团队领导者的权力优先

26. 以下除了哪个，其他都是通过创新健康状况评估为产品创新团队提供的基准？
    A. 高级管理层对项目和组合进行评审
    B. 团队成员的个性特质
    C. 根据战略分配团队资源
    D. 总结产品创新团队和团队成员之间的经验教训并转移知识

27. 某公司的许多产品创新项目都属于相对小幅度的产品线延伸或产品改进，哪种类型的团队结构最适合这种开发？
    A. 自治型   B. 职能型   C. 轻量型   D. B 或 C 选项

28. 矩阵结构面临的主要挑战是什么？
    A. 任命合适的项目经理
    B. 没有明确说明是项目经理还是职能经理拥有更高的权力
    C. 遴选项目团队成员
    D. 设置项目目标

29. 职能型团队结构最适合哪种项目？
    A. 高度复杂，需要强大的跨学科合作的项目
    B. 公司级新品开发项目
    C. 需要团队成员完全投入的项目
    D. 相对简单的产品线延伸或改进项目

30. 在对创新进行激励时，不宜采取什么措施？
    A. 鼓励工作人员探索、利用新颖或独特的机会，并容忍早期失败
    B. 采取与创新绩效挂钩的长期奖励措施
    C. 与新产品创新专业人员签订短期合同

D. 给予长期可行权的股票期权,以鼓励创新专业人士在产品创新中进行长期研究

31. 高绩效团队的特征不包括以下哪个?
    A. 参与　　　　　B. 授权　　　　　C. 战略一致性　　　D. 专业互补

32. 在团队发展进程中,团队领导者的角色渐变过程是怎样的?
    A. 指导、参与、支持、授权　　　　B. 支持、授权、指导、参与
    C. 参与、指导、授权、支持　　　　D. 参与、指导、支持、授权

33. 制订经营和项目计划,对工作的方方面面进行分析和协同。在创新 Z 模型中,这属于哪种类型的人?
    A. 开创者　　　　B. 推进者　　　　C. 执行者　　　　D. 规划者

34. 以下哪种团队结构中,成员的薪酬、晋升和职业发展由团队领导者完全负责?
    A. 轻量型团队　　B. 重量型团队　　C. 自治型团队　　D. B 和 C 选项

35. 轻量型团队的优点是什么?
    A. 专业、深入、责任清晰
    B. 沟通和协调得到了改善,资源闲置时间变短
    C. 团队聚焦在项目上,整合解决方案
    D. 对目标负责,具有创新性

36. 重量型团队的局限性是什么?
    A. 僵化与官僚,难以形成合力
    B. 聚焦不足,项目经理有心无力
    C. 对项目成员要求高,必须打破职能壁垒
    D. 容易与组织分离独立

37. 在冲突管理的托马斯模型中,合作水平和自信水平都低的方法是以下哪种?
    A. 回避　　　　　B. 包容　　　　　C. 折中　　　　　D. 竞争

38. 与迈尔斯-布里格斯或五大人格特质相比,DISC 工作评估工具有何优点?
    A. 历史更悠久
    B. 不但可以用于评估每个人的工作方式偏好,而且可以评估团队成员在职业环境中的行为
    C. 对个体评估的准确度更高
    D. 应用更广泛

39. 在产品创新团队中，有些人喜欢集思广益，充满活力并生成许多不同的创意，也很容易抛弃一些创意。在团队发展 Z 模型中，他们属于什么类型的人？
    A. 推进者　　　　B. 开创者　　　　C. 执行者　　　　D. 规划者

40. G 公司制定了以下指标：在管理大会上讨论战略目标，对所有"建议箱"中的创意做出书面回应，建立与企业和创新战略相吻合的创意和新产品商业化的激励制度。这些属于哪类指标？
    A. 培训计划　　　B. 文化　　　　　C. 战略　　　　　D. 客户

第 7 章

产品创新管理

1. David 带领团队生成并选择创意，明确所需开发的工作和范围，通过商业论证证明他们所做的努力是正确的，投入资源开发、测试和评估产品，最终将其商业化。他们在做什么工作？
   A. 制定产品愿景
   B. 制定产品战略
   C. 实施
   D. 商业化

2. Martin Eriksson 将哪三者之间的交汇点定义为产品管理的范围？
   A. 范围、进度、成本
   B. 经营、用户体验、技术
   C. 市场需求、经营需求、价值主张
   D. 经济、社会、环境

3. 以下哪种是分析项目或新产品成功可能性的方法？
   A. PESTLE 分析
   B. 可行性分析
   C. SWOT 分析
   D. 财务分析

4. 在产品生命周期的引入阶段，什么产品定价策略是最常用的？
   A. 渗透定价
   B. 撇脂定价
   C. A 或者 B 选项
   D. 竞争定价

5. 以下哪个产品创新项目可以带来成功的新产品？
   A. 公司级新品和降低成本
   B. 产品线延伸和降低成本
   C. 公司级新品和产品线延伸
   D. 产品改进和产品线延伸

6. 在传统的产品生命周期中，哪个阶段的销量最低？
   A. 成熟阶段
   B. 衰退阶段
   C. 成长阶段
   D. 引入阶段

7. 公司需要通过产品差异化或产品新特性与竞争对手区分开来，销售重点在于扩大客户购买产品的机会。这最有可能处于产品生命周期的哪个阶段？
   A. 引入阶段
   B. 成长阶段
   C. 成熟阶段
   D. 衰退阶段

8. 产品管理部门决定采用通过降低成本进行收割的方法。通常而言，处于产品生命周期哪个阶段主要依靠该方法？
   A. 引入阶段
   B. 成长阶段
   C. 成熟阶段
   D. 衰退阶段

9. 通常而言，整个生命周期的产品组合优化需要考虑哪些要素？
    Ⅰ. 新产品规划和导入的项目往往只会带来负现金流
    Ⅱ. 发布后的产品通常会带来正现金流
    Ⅲ. 组合管理重点只是回顾和分析投资及成果
    Ⅳ. 制定决策框架，以及采取行动
    Ⅴ. 与公司和部门的发展战略建立联系
    A. Ⅰ、Ⅱ、Ⅲ、Ⅳ
    B. Ⅰ、Ⅱ、Ⅳ、Ⅴ
    C. Ⅰ、Ⅱ、Ⅲ、Ⅴ
    D. Ⅰ、Ⅱ、Ⅲ、Ⅳ、Ⅴ

10. 净现值常用作评估标准，以下哪个是它的优点？
    A. 忽略概率和风险
    B. 假设财务预测准确
    C. 仅考虑财务目标
    D. 非常容易计算

11. 产品的持续性改进有什么特点？
    A. 新的和未知的技术
    B. 最好的战略是率先上市
    C. 很强的技术基础
    D. 在短期内表现较差

12. 抢滩战略通常指什么？
    A. 赶在竞争对手前，在市场上推出新产品，争夺市场第一的位置
    B. 先将市场进行分层，比如一线城市、二线城市、三线城市，再进行分层营销
    C. 先选出最具潜力的细分市场作为产品首次上市地点，再将产品陆续投放到其他的细分市场
    D. 选取最有优势的分销渠道，先赢得市场影响力和份额，再将成功的合作模式拓展到其他渠道

13. 项目的三重约束是什么？
    A. 时间、预算、范围
    B. 任务、关键路径、可交付成果
    C. 时间、预算、功能
    D. 以上选项都正确

14. 创新扩散和 ATAR 是什么模型？
    A. 估算模型
    B. 销售预测模型
    C. 投资的财务回报模型
    D. 绩效模型

15. 大部分的财务数据是估算和预测出来的，准确性不高。为了克服这些问题，组织应该怎么做？
    A. 采用生命周期财务方法保持动态预测
    B. 将资本投入和重复成本作为输入
    C. 加强销售工作，更好地了解相关方期望
    D. 以上皆对

16. 项目预算中参数法的定义是什么？
    A. 利用公司专有方法进行估算
    B. 基于历史数据和项目参数，使用某种算法计算当前项目成本的方法
    C. 估算每个任务成本，然后进行汇总
    D. 以上皆错

17. 以下哪个不是财务分析的组成部分？
    A. 销售预测   B. 固定成本   C. 产品定价   D. 投资渠道

18. 关于产品生命周期管理，以下哪些说法是正确的？
    Ⅰ. 产品生命周期管理包括新产品规划、新产品导入和发布后的产品管理三部分
    Ⅱ. 产品生命周期中通常有四个关口评审点
    Ⅲ. 新产品导入阶段能给企业带来正现金流
    Ⅳ. PDCA 戴明环与产品生命周期一致，都是根据已有计划对成果进行评估
    A. Ⅰ、Ⅳ   B. Ⅱ、Ⅲ   C. Ⅰ、Ⅱ、Ⅳ   D. Ⅰ、Ⅱ、Ⅲ、Ⅳ

19. 在产品生命周期中，呈现以下特点：销量达到峰值、单位客户成本低、利润最高、大众市场、竞争对手数量稳定。这是在哪个阶段？
    A. 引入阶段   B. 成长阶段   C. 成熟阶段   D. 衰退阶段

20. 产品生命周期最重要的价值之一是什么？
    A. 有效调配各阶段的资源
    B. 明确产品各阶段
    C. 预测各阶段的收益
    D. 根据产品在不同周期阶段进行战略和战术选择

21. 风险管理是关于以下哪个领域的？
    A. 理解项目成本   B. 理解项目范围   C. 项目的不确定性   D. 理解项目进度

22. Alice 是公司产品创新项目经理。一个项目的进度发生延迟，Alice 试图通过将某些项目从原来的串行关系改为并行关系，从而加快整个项目的进度。她正在应用哪种技术？
    A. 工作分解结构（WBS）   B. 关键链法
    C. 赶工   D. 快速跟进

23. 以下哪个不是 ATAR 销售预测模式的要素？
    A. 知晓（Awareness）   B. 试用（Trial）
    C. 关注（Attention）   D. 复购（Repeat）

24. 以下哪个是产品创新项目的佼佼者和失败者之间的差别？
    A. 高级管理者的角色，其对产品创新流程进行宏观管理
    B. 强烈的市场导向，重视市场渠道，聚焦客户
    C. 节约资源和资金，为了速度不惜牺牲质量
    D. 通过直觉进行产品创新，不在开发前调研工作上浪费时间

25. 产品经理 Tom 在查看创新培训计划制订、培训人员数量、是否将创新培训作为新员工入职流程、学习创新方法的员工比例，这些属于哪类指标？
    A. 培训计划   B. 文化   C. 战略   D. 客户

26. 产品经理的主要目标是留住客户并保持市场份额，重点是不断优化价值主张，同时关注客户满意度和愉悦感，与搅局者开展竞争。这是哪个阶段？
    A. 引入阶段   B. 成长阶段   C. 成熟阶段   D. 衰退阶段

27. 在平衡计分卡中，收入、净利润、毛利率、销量、息税前利润、投资回报率等指标属于哪个维度？
    A. 财务   B. 客户   C. 内部流程   D. 学习与成长

28. 产品、平台和品牌的战略由谁制定？
    A. 事业部高级管理层   B. 高级产品管理者
    C. 公司高级管理层   D. 由跨职能高级管理者组成的团队

29. 典型的平衡计分卡包括以下哪四个维度？
    A. 范围、进度、成本、质量   B. 财务、客户、内部流程及学习与成长
    C. 战略、组合、流程、工具   D. 产品、促销、价格、地点

30. 产品经理要想成功，必须专注以下哪几个方面？
    Ⅰ. 树立愿景   Ⅱ. 制订计划，实现愿景
    Ⅲ. 指导产品开发或产品创新   Ⅳ. 将产品商业化（营销和销售）
    A. Ⅰ、Ⅱ、Ⅳ   B. Ⅱ、Ⅲ、Ⅳ   C. Ⅰ、Ⅲ、Ⅳ   D. Ⅰ、Ⅱ、Ⅲ

31. 在产品创新项目中，产品管理负责发现和定义项目范围，项目管理的责任是什么？
    A. 技术和市场   B. 执行和交付范围
    C. 生命周期管理   D. 门径流程中的发现与筛选

32. XP 公司准备扩大新能源汽车的产能，现在有两种方案。见下表，一种方案是扩建厂房，另一种方案是新建厂房。决策层在收集到以下预测数据后要进行决策，决策依据是哪种方案的预期货币值高就选哪种。你建议选择哪种方案？

方案	投资（百万元）	收益（百万元）
扩建厂房	50	• 有60%的概率上市后市场需求强劲，可获得收益额120 • 有40%的概率上市后市场需求较弱，可获得收益额60
新建厂房	120	• 有60%的概率上市后市场需求强劲，可获得收益额200 • 有40%的概率上市后市场需求较弱，可获得收益额90

A. 新建厂房　　　　B. 扩建厂房　　　　C. 都可　　　　D. 都不可

33. 根据项目参数，使用某种算法计算当前项目成本的方法。这是哪种项目预算方法？
    A. 参数法　　　　B. 历史数据法　　　　C. 自下而上法　　　　D. 自上而下法

34. 项目风险管理流程包括以下哪个？
    A. 规划风险管理　　B. 识别和分析风险　　C. 应对和监控风险　　D. 以上皆是

35. 在产品创新项目中，应对风险的措施有哪些？
    A. 规避、转移、减轻、接受
    B. 回避、包容、折中、竞争、合作
    C. 开发、测量、学习
    D. 替代、合并、改造、调整、改变用途、去除、逆向操作

36. 以下哪个属于可变成本？
    A. 管理费用　　　　B. 行政费用　　　　C. 厂房租金　　　　D. 生产用电费

37. 已知在某产品开发上的资本支出是 210,000 美元，预计年利润见下表。那么，该产品的静态投资回收期是多少年（不考虑折现率）？

回收期（年）	利润（千元）
1	60
2	150
3	350
4	440
5	600

A. 2年　　　　B. 3年　　　　C. 4年　　　　D. 5年

38. 根据 PDMA 开展的 CPAS 研究，什么产品创新活动被"最佳公司"频繁使用？
    A. 在更少的项目上花费更多的时间　　　B. 选择合适的产品创新流程
    C. 形成清晰的组合管理策略　　　　　　D. 以上皆对

39. ATAR 是销售预测工具，也是可行性分析和财务分析的关键部分，其由以下哪四个部分构成？

A. 知晓、试用、购买、复购　　　　　B. 知晓、购买、复购、推荐
C. 试用、知晓、购买、推荐　　　　　D. 知晓、试用、推荐、复购

40. 投资回报常用指标不包括以下哪个？
    A. 成本效益比　　B. 投资回收期　　C. 净现值　　D. 内部收益率

41. 累积净现值的财务意义是什么？
    A. 累积净现值大于零，代表项目可以投资　B. 累积净现值小于零，代表项目不可以投资
    C. 累积净现值大于零，代表项目是盈利的　D. 累积净现值小于零，代表项目可以投资

42. 面对低概率且低影响的风险，应采取哪种风险应对措施？
    A. 规避　　　　B. 接受　　　　C. 减轻　　　　D. 转移

43. 基于项目的风险与基于产品的风险，两者的区别在于什么？
    A. 项目经理领导和产品经理领导　　　　B. 针对项目管理和针对产品特性
    C. 产品商业化前和产品商业化后　　　　D. 矩阵型团队结构和自治型团队结构

44. 产品经理往往在产品创新流程末期才进行收益预测。最佳实践要求在产品创新的什么阶段进行财务分析？
    A. 产品创新流程末期　　　　　　　　　B. 产品创新流程早期
    C. 产品创新流程中期　　　　　　　　　D. 产品创新流程结束

45. 在产品生命周期的衰退阶段，产品经理应该担任什么角色？
    A. 洞察专家　　B. 增长黑客　　C. 留存大师　　D. 方案达人

46. 制定新产品市场营销组合的一个重点是什么？
    A. 在产品开发前制定　　　　　　　　　B. 与产品开发并行
    C. 在产品开发后制定　　　　　　　　　D. 在营销部门做决定时进行

47. 在跨域鸿沟模型中，产品经理最难攻占也是带来最多销量的是哪类客户？
    A. 早期采用者　　B. 晚期大众　　C. 早期大众　　D. 落后者

48. 走向市场的有效战略必须针对以下哪个？
    A. 总体市场　　　　　　　　　　　　　B. 如何到达目标市场
    C. 如何进行产品分配　　　　　　　　　D. 以上皆对

49. 在产品生命周期的成长阶段，什么产品定价策略是最常用的？
    A. 渗透定价　　B. 撇脂定价　　C. 维持定价　　D. 降价

50. 跨越鸿沟受到了哪个模型的启发，又对其进行了优化？
    A. 技术 S 曲线 B. 库珀的门径流程
    C. 克劳福德的 ATAR 模型 D. 罗杰斯的技术扩散模型

51. 产品生命周期越来越短，这是什么原因造成的？
    A. 消费者消费能力提升、企业竞争加剧 B. 技术进步速度加快
    C. 信息时代带来全球化进程 D. 以上皆对

52. 产品策略是通过增加新特性或发现新用途重新定位产品，这通常处于哪个阶段？
    A. 引入阶段 B. 成长阶段 C. 成熟阶段 D. 衰退阶段

53. 在定价时会考虑降低产品价格，这通常处于哪个阶段？
    A. 引入阶段 B. 成长阶段 C. 成熟阶段 D. 衰退阶段

54. 瞄准更广泛的客户群，这通常是哪个阶段的促销策略？
    A. 引入阶段 B. 成长阶段 C. 成熟阶段 D. 衰退阶段

55. 在疫情来临时，产品经理立即启动虚拟团队的响应机制，要求所有成员居家办公，切断传播渠道。这是什么类型的风险应对措施？
    A. 接受 B. 转移 C. 减轻 D. 规避

56. 抢滩战略在"登陆"后，接下来应该如何进攻市场？
    A. 市场渗透和市场拓展 B. 市场渗透和市场细分
    C. 跨越鸿沟 D. 营销组合

57. 以下哪个是走向市场战略的正确顺序？
    A. 价值主张、整体解决方案、市场细分、目标细分市场、抢滩战略、渠道战略、促销计划、传播信息
    B. 整体解决方案、市场细分、目标细分市场、抢滩战略、价值主张、渠道战略、促销计划、传播信息
    C. 市场细分、目标细分市场、整体解决方案、价值主张、渠道战略、促销计划、传播信息、抢滩战略
    D. 整体解决方案、价值主张、市场细分、目标细分市场、促销计划、渠道战略、传播信息、抢滩战略

58. 以下哪种产品处于成长阶段？
    A. 电脑 B. 苹果手机 C. 3D 打印机 D. 录像机

59. 在平衡计分卡中，客户留存率、市场份额、客户投诉、品牌资产等指标属于哪个维度？
    A. 财务　　　　　　　B. 客户　　　　　　　C. 内部流程　　　　　D. 学习与成长

60. 产品生命周期变得越来越短，主要是什么原因导致的？
    A. 客户太多　　　　　　　　　　　　　　　B. 产品太多
    C. 竞争加剧　　　　　　　　　　　　　　　D. 电子商务广泛应用

61. 在定义价值主张时，应该注重_____而非_____？
    A. 利益、特性　　　B. 性能、特性　　　C. 特性、价格　　　D. 价格、利益

62. 复杂产品应该通过什么渠道到达客户手中？
    A. 经销商　　　　　　　　　　　　　　　　B. 批发商
    C. 直接销售　　　　　　　　　　　　　　　D. 经销商与批发商

63. 成功的度量指标不包含以下哪个？
    A. 控制度量指标的数量　　　　　　　　　　B. 度量后采取行动
    C. 制定独立于公司战略的度量指标　　　　　D. 度量指标的质量

64. 在产品生命周期的什么阶段要注重建立品牌？
    A. 引入阶段　　　　B. 成长阶段　　　　C. 成熟阶段　　　　D. 衰退阶段

65. 以下哪种描述是正确的？
    描述1：净现值等于收入的累积现值减去成本的累积现值
    描述2：投资回报率的定义为通过投资而获得的回报与投资成本的比率
    A. 描述1对，描述2错　　　　　　　　　　B. 描述2对，描述1错
    C. 全对　　　　　　　　　　　　　　　　　D. 全错

66. Jose接手了一种处于衰退阶段的产品，他给公司的建议应该是什么？
    A. 通过降低成本收割产品　　　　　　　　　B. 让产品退出市场
    C. 重新定位产品　　　　　　　　　　　　　D. 以上皆对

67. 不属于可行性报告内容的是以下哪个？
    A. 产品质保　　　　B. 技术可行性　　　C. 财务潜力　　　　D. 知识产权

68. 在产品创新绩效度量中，高级管理者汇报时常用的度量指标不包含以下哪个？
    A. 活力指数　　　　　　　　　　　　　　　B. 盈亏平衡时间或盈利时间
    C. 申请和授予专利的数量　　　　　　　　　D. 产品销售利润

第二篇

NPDP综合模拟试题

NPDP 综合模拟试题（一）

1. 产品创新团队在调查用户需求，他们发现有一类需求能够给客户带来惊喜。如果满足了这类需求，客户就会非常开心，整体体验非常好，满意度也非常高。不过，如果未能满足这类需求，客户也不会不满意。在卡诺模型中，这是什么类型的需求？
   A. 基本需求　　　　B. 期望需求　　　　C. 兴奋需求　　　　D. 无差异需求

2. 两年前，ZIMBA 公司在洛杉矶地区开设了第一家泰式餐厅。在当地获得成功后，ZIMBA 公司考虑将其泰式美食扩张至加州以外的新区域，开始评估扩张可行性。ZIMBA 公司的领导层应该首先进行哪类可行性研究？
   A. 对当前客户的饮食习惯进行电话访问
   B. 一级市场调研
   C. 对潜在城市/地点进行实地考察
   D. 二级市场调研

3. 在商业模式画布中，与业务相关的要素是什么？
   A. 客户细分、价值主张、渠道通路、客户关系和收入来源
   B. 核心资源、重要合作、客户细分、价值主张和收入来源
   C. 客户细分、价值主张、渠道通路、关键业务和成本结构
   D. 关键业务、核心资源、重要合作和成本结构

4. 高级管理者不参与产品创新的第一个阶段，可能的原因是他们害怕犯错，涉及大量的知识，问题不明确，工具和角色不清晰。为什么高级管理者不在早期阶段参与会成为一个问题？
   A. 因为他们不能做出正确的投资决策
   B. 因为他们不能尽早地与产品团队共同做出决策，就无法在早期施加更多的影响
   C. 因为他们该阶段还不太可能影响项目结果
   D. 因为下属缺乏领导力

5. 根据施特尔茨纳的说法，大多数营销人员都高度重视使用社交媒体进行市场调研。社交媒体可以提供的洞见是什么？
   A. 客户的渴望　　　　　　　　　　　　B. 客户谈论的内容
   C. 客户购买或者不购买某一件产品的原因　D. 以上所有选项

6. 西北航空是一家专门从事集装箱散货运输的航运公司。最近，该公司发现提供类似服务的竞争对手数量在增加。因此，该公司的高级产品经理开始制定一个在保持市场份额的同时还能保护利润的战略。该公司最有可能处于产品生命周期的什么阶段？
   A. 引入阶段　　　　B. 成长阶段　　　　C. 成熟阶段　　　　D. 衰退阶段

7. 产品经理决定先在一个具体的细分市场发布新产品，当产品在该市场实现渗透之后再将其逐步推向更多市场。这样推出新产品的方法被称作什么？
   A. 推出策略　　　　B. 抢滩策略　　　　C. 市场测试　　　　D. 市场拓展

8. 请根据以下表述选择正确答案。
   表述1：净现值的优点在于它以利润百分比来表示项目的绝对价值。
   表述2：投资回报率可用于项目绝对价值的比较。
   A. 表述1正确，表述2错误　　　　B. 表述2正确，表述1错误
   C. 二者皆对　　　　　　　　　　D. 二者皆错

9. 自1988年以来，PDMA每年都要评选全球创新企业大奖（OCI），其中有两项评估标准为：5年内持续成功推出新产品，新产品给企业带来显著增长。可以用以下哪个指标反映该要求？
   A. 研发人员数量　　B. 专利数　　　　C. 研发费用投入　　D. 活力指数

10. 在开放式创新类型中，创新渠道开放度低，合作方多样性高。这属于哪种类型？
    A. 整合型创新者　　B. 开放型创新者　　C. 特殊型创新者　　D. 封闭型创新者

11. 以下哪个不是敏捷团队在估算资源时遇到的问题？
    A. 难以获得资源信息　　　　　　B. 资源数据丢失
    C. 资源数据提供迟缓　　　　　　D. 团队成员人数较少

12. 新产品的资金成本是1,000,000美元，预计该产品的年利润如下：第一年为60,000美元；第二年为150,000美元；第三年为350,000美元；第四年为440,000美元；第五年为600,000美元。那么该产品的投资回收期（静态，不考虑折现率）是多久？
    A. 3年　　　　　　B. 4年　　　　　　C. 5年　　　　　　D. 以上皆错

13. 如果你被聘为产品创新顾问，指导Cereaisrus麦片公司市场开发和推出新的麦片产品，为了测试哪种包装和定价组合最受欢迎，你会使用哪种市场工具？
    A. 市场测试　　　　B. 联合分析　　　　C. 人种学方法　　　D. 头脑风暴

14. 如果年利率是10%，以下哪个项目具有最高的净现值？项目1：第一年、第二年、第三年数据分别为20,000、50,000、30,000；项目2：第二年、第三年、第四年数据分

别为 30,000、40,000、30,000；项目 3：第二年、第三年、第四年数据分别为 10,000、50,000、40,000；项目 4：第一年、第二年、第三年数据分别为 30,000、50,000、20,000。

  A. 项目 1   B. 项目 2   C. 项目 3   D. 项目 4

15. 你的产品创新项目已经落后于预计的产品发布日期，产品经理要求你在不对项目范围产生重大影响的情况下压缩项目进度。你会向产品经理建议采取什么方法？
  A. 增加资源，安排任务并行
  B. 削减一些任务，并要求员工加班
  C. 要求营销经理修改产品发布日期并尽快满足
  D. 修改产品的部分设计要求和项目计划

16. AG 公司正在考虑一种可在产品生命周期成长阶段使用的最佳产品策略，你的建议是什么？
  A. 在利润较好时放弃该产品 B. 保持产品质量并增加新功能
  C. 降低成本以使产品更有竞争力 D. 在产品受欢迎时充分延长时间

17. 通过设计或规划减少浪费、避免污染以促进更大资源产出指什么？
  A. 回收经济   B. 可持续经济
  C. 循环经济   D. 演化经济

18. 由现有产品或平台衍生出来的项目，其可弥补现有产品线的空白。常常通过提高制造成本优势，或运用组织的核心技术等方式提升性能或增加新特性。这是哪类项目？
  A. 突破型项目 B. 平台型项目 C. 衍生型项目 D. 支持型项目

19. 以下哪个是在进行组合平衡时加以考虑的？
  A. 成本   B. 收益   C. 风险   D. 以上皆对

20. 系统工程设计框架的第一步是什么？
  A. 规划产品和选择任务   B. 明确任务，编写需求清单
  C. 识别要解决的基本问题   D. 构建功能结构

21. Mary 是某汽车配件供应商的产品开发工程师，她的上司最近一直在抱怨新产品上市周期太长，并认为大部分新产品的迭代改进可以做得更有效率。Mary 应向上司推荐哪种产品创新流程以缩短上市时间？
  A. 瀑布模型   B. 集成产品开发流程
  C. 敏捷方法   D. 门径流程

22. 在精益创业的学习计划中，技术、创新和平台等信息归属于以下哪个方面？
   A. 市场　　　　　　B. 组织　　　　　　C. 商业　　　　　　D. 技术

23. 以下哪个关键属性与组织身份相关？
   A. 功能性　　　　　B. 持久性　　　　　C. 难以辨识性　　　D. 适应性

24. 一家公司在过去完全聚焦于通过某项单一技术向市场提供高质量产品。公司是风险厌恶型的，并且公司的工程能力使得公司能够在细分市场上对竞争对手做出快速、强硬的回应。根据迈尔斯和斯诺的理论，这家公司采取的是哪种创新战略？
   A. 探索者战略　　　B. 分析者战略　　　C. 防御者战略　　　D. 回应者战略

25. Tom 是一家中等规模化妆品公司的产品经理，他要向公司高级管理者们介绍经营战略在指导产品创新方面的作用。他的演讲内容包括财务目标、跨职能团队建设、遴选具有合适技能的员工，以及研发总投入在公司收入中的占比。Tom 在演讲中遗漏了以下哪个最重要的方面？
   A. 提供项目选择的战略　　　　　　B. 与高级管理者的沟通计划
   C. 参与的重要目标市场　　　　　　D. 产品创新流程及关键工具、技术

26. 在以下表述中，哪个是正确的？
   表述1：创意生成和创意管理的区别在于创意生成可以是外部的，也可以是内部的，而创意管理只是一种内部活动。
   表述2：对创意进行标记和分类让你将新的、成功的、原创的创意归入合格类别
   A. 表述1正确，表述2错误　　　　　B. 表述2正确，表述1错误
   C. 二者皆对　　　　　　　　　　　D. 二者皆错

27. 一个优秀的组织创新战略具有哪些特征？
   A. 针对特定的组织量身定制　　　　B. 与组织的不同职能领域保持一致
   C. 评价中进行权衡　　　　　　　　D. 以上皆对

28. 项目的初始投资是 2,000,000 元。运营期的资金净流入分别为：第一年 600,000 元；第二年 600,000 元；第三年 800,000 元；第四年 400,000 元；第五年 400,0000 元。静态回收期（不考虑折现率）为几年？
   A. 3 年　　　　　　B. 4 年　　　　　　C. 5 年　　　　　　D. 无法确定

29. 一家生产农业机械的公司最近采取了可持续发展战略。该公司的技术部门负责分析公司每种产品的影响，应采用以下哪种科学方法？
   A. 产品特性分析（PFA）　　　　　B. 产品处理分析（PDA）
   C. 生命周期评估（LCA）　　　　　D. 产品成分分析（PCA）

30. Alan 在组合管理时，要对潜在的产品创意进行筛选，他使用了评分法。下表中哪个产品创意分数最高？

产品创意 \ 因素	市场	技术	财务
权重系数	8	5	10
一	8	6	8
二	8	9	7
三	6	6	8
四	7	7	8

A. 产品创意一　　B. 产品创意二　　C. 产品创意三　　D. 产品创意四

31. Mark 在组合管理时按照项目需求进行资源配置，并且这是最终的结果。他应该在哪些资源类型上进行补充，以解决资源负荷过高的问题？
    A. ID 设计师和软件工程师　　　　B. 结构工程师和电子工程师
    C. ID 设计师和电子工程师　　　　D. 软件工程师和电子工程师

32. 以下关于产品设计规格指标的说法中，哪种是正确的？
    A. 当作因变量　　B. 来自客户需求　　C. 具有挑战性　　D. A 和 B 选项

33. 在创业三阶段中，创业团队要问产品是否符合市场需求。该阶段不仅对验证产品特性及市场吸引力而言至关重要，对走向市场的商业模式也很重要。这处于什么阶段？
    A. 问题和解决方案匹配　　　　B. 产品与市场匹配
    C. 规模化　　　　　　　　　　D. 走向市场

34. 由于经典瀑布模型存在局限性，许多组织使用螺旋瀑布模型。螺旋瀑布模型的优点是什么？
    A. 适合于需求容易变更的项目　　B. 不强调风险分析
    C. 结合了迭代流程和线性开发模型　D. 成本显著降低

35. 一家软件企业正在对一个在线购物应用程序进行更新。通过以往的产品发布，该公司在目标市场上积累了丰富的经验，即使应用程序中存在一些小的瑕疵，也会在应用程序发布后予以迅速纠正，不会造成重大的负面客户反馈。此时，快速上市至关重要，该公司希望了解客户对应用程序改进后的功能和特性的反应。你推荐该公司采用哪种市场调研方法？
    A. 焦点小组
    B. 先进行内部阿尔法测试，再进行贝塔测试
    C. 试销
    D. 因子分析

36. 某制药公司的产品大部分是天然生物的衍生品。该公司最近发现了一个新的产品机会，虽然回报丰厚，但风险很高。该公司的首席执行官已认识到项目的重要潜力，以及保证项目成功所需要的专门能力。何种类型的团队结构最适合该项目？
   A. 轻量型　　　　　B. 重量型　　　　　C. 创新型　　　　　D. 自治型

37. 差异化战略的核心是什么？
   A. 开发具备高质、独特及理想特性的产品
   B. 降低产品生产成本
   C. 通过专注于对成本敏感的消费者增加公司的市场份额
   D. 通过拓展新的产品线获取市场份额

38. 精益产品创新研究的因素包括单位产出利润和产品上市时间。精益产品创新聚焦在哪个方面？
   A. 降低风险　　　　　　　　　　　　B. 缩短时间
   C. 提高投资回报率　　　　　　　　　D. 减少浪费，提高生产率

39. 产品概念描述与产品设计规格的区别在于什么？
   A. 没有区别，它们基本相同　　　　　B. 产品概念描述说明了客户的需求
   C. 产品概念描述说明了产品的核心　　D. 产品概念描述提供了产品收益

40. 新产品成功因素的研究指出，高级管理者的作用重大。在产品创新流程的哪一阶段，高级管理者会对产品的成功产生重要的影响？
   A. 产品创新的整个流程
   B. 在扩大规模实现商业化制造与产品发布期间
   C. 在概念评估与商业分析的早期阶段
   D. 在原型开发和产品测试期间

41. 一家公司为其新产品确定了名称。该公司进行了广泛的调研，确认没有其他公司注册该名称。该公司为该名称注册时，应申请何种形式的知识产权？
   A. 专利　　　　　B. 商标　　　　　C. 版权　　　　　D. 商业秘密

42. 上市时间常常是创新成功的关键因素。一家制造企业虽然全力推动产品创新流程的实施，但还是发现上市时间被延迟了，管理层认为问题主要在于某些关键阶段缺乏合适的人员。该公司应该聚焦于何种具体战略？
   A. 财务战略　　　　B. 人力资源战略　　　　C. 技术战略　　　　D. 运营战略

43. 阿尔法测试是由谁完成的市场调研方法？
   A. 目标用户　　　　B. 市场调研公司　　　　C. 领先用户　　　　D. 企业内部开发人员

44. 市场调研的主要作用是什么？
    A. 识别个人需求
    B. 尝试预测未来的行为
    C. 提供市场营销问题的解决方案
    D. 提供信息，帮助公司做出决策

45. 产品生命周期分析能为产品创新提供什么？
    A. 产品改进   B. 削减成本   C. 增加新功能   D. 以上皆对

46. 制定营销战略应与以下哪个保持一致？
    A. 产品创新流程
    B. 首席执行官的指示
    C. 协议声明
    D. 组织的经营目标

47. 根据以下表述，正确答案是哪个？
    表述1：开放式创新是一种创新和产品创新的新方法，其核心研究机构不再是技术知识或创意的独家来源。
    表述2：开放式创新的兴起，是因为知识不再是专有的，且知识保护也变得困难。
    A. 表述1正确，表述2错误
    B. 表述2正确，表述1错误
    C. 二者皆对
    D. 二者皆错

48. 在全力推动新产品商业化的过程中，处于核心地位的战略文件被称作什么？
    A. 概念说明   B. 协议说明   C. 产品创新章程   D. 技术战略

49. 产品创新的较高风险和不确定性需要什么？
    A. 有助于决策的更多信息
    B. 项目计划
    C. 发布决策
    D. 市场测试

50. 什么是详细设计与规格阶段？
    A. 提供更多的外观、形态和功能细节
    B. 将定性设计概念转化为定量规格
    C. 将初始设计规格更为详细化
    D. 为产品规模化、批量生产和上市提供详细的规格

51. 在产品创新流程中，正式的阶段完成意味着工作处于什么状态？
    A. 在该阶段已经完成并且有时包括授权进入下一阶段
    B. 在该阶段已经完成并且总是包括授权进入下一阶段
    C. 在该阶段已经完成但从不包括授权进入下一阶段
    D. 全部阶段都已完成

52. 欧米茄国际（Omega International）采用了产品创新章程，该工具能够激发产品创意并

推动已获批准的新产品创意进入产品创新流程。此外，欧米茄国际还在产品概念、潜在客户、公司价值、财务潜力和沟通计划等方面向产品创新团队提供信息。为了更好地发挥团队职能及提升团队绩效，他们还应该怎么做？
A. 增加共同目标　　　　　　　　　B. 增加项目名称
C. 将工作地点放在公司之外　　　　D. 增加退出战略

53. 什么是产品创新流程？
   A. 为了成功地将产品从创意变成可销售的产品，整个组织普遍理解和接受的做法
   B. 新产品解决方案的测试流程
   C. 商业论证的一部分
   D. 改进当前产品和服务的方法

54. 产品创新中的组合方法应具有"整体性"。这里的"整体性"是什么含义？
   A. 对产品的三个层次进行考察
   B. 每个新产品必须适用于一个"空白市场"或"利基市场"
   C. 将漏斗中的所有项目作为一个整体加以考察
   D. 产品创新全流程，包括从战略指导直至新产品上市

55. 某公司产品创新流程的进度表如下：
   【阶段0（发现）：2010年3—4月】
   【关口1：2010年6月；阶段1（筛选）：2010年6—9月】
   【关口2：2010年9月；阶段2（商业论证）：2010年10月—2011年3月】
   【关口3：2011年3月；阶段3（开发）：2011年4—10月】
   【关口4：2011年12月；阶段4（测试与确认）：2012年1—5月】
   【关口5：2012年6月；阶段5（上市）：2013年3月】
   【上市后评估：2013年10月；盈亏平衡：2015年10月】
   那么，项目的总时长是多少？
   A. 63个月　　　B. 24个月　　　C. 30个月　　　D. 36个月

56. AD公司生产大批量、低成本的产品，在过去的数十年中，产品几乎未做任何改变。自投产以来，该公司就未充分考虑生产现场布局的优化，工人每天被迫围着整个现场奔忙。以下哪种方法最适合用于提高当前生产效率？
   A. 精益方法　　　B. 敏捷方法　　　C. 门径流程　　　D. 瀑布模型

57. 在波士顿矩阵中，"瘦狗"被定义为具有低市场份额和低增长潜力的产品。针对这类产品，公司应该采用何种战略？
   A. 放弃或改变价值主张　　　　　　B. 在产品还能赚钱的时候继续销售产品
   C. 继续保留，等待市场转机　　　　D. 大幅投资，对产品进行改进

58. 柯达塑料公司生产城市居民使用的垃圾收集桶、生产牛奶周转箱、回收箱及其他挤压成型的塑料制品。该公司领导层希望产品多样化并正在探索一些产品机会，希望拓展到更多采用注塑品的行业和领域。在上年的一次会议上，有人提出日托中心建筑使用的屋瓦和地板是一个机会，管理层准备开会对此进行进一步讨论。这次会议应该是产品创新中的哪个阶段？
    A. 机会评估　　　B. 概念生成　　　C. 原型设计　　　D. 产品开发

59. 西蒙是一家软件公司。该公司为了促进组织成长，正在考虑采用一种产品创新流程。该流程要求开发人员与客户进行协作，能够对变化做出快速响应并专注于软件的开发，而不是计划和文件管理。在考察了大量的流程之后，西蒙应该选择下列哪种方法？
    A. 快速的门径流程，以缩短开发周期
    B. 改进后的敏捷方法，该方法能够对客户、用户和团队的输入做出响应
    C. 集成产品开发，该方法能够在初始开发计划中考虑产品生命结束时的情况
    D. 旨在减少浪费，提高重复性任务作业效率以支持软件产品创新的精益产品创新方法

60. 在六项思考帽中，什么帽子强调创造力、创意、可能性和方案？
    A. 白　　　　　　B. 黄　　　　　　C. 绿　　　　　　D. 红

61. 通过客户现场访问促进产品创新的最大优势之一是什么？
    A. 了解产品的使用情况　　　　　　　B. 获得相关问题的解决方案
    C. 通过一两次访问就可以了解所有客户　D. 它是新销售人员的良好训练场

62. 一家技术型公司经常通过收购其他公司的方法拓展自身的产品线。你如何描述该类型的经营战略？
    A. 收购战略　　　B. 技术战略　　　C. 营销战略　　　D. 公司战略

63. 一家冰球服生产商的客户遍布多个国家。在每个国家，公司都在不断拓展市场。该公司采用了社交媒体，用该方法触达客户的主要优点是什么？
    A. 能实现统计上的显著性　　　　　　B. 能快速且容易地触达客户
    C. 能更好地分析竞争者的产品　　　　D. 能发现客户未能说出的需求

64. 在进行产品创新时，公司经常使用什么方法衡量产品最终用户的满意度，同时确定公司能否提供所承诺的优质产品？
    A. 领先用户研究　B. 产品使用测试　C. 二级市场调研　D. 质量功能展开

65. 在概念工程中，最后一个阶段是什么？
    A. 了解客户环境　　　　　　　　　　B. 选择最终概念
    C. 将对客户的了解转化为需求　　　　D. 生成概念

66. 通过收集实体化设计中的信息对设计语言进行解码，同时发挥创造力，将这些信息进行重组，从而开发出新的部件或概念。这是什么方法？
   A. 模仿型逆向工程   B. 研究型逆向工程   C. 跟随型逆向工程   D. 照搬型逆向工程

67. 以下哪种术语最好地描述了"在一定时间阶段内生效并由政府授权或许可的权利，尤其指禁止他人制造、使用或销售一个发明的独有权利"？
   A. 版权   B. 产权   C. 专利   D. 所有权

68. 原型法的主要目的是什么？
   A. 测试市场是否接受产品   B. 评估产品特性是如何满足用户期望的
   C. 评估如何进行大规模生产   D. 以上皆错

69. 以下哪种战略最强调技术？
   A. 常规式创新   B. 架构式创新   C. 激进式创新   D. B 和 C 选项

70. 一家高技术公司推出的某些产品在市场上失败了，最可能的原因是什么？
   A. 缺乏公司愿景   B. 没有公司使命
   C. 没有清晰的技术战略   D. 缺乏对营销战略和技术战略的整合

71. Sam 被 A 公司聘为产品创新顾问，负责优化产品创新流程。A 公司已经有多个产品延期发布。在最初的研究中，Sam 发现由于设计和制造团队在项目早期缺乏协调，导致经常返工，最终延误交期。要改善这种状况，Sam 的最佳选择是什么？
   A. 更换项目经理   B. 在产品创新流程中引入额外的决策阶段
   C. 建立跨职能的产品创新团队   D. 添加额外的文档以改善沟通

72. 某项目预计在第一年到第四年的现金流均为 0，第五年的现金流为 750 万元。假定折现率为 10%，该项目的累计净现值是多少？
   A. 681 万元   B. 390 万元   C. 466 万元   D. 136 万元

73. 可持续性方法中的 ARPI 框架是什么？
   A. 可持续产品和服务开发。通过在产品生命周期中实现产品和服务的可持续开发，将提供产品转化为提供服务，以减少制造
   B. 分析、报告、排序和改进。提倡开展生态设计，包括对环境进行评估、分析和报告，对相关因素进行排序并提出改进措施
   C. 关于材料、设计和生态的指导原则。强调材料选择及其对产品方法、功能设计、市场需求、价格和环境的影响
   D. 以上皆错

74. 设计思维的原则包括什么？
   A. 以人为中心的问题解决方案　　　　B. 尽快和尽早地制作原型
   C. 强调行动　　　　　　　　　　　　D. 以上皆对

75. 在产品创新中，公司采用财务最低预期回报率的目的是什么？
   A. 寻求不对项目范围产生重大影响的压缩项目进度的方法
   B. 确定投资所要求的回报水平
   C. 确定投资回收所需的时间
   D. 分析某一项目或新产品成功的概率

76. 你正在指导一个新上任的初级产品经理负责新软件开发项目。你建议该产品经理跟踪哪些方面以确保未来项目的成功启动和持续改进？
   A. 项目领先指标和滞后指标　　　　　B. 运用质量功能展开（QFD）
   C. 滞后指标　　　　　　　　　　　　D. 聘请优秀的软件开发工程师

77. 根据波特的战略框架，以下哪项是对差异化战略的最佳描述？
   A. 产品研发投资占销售额的比例极低，通常对供应链进行优化
   B. 产品研发投资占销售额的比例不足1%，提供无冗余或有价值的产品
   C. 产品研发投资占销售额的比例大约为20%，与客户保持密切联系从而深入了解客户的需要、趋势和发展
   D. 由于不断降低成本，因而限制了研发投资

78. Kathy 是 ARCMount 公司的产品副总裁，她邀请公司高级管理者帮助自己评估两个处于概念开发阶段的全新项目。这两个项目的风险都相对较高，潜在回报也很高。该类型的项目体现了该公司何种产品创新战略？
   A. 分析者战略　　B. 探索者战略　　C. 防御者战略　　D. 回应者战略

79. 谁负责从组织的总体角度制定战略方向和配置资源？
   A. 项目发起人　　B. 流程经理　　　C. 营销经理　　　D. 高级管理者

80. 生命周期成本分析有什么特点？
   A. 不考虑外部成本和生命周期结束成本
   B. 产品生命周期中所有相关方（供应商、制造商和消费者）
   C. 在产品生命周期内产生的与产品、流程和活动相关的所有成本
   D. B 和 C 选项

81. 根据2001年制定的《敏捷软件开发宣言》，以下哪个更具价值？
   A. 流程与工具　　B. 详尽的文档　　C. 客户合作　　　D. 遵循计划

82. 高绩效产品团队受四种内部因素的影响，分别是什么？
    A. 计划、执行、检查和处理
    B. 结构、流程、文化和人员
    C. 产品、渠道、价格和促销
    D. 优势、劣势、机会和威胁

83. 在以下哪种情况下，在对新产品的潜力进行财务分析时，最重要的是使用净现值而不是投资回收期？
    A. 需要较高的资本支出，产品具有较长的潜在生命周期且利率较高
    B. 需要较低的资本支出，产品具有较长的潜在生命周期且利率较高
    C. 潜在盈利能力高，产品生命周期长，利率低
    D. 潜在盈利能力高，产品生命周期短，利率高

84. 以下哪个角色对产品创新流程的产出数量、输出质量及产品创新战略成果负责？
    A. 流程倡导者　　B. 流程负责人　　C. 流程经理　　D. 项目经理

85. 感官检验是什么调研方法？
    A. 定性调研方法
    B. 定量调研方法
    C. 既非定性方法，又非定量方法
    D. 以上皆错

86. Eric 是一家消费品包装公司的产品开发经理，该公司的客户遍布全球。他目前负责设计和营销一款在亚洲非常受欢迎的新产品，该新产品的特性也适用于西欧市场。该公司的标准做法是为每个产品创新项目制定一个完整的产品创新章程。Eric 为该项目撰写的产品创新章程中需要包含哪些内容？
    A. 商业论证和项目进度
    B. 背景和聚焦领域
    C. 法规约束和项目可交付成果
    D. 项目章程和市场目标

87. 产品创新具有内在的不确定性，许多因素都会对新产品的成功产生影响。评估这些因素潜在影响的关键方法是什么？
    A. 项目管理　　B. 概念评估　　C. 并行工程　　D. 风险管理

88. 与组合相关的高级管理层的角色通常包括什么？
    A. 制定方向
    B. 倡导产品创新
    C. 致力于成功的产品创新
    D. 以上皆对

89. 为什么应该在进行定性研究之后进行定量研究？
    A. 由于项目的成本和风险都在不断增加，所以定量研究是必要的
    B. 定量研究允许建立一种客户问题的理论
    C. 定性研究创建了可验证的量化统计模型
    D. 仅在对客户进行问卷调查时考虑定量研究

90. 对软件和互联网产品创新而言，在多变量测试中使用 A/B 测试的考虑因素是什么？
    A. 所需时间和流量
    B. 洞察深度
    C. 产品或概念的成熟度
    D. 以上皆对

91. 为什么货币的时间价值在产品创新项目的财务分析中是最重要的？
    A. 从概念上讲，今天的一元钱提供了增加其未来价值的投资机会
    B. 它允许团队计算偿付投资所需的销售额
    C. 货币时间价值的理念允许企业发现项目的最终机会成本
    D. 考虑与新产品等待上市相关的各种直接支出和可变成本

92. 3M 公司的首席技术官说："一个战略目标明确并被企业文化强烈支持的组织拥有巨大的优势"。这说明了什么的重要性？
    A. 组织目标
    B. 组织规划
    C. 组织结构
    D. 组织文化

93. 产品创新章程的关键部分是聚焦领域。以下哪个是聚焦领域的关键要素？
    A. 目标市场
    B. 项目范围
    C. 对运营战略的具体贡献
    D. 关键技术的现状与未来

94. 经典瀑布模型的缺点之一是什么？
    A. 不适合需求容易变更的项目
    B. 简单及易于理解和使用
    C. 所有阶段一次性完成
    D. 可以很好地用于需求明确的小型项目

95. 你的产品团队开发了多个产品原型，从而可以为客户提供不同版本的解决方案。在产品创新流程中，产品原型的价值在哪里？
    A. 随着开发成本在下一个开发阶段不断增加，一个或多个产品原型允许在投入更多的资源之前获得客户对产品概念的有价值反馈
    B. 在最终开发阶段，多个产品原型允许客户在市场测试中同时评估这些产品
    C. 产品原型不是充分且准确的解决方案，对于确定产品的最终形式和功能没有什么作用
    D. 二级市场调研才是检验用户体验假设的最佳方法，只是过去习惯使用产品原型

96. 市场调研通常用于降低在产品创新流程中做出代价高昂的错误决策的风险。在以下哪种情况下，你认为在产品创新中不进行市场调研是合理的？
    A. 市场调研非常耗时，需要迅速采取行动
    B. 项目预算中不含市场调研费用
    C. 公司人员对市场了如指掌
    D. 公司在产品类别方面拥有丰富的经验，潜在的失败风险很低

97. 以下哪种方法决定了目标用户是否真正需要所推荐的产品？
    A. 概念测试　　　B. 联合分析　　　C. 情境分析　　　D. 阿尔法测试

98. 产品开发与管理协会开展的问卷调查显示，最佳企业与其他企业在产品创新上有很大不同。这是因为最佳企业具有以下哪项内容？
    A. 一个好的首席执行官　　　　　　B. 门径流程
    C. 高质量的产品创新实践和流程　　D. 可用于产品创新的大量资金

99. 延续式产品创新原则的核心是什么？
    A. 创造能够以低价吸引新客户的更简单、更方便的产品
    B. 保持公司在财务上得以生存的新产品
    C. 能够盈利的新产品
    D. 在功能或者特性方面持续提升的新产品

100. 焦点小组对产品创新决策的价值是什么？
    A. 识别机会　　　　　　　B. 探索价值主流
    C. A 和 B 选项　　　　　D. 以上皆错

101. TURF 分析的应用情景是什么？
    A. 希望生成更多创意时
    B. 在产品生命周期涉及多个方案和重复购买时，可用其来了解并最大限度地发挥产品线和产品平台的市场潜力
    C. 用于评估和优化产品组合，吸引数量最多和重复购买意愿最高的客户
    D. B 和 C 选项

102. 一家时尚品牌的首席执行官说："多数服装品牌只考虑生产成本，但我们从快时尚品牌中学到的是，成本节约来自业务运营端，最终的成本节约源于走生产精益化和物料高品质化之路，从而生产人们所需要的产品。你应在整个销售季内持续不断地进行小批量生产，而不是大批量生产。"针对该示例，以下哪种说法最好地描述了精益产品创新方法的优点？
    A. 精益产品创新方法使用的是一种匀速流动的方法，简化了协作并支持设计优化
    B. 精益产品创新方法要求组织结构和文化上的变革
    C. 精益产品创新方法要求整个组织有意愿和能力接受在项目目标方向上的改变
    D. 精益产品创新方法要求工人对制度的变化做出积极的反应

103. 将虚拟现实用于市场调研中，可以带来什么优势？
    A. 可以采集到真实的产品使用信息
    B. 无须开发实际原型就可以进行产品使用测试，从而最大限度地降低财务风险

C. 调研人员无须在市场上进行昂贵的测试就能观察和了解消费者行为
D. B 和 C 选项

104. 产品创新团队正在使用 FAST 技术图进行功能分析。关于 FAST 技术图，以下哪种说法是错误的？
    A. FAST 技术图和鱼骨图是一样的
    B. 按照"如何-为什么"（How-Why）的逻辑构建，将功能从左到右进行排列
    C. 当从左到右进行分析时，要问该功能是如何实现的。回答该问题会引出几个功能
    D. 当从右到左进行分析时，则要回答另一个问题：为什么需要该功能

105. 公司战略通常会有不同的层级，对战略层级的理解有助于董事会和管理者厘清公司的使命与责任。在年度会议上，华信资源管理公司的领导者对多种战略进行了讨论，其中一个战略就是提升信息系统基础设施的安全性。这属于哪个层级的战略？
    A. 使命　　　　B. 经营战略　　　　C. 创新战略　　　　D. 职能战略

106. 在功能分析中，按照不同的划分标准，可将功能划分为不同的类型。以下哪个不是常见的功能划分类型？
    A. 基本功能和次要功能　　　　　　B. 外部功能和内部功能
    C. 使用功能和美学功能　　　　　　D. 有用功能和无用功能

107. 创意评估与早期商业分析阶段所需的关键市场信息有哪些？
    A. 市场规模、销售潜力、竞争对手、竞争产品、目标市场特征和客户愿意支付的价格等
    B. 将最初创意转化为详细的概念说明。将用户需求与产品属性、功能进行关联，从而制定产品设计规格
    C. 在开发最终形式和功能的产品时，需要提供有关目标市场偏好和产品改进的信息
    D. 目标市场对产品的接受度（可能和竞争对手有关）、销售潜力、定价及有利于商业化的所有信息

108. 在产品生命周期设计和开发流程中，系统考虑环境安全和健康问题的设计方式是以下哪个？
    A. 面向健康的设计　　B. 面向环境的开发　　C. 面向环境的设计　　D. 面向安全的开发

109. 在 Farm Fresh 公司，Louis 为一款新型无人机做商业论证前的准备。该无人机可以清点库存，公司总经理正在推动该项目，但财务可行性表明该项目不会产生任何回报。该公司采用了严格的门径流程，因此 Louis 深知关口在流程中的重要性。关口可以确保什么？
    A. 只有可能成功的项目才会继续开发

B. 总经理支持的项目将被优先考虑

C. 除了仍在持续开发的项目，其他项目都要被评估

D. 所有项目都被记录在案

110. 除了以下哪个，其他都是市场调研中的关键绩效指标？
    A. 六西格玛水平　　B. 品牌形象　　C. 便利性　　D. 客户态度

111. 某公司首次决定制定一个创新战略。谁应该参与制定该战略？
    A. 营销部门
    B. 对创新有兴趣的人
    C. 由高级管理人员组成的跨职能团队
    D. 负责创新的高级管理层

112. 由于受到限制，产品创新团队无法将所有的创意都带入下一个开发阶段，他们应该如何做才能将大量创意缩小到选定的少数几个创意？
    A. 让公司领导做出决策
    B. 在使用筛选流程之前，确保已经拥有据以选择的重要标准，同时收集信息和相关方的反馈意见
    C. 依靠直觉
    D. 随机设定标准，并由开发团队投票决定采用哪些创意

113. 根据具体需求去搜集信息，如焦点小组或问卷调查等，被称作什么？
    A. 一级市场调研　　B. 二级市场调研　　C. 定性研究　　D. 定量研究

114. 以下哪个不是项目组合管理的基本目标？
    A. 平衡所有项目
    B. 使研发努力的价值最大
    C. 评估项目团队的进展
    D. 确保恰当的项目数量

115. 非感性，热衷于精确和细致的工作，在评估完整数据的基础上才会做出理性决策。这在DISC工作评估工具中属于哪种类型？
    A. 支配型　　B. 影响型　　C. 稳健型　　D. 谨慎型

116. 一家创新型初创公司聘请你为知识产权战略顾问。在评估了该公司的产品研发战略后，你发现该公司考虑将专利开发作为事后补救措施。以下哪个是对该公司当前知识产权管理战略的最佳描述？
    A. 被动型　　B. 主动型　　C. 战略型　　D. 优化型

117. 可支撑组织未来发展的技术维护与开发计划被称作什么？
    A. 技术战略　　B. 企业战略　　C. 平台战略　　D. 产品战略

118. 任何产品创新流程的主要目的都是降低不确定性，产品创新流程的哪个阶段对降低产品失败风险是最重要的？
    A. 产品上市及上市后评估   B. 扩大生产和上市规模
    C. 初步概念开发和商业分析   D. 机会识别

119. 目标产品设计规格必须使用一套指标以确保这些规格在设计中得到满足。假设你正在设计一种新型汽车，以下哪个是可接受的产品设计指标？
    A. 舒适的座位
    B. 汽车在 6 秒以内从 0 加速到 60 千米/小时
    C. 拖拽能力可满足大多数人对拖架的使用要求
    D. 多种可选的内饰颜色与材料

120. 在创新 Z 模型中，规划者有何特点？
    A. 喜欢集思广益，充满活力，并能生成许多不同的创意
    B. 制订经营和项目计划，对工作的方方面面进行分析和协调
    C. 将创意转化为行动，以细节为导向，专注于交付项目计划设定的里程碑
    D. 制定战略并落实创意，并向关键利益相关方宣传创新项目的重要性

121. 经典瀑布模型的第一步是需求，下一步是什么？
    A. 维护   B. 设计   C. 验证   D. 实施

122. 某公司总经理召集会议，讨论通过开发产品创新技术推进组织向前发展。该公司多名高级管理者和部门经理都受邀参加了该会议。这是制定以下哪种战略？
    A. 销售战略   B. 人力资源战略
    C. 市场战略   D. 技术战略

123. 对于产品创新项目团队组成来说，最常提及的一个成功要素是什么？
    A. 跨职能代表   B. 大量具有创意的团队成员
    C. 强大的项目领导者   D. 彼此欣赏的团队成员

124. 对产品开发者而言，高质量的产品创新流程有助于以下哪个？
    A. 降低成本和提高不确定性
    B. 确保随着项目成本的增加，降低不确定性
    C. 增加成本
    D. 让产品创新更加结构化

125. GR 移动技术公司以法医专业人士为主要客户。该公司的技术专利包括能够在 2 小时以内以低剂量提供稳定药物流的药物泵。为了获得更多收入，GR 移动技术公司正在

寻求各种方法将专利技术向多个行业拓展，并扩大产品线。为了实现获得更多收入的目标，GR 移动技术公司应该研究和考虑以下哪种方法？
A. 加强其他方面的工作，忽视其利基市场
B. 知识产权授权
C. 通过跳过产品创新流程的某些阶段快速进入其他市场
D. 跳过概念评估工作，迅速进入开发阶段

126. 艾克公司在考虑新产品上市的几种方案，目的是保持每种方案在风险和回报之间的平衡。艾克公司应采用何种工具评估方案的各种可能结果？
A. SWOT 分析　　　B. 决策树　　　C. 质量功能展开　　　D. 头脑风暴

127. X 公司希望通过足够大的消费者样本进行消费者研究，从而得到可用于目标市场预测、统计可靠的结果。该公司希望确定消费者对三个产品概念的反馈及购买的概率，应该如何做？
A. 首先从目标市场上随机抽取样本，然后由专业采访者采用开放式问题对他们进行调研
B. 在选定的零售店外面采访购物者
C. 在公司进行内部测试和对公司员工进行采访
D. 从当地的运动俱乐部中选取人员组成焦点小组

128. 在托马斯冲突管理模型中，合作水平低和自信水平都高，属于什么策略？
A. 合作　　　B. 包容　　　C. 折中　　　D. 竞争

129. 你被 X 公司聘为顾问，负责指导公司的产品上市策略。你在确定产品价值主张时，注意到公司在产品价值主张中包括目标市场、关键产品特性、分销渠道和促销媒介，但缺少一个非常重要的因素。该因素是什么？
A. 客户细分　　　B. 营销计划　　　C. 产品利益　　　D. 价格

130. 某组织的知识产权管理方法可以总结如下：研发与战略保持一致，知识产权的组合与管理和经营相关联，主动识别可授权的合作伙伴，持续分析知识产权布局，并显著降低知识产权风险。以下哪个是对该组织知识产权管理战略的最佳描述？
A. 被动型　　　B. 优化型　　　C. 主动型　　　D. 战略型

131. 在虚拟团队模式中，系统工程、协作工具和经验教训等实践活动归属于什么要素？
A. 启动与组建团队　　　　　　B. 沟通
C. 知识管理　　　　　　　　　D. 领导力

132. 某软件开发与营销公司将产品创新的重点放在对现有软件的增量式改进上。该公司认为快速上市是重中之重，并且要求产品性能不良的风险相对较低。你会向该公司推荐

哪种产品创新流程？
   A. 门径流程　　　B. 敏捷方法　　　C. 瀑布模型　　　D. 质量功能展开

133. John 是一家大型公司的产品经理，该公司多年来一直致力于制造外包。近年来，由董事会主席和高级管理者参加的战略会议决定改变公司发展方向，希望该公司朝着更重视产品创新的方向发展。该公司要求 John 在公司整体运营战略范围之内，根据产品创新的关键实施步骤制定一个战略框架。John 应该将以下哪个纳入战略框架？
   A. 针对特定产品种类和市场重点确定经营目标
   B. 确定产品创新在实现经营目标中的作用
   C. 制订"进攻计划"，比如成为市场领导者或跟随者，技术或市场主导，较广或较窄的范围
   D. 以上皆对

134. 在保持与事业部和产品品类优先顺序一致的条件下，根据单个项目的优先顺序和投资预算将项目配置到战略桶中，如何最好地描述该产品创新项目选择的方法？
   A. 自下而上法　　B. 二者结合法　　C. 自上而下法　　D. 既系统又客观

135. 多年来，C 制药公司一直是治疗某种特定皮肤病药物的市场领导者，但他们并不知道某高科技公司正在开发一种能够有效治愈皮肤病的激光治疗方法。某高科技公司的创新属于何种产品创新类型的示例？
   A. 细分市场　　B. 颠覆式创新　　C. 延续式创新　　D. 快速跟随式创新

136. 一家公司完成了某种产品的开发，并且正以最终的商品形式和性能生产该产品。根据该公司以往对此类产品的判断，快速上市绝对是最重要的策略。经过分析，该公司管理层认为产品失败风险相对较低，该公司的项目计划应该包括以下哪个？
   A. 在多个市场进行测试，以及至少 12 个月的产品预发布测试
   B. 购买产品失败保险，以将财务损失的风险最小化
   C. 进行贝塔测试，或进入全面上市计划，因为公司拥有丰富经验且产品失败风险较低
   D. 重新审查产品设计规格，并添加一些可能会提升用户满意度的二级甚至三级产品特性

137. 为组织项目管理的战略执行框架提供指导、决策和监督的是以下哪个？
   A. 治理　　　B. 战略　　　C. 组合管理　　　D. 流程

138. 六顶思考帽是一个工具，它鼓励团队成员通过六个清晰的功能和角色进行思考。在团队的六个人中，Lee 使用数据和事实思考问题，Jane 较为乐观，Tod 负责管理。他们三人的帽子分别是什么颜色的？
   A. 白、红、黑　　B. 红、绿、黑　　C. 白、红、蓝　　D. 红、绿、蓝

139. 假设你被指派为负责制订公司最新产品营销计划的项目经理。你带领一个 6 人团队一起工作。在向团队成员发送关于项目信息和项目会议时间的邮件之后，下一步就是介绍更为详细的项目计划。但是，在会议上，你发现一些团队成员对他们在营销活动中的角色和责任产生怀疑。该项目团队正处于团队发展中的哪个阶段？
    A. 形成阶段   B. 规范阶段   C. 成熟阶段   D. 震荡阶段

140. 针对创新中出现的失败和风险，创新高绩效企业通常会采取什么态度？
    A. 避免失败
    B. 惩罚失败
    C. 接受风险，不仅要容忍错误和失败，而且要主动设计一些试验，以便能够在失败中学习
    D. 最大限度规避风险

141. 高效管理产品创新流程的一种方法是？
    A. 使用项目管理工具   B. 任命流程经理
    C. 任命高效的团队领导者   D. 任命流程倡导者

142. 在开发生命周期内与潜在客户进行测试的数量、类型和范围，以及与客户对新产品的满意度，如退货和保修。这些属于哪一类指标？
    A. 培训计划   B. 文化   C. 战略   D. 客户

143. John 是一家公司的产品开发经理。在参加了一个关于产品创新绩效指标的 PDMA 研讨班之后，她决定通过运用一个指标体系促使公司成为真正的学习型组织，尤其是在产品创新方面。你会建议 John 采用以下哪种方法实现该目标？
    A. 制定一整套指标，用于定期向高级管理者和董事会汇报
    B. 根据公司自身的薄弱环节，开发一整套领先指标、滞后指标及实时指标，从而定期向高级管理者报告这些指标，以做出改进行动的决策
    C. 任命一家咨询公司帮助制定绩效指标体系
    D. 针对过去 5 年开发的新产品的盈利能力制定一套活力指标

144. 以下何种跨职能活动包括从产品创新到产品发布，再到对当前产品进行持续性评估，以确保产品组合能够与战略保持一致？
    A. 经营战略   B. 组合管理   C. 项目集管理   D. 项目管理

145. 一名产品开发人员访问建筑工地，目的是对建筑工人进行长期访谈，了解工人的日常生活，并观察他们在实际工作中如何使用安全带。这种市场调研方法被称作什么？
    A. 客户问卷调查   B. 定量研究   C. 人种学方法   D. 模拟试销

146. 你想知道一个项目的最新进展情况,该项目采用敏捷方法。最有可能拥有这类信息的是以下哪个角色?
   A. 产品负责人　　B. 项目倡导者　　C. 敏捷团队成员　　D. 敏捷教练

147. 在产品组合管理中,以下哪个最重要?
   A. 在产品生命周期的引入阶段、成长阶段和成熟阶段,拥有良好的产品组合
   B. 在产品生命周期的引入阶段和成长阶段,以产品为核心
   C. 在产品生命周期的成熟阶段,将重点放在产品上
   D. 在产品生命周期的成长阶段和成熟阶段,将重点放在产品上

148. AIR 公司通过向范围广阔的市场提供独特且优质的产品赢得了客户的忠诚,并由此而声名远播。这就要求 AIR 公司不断创新以提供能够持续吸引客户的产品新特性。以下哪个最好地表述了 AIR 公司的战略类型?
   A. 细分市场战略　　B. 成本领先战略　　C. 差异化战略　　D. 市场领先战略

149. 在 5 年内,120 美元必须以每年多少复利进行投资,才能获得原金额110%的回报?
   A. 1.5%　　B. 1.9%　　C. 2.4%　　D. 3.8%

150. 耐克公司正在征集创新方案以提高产品的可持续性。该宣传包括两个不同但相互关联的活动。活动邀请参赛者开发新技术,促进鞋类回收或使用耐克磨砂材料开发出新产品。最好的提案将赢得数千元的现金奖励,耐克在产品创新中采用了哪种类型的战略?
   A. 抢滩战略　　B. 蓝海战略　　C. 循环创新战略　　D. 低成本战略

151. 请根据以下表述选择正确的答案?
   表述1:突破性创新需要领导力、柔性流程和非正式学习。
   表述2:突破性创新项目团队领导者应该让其团队成员参与并投入到创新中,能够做出困难甚至是艰难的决策,并在动荡时期鼓励成员。
   A. 表述1正确,表述2错误　　　　B. 表述2正确,表述1错误
   C. 二者皆对　　　　　　　　　　D. 二者皆错

152. 在一家汽车制造公司的会议上,首席执行官向员工传达了他对公司全力开发新型自动驾驶汽车的创意。他说:"自动驾驶汽车在硬件制造与软件方面还存在大量的问题,有很多技术公司都试图解决该问题。但是,我认为能够像我们这样进行大规模端到端开发的公司寥寥无几,整个产品创新团队的重点是如何在自动驾驶模式下安全、可靠地在道路上行驶,这就是我们新车设计的首要目标,我们完全有信心在这方面做到最好!"这段话最符合迈尔斯和斯诺战略框架中的哪一个?
   A. 探索者　　B. 分析者　　C. 防御者　　D. 回应者

153. 在产品生命周期中，呈现以下特点：销量低、客户开发成本高、亏损、创新型客户、竞争对手很少。这是在哪个阶段？
    A. 引入阶段　　　　　B. 成长阶段　　　　　C. 成熟阶段　　　　　D. 衰退阶段

154. 塔克曼提出了团队发展的 5 个阶段：形成阶段、震荡阶段、规范阶段、成熟阶段和解散阶段。震荡阶段的主要特征是什么？
    A. 团队领导者掌权　　　　　　　　　　B. 大家互相信任，合作默契
    C. 解决团队成员之间的冲突　　　　　　D. 制订项目计划

155. 产品创新可以说是最复杂的活动。产品创新流程涉及与相关方和跨职能团队的沟通及来自他们的输入。以下哪个流程最好地体现了产品创新的复杂性？
    A. 项目管理　　　　　B. 集成产品开发　　　　　C. 自下而上法　　　　　D. 管道管理

156. 假设你的团队正在开发一种新产品，该产品通过其革命性的新特性和新功能与现有产品进行竞争，产品已经在"创新者"这一细分市场得到认可，下一步应该瞄准的目标客户是什么？
    A. 早期大众　　　　　B. 早期采用者　　　　　C. 晚期大众　　　　　D. 落后者

157. 一家大型食品公司正在寻求提高新产品成功率的方法。该公司应关注哪些因素？
    A. 经明确定义的产品组合管理方法　　　　B. 经明确定义的新产品战略
    C. 经明确定义的产品创新流程　　　　　　D. 以上皆对

158. 申请专利有何缺点？
    A. 可能非常昂贵
    B. 并非所有国家都注重专利所提供的法律保护
    C. 制止违反专利的行为可能代价很大
    D. 以上皆对

159. 精益创业中介绍了创业三阶段。创业三阶段不包含以下哪个？
    A. 问题和解决方案匹配　　　　　　　　B. 产品与市场匹配
    C. 开发—测量—学习　　　　　　　　　D. 规模化

160. 用巴斯模型估算出来的需求量通常呈现为什么？
    A. S 曲线　　　　　B. 抛物线　　　　　C. 直线　　　　　D. 指数型曲线

161. 一个经明确定义的产品创新组合及持续的组合管理有助于什么？
    A. 制订稳健的市场调研计划以确保满足客户需求
    B. 高级管理者成功参与产品创新流程

C. 制定清晰的组合管理战略与流程

D. 开发颠覆性创新技术

162. 一家公司制定度量指标时应考虑以下哪个？
   A. 度量范围（比如事业部范围、项目范围）
   B. 度量时间（比如以往成果、当前业绩）
   C. 度量对象（比如高级管理者、中层管理人员）
   D. 以上皆对

163. 产品经理在哪个阶段的主要目标是实现最佳结果，重点是从战略角度重振现有产品或将产品逐步退市？
   A. 引入阶段　　　B. 成长阶段　　　C. 成熟阶段　　　D. 衰退阶段

164. 著名的 GenerationX223 公司有很多项目需要投资，但该公司目前没有对项目潜力进行比较的流程。为了更快地将最好的产品推向市场，该公司正在增设一个组合管理系统，公司高级管理层已经任命一个由部门经理组成的团队，采用评分法评估当前和未来的项目。评分法中要囊括的关键因素是哪个？
   A. 气泡图
   B. 战略一致性
   C. 净推荐值
   D. 首席执行官的偏好

165. 假设你被一家著名的公司聘为产品创新顾问。该公司对产品创新方案提出了挑战，在观察整个公司工作实践时，你注意到公司有以下几个特点：强调个人独立工作，工作中或工作外几乎没有社交活动，对员工绩效的认可有限并经常对失败进行批评。你会建议该公司重点改善产品创新中的哪个领域？
   A. 产品创新所有方面的好工具
   B. 改进的产品创新流程，供所有员工使用
   C. 打造创新文化
   D. 鼓励高级管理者更多地参与产品创新

166. 以下除了哪个，其他都是通过创新健康状况评估为产品创新团队提供的基准？
   A. 在产品开发项目期间，将客户参与作为团队工作的一部分
   B. 使用产品创新流程和工具，特别是开放式创新和设计思维，让客户参与产品创新
   C. 加强团队竞争意识和领导力，提高产品开发聚焦度
   D. 团队发展阶段

167. 一般在何时采用轻量型团队开发新产品？
   A. 在项目复杂且不确定时
   B. 在组织需要详细的项目目标时

C. 在组织重点放在衍生型或支持型项目时

D. 在组织面临的挑战与过去完全不同，并用全新技术进入新市场时

168. 以下哪个是使用二手调研数据的优点？
    A. 成本较低
    B. 数据的针对性强
    C. 可能受版权保护
    D. 数据来源不够可靠

169. 你被 ABC 公司聘请为战略顾问，负责帮助该公司进入一个广阔的竞争性市场。该市场上的客户不太关心产品的差异性，且该市场是价格竞争市场。你会向公司推荐何种战略？
    A. 差异化战略   B. 市场细分战略   C. 成本领先战略   D. 市场营销战略

170. 根据 Hargadon 的理论，大多数组织都有一个将可持续性纳入其日常经营的总体框架。以下哪个不是该框架所包含的典型事项？
    A. 设置首席可持续发展官一职
    B. 可持续性纳入组织的使命和价值观
    C. 高级管理者能够对可持续性指标进行跟踪
    D. 通过可持续性获取竞争优势

171. 产品经理要做的经营工作指以下哪个？
    A. 向客户销售产品，获得收入并向其组织提供价值，并将价值回报给公司所有者和股东
    B. 界面设计和人因设计等相关工作，了解客户，满足需求和解决问题
    C. 不仅要对正在"做什么"有一定的理解，还要对"如何做"有一定的理解，以便与开发者和工程人员进行交流
    D. 以上皆错

172. 辉煌公司最近面向市场发布了一款公司级新品。产品发布后遇到了不少市场和技术问题，产品团队和高级管理层被这些问题搞得手忙脚乱。针对这种情形，以下哪种做法能直接解决该问题？
    A. 高级管理层应积极参与发布后的产品管理阶段
    B. 应设立专职的产品经理，并建立和完善产品管理流程
    C. 对产品发布进行审计
    D. 合理设置产品管理绩效指标

173. 一些廉价的进口商品严重影响了 B 公司的业务。于是，B 公司组建了一支项目团队开发新产品，希望在目前的 $1 亿营业收入的基础上有所提高。项目团队起草了两套产品方案：产品 A，有 40% 的概率将收入提高到 $1.5 亿，但有 30% 的概率会因索赔使

收入降低至 $6000 万，另有 30% 的概率对收入无影响；产品 B，有 50% 的概率将收入提高到 $1.3 亿，但有 20% 的概率因索赔使收入降低至 $8000 万，另有 30% 的概率保持收入不变。哪个产品能够提供较高的预期货币值（EMV）？

    A. 产品 A 的 EMV 为 $1.08 亿   B. 产品 B 的 EMV 为 $1.11 亿

    C. 产品 A 的 EMV 为 $1.11 亿   D. 产品 B 的 EMV 为 $1.08 亿

174. 以下哪个不是组合管理中自下而上法的特征？
    A. 制定战略选择标准，用于评估项目
    B. 生成具体项目清单，并对项目优先级进行排序
    C. 确保不同项目类型的数量达到理想比例
    D. 以上皆对

175. 产品维护就是通过监控产品实际使用状况，对其进行维护。在设计产品时要进行可维护性设计。除了以下哪个，都是可维护性设计的重点？
    A. 当产品出现故障时可以迅速复原   B. 大批量制造的经济性
    C. 产品安全性   D. 人机工程和装配

176. 六西格玛方法 DMAIC 中的 M 代表什么？
    A. 监督（Monitor）   B. 调整（Modify）
    C. 测量（Measure）   D. 矩阵（Matrix）

177. 突破型项目的特点是什么？
    A. 扩展了应用范围
    B. 从平台型项目中衍生
    C. 与现有产品或现有做法相比有显著差异
    D. 向多个细分市场提供产品

178. 一个以体育为主题的网站一开始就获得了巨大成功，业务也在不断发展壮大。它的创新之处在于提供了各种各样的故事，其中一些故事紧扣场上比赛。之后，竞争的出现导致网站访问量下降。于是，公司采集了大量的数据进行分析，以了解哪些故事获得最多的点击量和评论。研究发现，与田径运动相关的故事往往最受欢迎。随后，该网站签约了更多的作家创作出更多与田径比赛有关的故事，网站访问量又开始增长。这是用了什么方法？
    A. 问卷调查   B. 大数据   C. 众包   D. 消费者监测组

179. 产品路线图的主要目的是以下哪个？
    A. 说明随着时间的推移，一种产品或服务在整个产品生命周期为企业带来的利润情况

B. 在向公众推出产品时，用于描述产品的当前状态
C. 向内部和外部相关方说明产品开发与上市的方向和进度
D. 说明产品或服务的全部技术、营销及战略目标

180. 市场调研的六个关键步骤中，最后一步是"实施"，其目的是什么？
   A. 收集数据
   B. 将结果和结论用于解决所定义的问题
   C. 向高级管理者汇报结果
   D. 进行问卷调查

181. 你是项目设计团队中的一员，采用质量屋进行设计和开发。团队最近已经完成了产品可以满足的客户需求的普查，下一步应该做什么？
   A. 识别客户需求
   B. 连接客户需求与设计属性
   C. 增加关键市场评价与卖点
   D. 评估竞争性产品的设计属性

182. 在波士顿矩阵中，"问题"被定义为潜力不确定的产品，对该类产品需要提出的关键问题是什么？
   A. 产品性能是否可以满足客户的需求和期望
   B. 产品所在市场是在增长还是在下降
   C. 竞争有多激烈
   D. 以上皆对

183. 敏捷教练的角色与项目经理的角色有何不同？
   A. 敏捷教练是优化产品创新工作的促进者
   B. 敏捷教练为团队成员分配特定的任务和活动
   C. 敏捷教练积极管理产品创新项目
   D. 敏捷教练和项目经理是产品创新中可互换的角色

184. 产品生命周期阶段的典型描述是什么？
   A. 开发阶段、引入阶段、成长阶段、成熟阶段、衰退阶段
   B. 模糊前端、开发阶段、商业化阶段
   C. 开发阶段、引入阶段、成熟阶段、衰退阶段
   D. 早期增长阶段、晚期增长阶段、成熟阶段、衰退阶段

185. 商业模式画布中，要建立客户关系，以下哪个不是客户关系中所包含的内容？
   A. 期望与每个客户群体建立什么样的关系
   B. 能为客户带来什么价值
   C. 如何将客户关系整合到整体商业模式中
   D. 需要花费多少

186. 某公司聘请你为产品创新顾问指导某个产品创新项目。为了确保清晰的产品创新方向和目标，你应该创建什么关键文件？
    A. 产品路线图   B. 详细的项目计划   C. SWOT 分析   D. 产品创新章程

187. Martha 的公司认为开放式创新能够实现产品创新成功。你会建议 Martha 用什么指标度量开放式创新？
    A. 推出的新产品数量   B. 涉及外部合作伙伴的项目数量
    C. 由营销代表参与的产品创新团队占比   D. 每月项目会议次数

188. 设计思维包含发现、定义、创建、评估等迭代步骤。Shawn 采用设计思维来开发产品。他开发了一个得到目标市场认同的概念，然后经过多轮迭代，制作出原型。Shawn 的工作反映了哪个步骤的特点？
    A. 评估   B. 创建   C. 定义   D. 发现

189. 根据库珀的理论，以下哪个是组合管理的正确定义？
    A. 必须加以管理的新产品集群
    B. 必须加以开发、判断与选择的新产品集群
    C. 一个做出继续还是终止决策的交互式决策流程
    D. 一个动态的决策流程，在该流程中正在进行的项目清单会不断地被更新与修改

190. 一家硬件制造公司正在组建一个产品创新团队。该公司应采取什么方法以确保能够成功开展该产品创新项目？
    A. 任命一个跨职能团队并征求该团队的意见
    B. 征求研发部门意见
    C. 仅收集推动该项目的高级管理者的意见
    D. 收集营销部门的意见

191. 你在一家精益化运营的组织工作，同时担任一项即将推出的产品创新项目的产品经理和项目经理。基于你的双重角色，在项目范围方面，你负责以下哪项？
    A. 定义与交付   B. 探索与定义   C. 执行与交付   D. 只有定义

192. Barbara 正在向其所管理的团队讲解团队创新战略的一个要素，她希望展示现有产品、新产品、现有市场和新市场之间的关系。她最好使用以下哪个工具进行展示？
    A. 产品生命周期曲线   B. 安索夫矩阵
    C. 波士顿矩阵   D. SWOT 分析

193. 在产品生命周期中，盈亏平衡之后是哪个阶段？
    A. 创新周期阶段   B. 产品下降阶段

C. 净利润阶段　　　　　　　　　　D. 产品生命周期阶段

194. 在项目的推进过程中，项目累积成本在批准的预算范围内会持续增加。此时，做出正确决策变得越来越重要。这种情况下应采取的措施是什么？
    A. 进行可行性分析以降低项目失败风险
    B. 准备备选项目，以防止项目失败
    C. 将预计收入和投资回报减半
    D. 使用 SCAMPER 法等工具考虑产品修改的问题

195. 假设你被聘为咨询顾问分析 BOX 公司的财务业绩。经过分析，该公司正在正确地实施项目，但该公司所实施的项目是错误的。你会向首席执行官提出什么建议？
    A. 提高产品价格　　　　　　　　　B. 加快项目交付速度
    C. 建立强大的组合管理流程　　　　D. 实施新技术以使项目组合更为先进

196. 产品创新流程中风险与投资会发生变化，以下哪种表述是正确的？
    A. 风险降低，投资下降　　　　　　B. 风险降低，投资增加
    C. 风险加大，投资增加　　　　　　D. 风险加大，投资下降

197. 从正确的资源配置中可获得的收益包括以下哪个？
    A. 开发漏斗中的项目过剩　　　　　B. 更多的产品上市
    C. 提升产品的市场接受程度　　　　D. 更宽的上市窗口

198. 在市场调研中，越来越多地采用了虚拟现实这一方法。其主要优点是什么？
    A. 可以获得遍布全球各地的市场信息，从而带来更好的创新成果
    B. 无需高昂的差旅费用
    C. 无须开发实际原型就可以进行产品使用测试，从而最大限度地降低财务风险
    D. 不受地理条件的限制

199. 在一次项目会议期间，你发现项目成员彼此合作并且比以往更具建设性地分享创意，似乎缓解了在项目推进上的分歧，每一个人都显得更加愿意倾听团队领导者的意见并且积极参与。根据塔克曼的理论，你现在的经历表明团队已经进入团队发展中的哪一个阶段？
    A. 形成阶段　　　B. 成熟阶段　　　C. 震荡阶段　　　D. 规范阶段

200. 以下哪项费用属于固定成本？
    A. 材料清洁带　　B. 原材料费　　　C. 一线工人工资　D. 管理费用

NPDP 综合模拟试题（二）

1. 设计思维的过程包括发现、定义、产生创意，以及以下哪个？
   A. 深入探索　　　　B. 损耗管理　　　　C. 制作原型　　　　D. 评估

2. 你最近作为产品主管加入某新产品开发项目的产品开发团队。你发现在每天的站立会议上，团队成员经常相互争论，但他们都试图在会议结束时达成一个解决方案。该团队最有可能处于以下哪个阶段？
   A. 创建阶段　　　　B. 激荡阶段　　　　C. 规范阶段　　　　D. 执行阶段

3. IKEA 是一家瑞典家具零售商，通过生产和销售低价但却现代化的家具改变了家具行业。该公司通过在商店提供基本服务和向低工资国家采购产品保持低价格。以下哪一项最能描述宜家的战略？
   A. 成本领先　　　　B. 差异化　　　　C. 反应者　　　　D. 分析者

4. 为了进入智能可穿戴产品市场，Flon 公司首先通过多次举办焦点小组访谈的方式探讨此类产品的意义，然后通过问卷调查研究价格、设计和材料与购买意向的关系。以下哪一选项最好地描述了这种营销调研方法？
   A. 定性方法　　　　B. 定量方法　　　　C. 二级数据分析　　　　D. 混合研究方法

5. Margaret 是其公司的可持续发展专家，正在与一个由工程师和设计师组成的团队合作开发新产品，设计规格规定至少 50% 的零部件需要使用二手的可回收物品。以下哪一个可持续因素会受到这个设计规格的影响？
   A. 产品生命　　　　B. 产品使用　　　　C. 材料选择　　　　D. 营销计划

6. 作为新产品开发项目主管，你建议你的团队拥有更大的自由自行组织和识别产品问题。你的团队因而能够收集丰富的客户反馈，并尝试不同的创意。以下哪一术语能描述此产品开发流程？
   A. 敏捷　　　　B. 精益　　　　C. 多样化　　　　D. 集成服务开发

7. 理想的团队包括六种人格类型，其中三种是创意产品开发人员，另外有项目负责人和信息处理员，还有一种类型是什么？
   A. 同感探索者　　　　B. 环境创造者　　　　C. 冲突管理者　　　　D. 建筑设计师

8. 通过添加额外功能保持产品质量，最有可能在产品生命周期的哪个阶段进行？
   A. 引入　　　　　　B. 增长　　　　　　C. 成熟　　　　　　D. 呈下降趋势

9. Tenon 是一家软件公司。该公司为了组织的成长，正在考虑实施一种新产品开发流程。该流程需要允许开发人员与客户进行协作，能够对变化做出快速响应并专注于工作软件的开发，而不是计划和文档的堆积。在考察大量的流程实施之后，Tenon 应该选择哪个？
   A. 快速的门径流程，以缩短开发周期
   B. 改进后的敏捷软件开发模型，该模型能够对客户、用户和团队的输入做出响应
   C. 集成开发方法，该方法能够在初始的开发计划中就考虑产品生命终结时的情况
   D. 旨在减少浪费，提高重复性任务作业效率以支持软件新产品开发的精益流程

10. 技术展望可被定义为什么？
    A. 用于获取和维护技术的计划
    B. 技术路线图
    C. 技术趋势预测及其对组织可能造成影响的未来展望
    D. 允许更多产品在现有平台上进行开发的技术审查形式

11. 以下关于客户现场访问的描述中，哪项是正确的？
    A. 仅在出现重要议题或问题时才是必要的
    B. 有助于在客户所在地深入收集与产品、市场和技术相关的信息
    C. 与邀请客户来访和参观你的设施有关
    D. 是一种定性研究方法，尤其适用于产品上市前的评估阶段

12. 以下哪项是表明新产品开发相对于企业价值的常用度量指标？
    A. 按时上市　　　　　　　　　　　　B. 投资回报
    C. 已分配资源的数量　　　　　　　　D. 年度资金预算

13. 为什么应该在进行定性研究之后考虑定量研究？
    A. 由于项目的成本和风险都在不断增加，所以定量研究是合理的
    B. 定量研究允许建立一种客户问题的理论
    C. 定性研究创建了可验证的量化统计模型
    D. 仅在对客户进行问卷调查时考虑定量研究

14. 你所在的公司刚刚发布了一款新产品，推出新产品的关键环节是选择分销渠道，你选出了三个可能的渠道。以下哪个选项是在分销渠道的最终选择中最重要的标准？
    A. 有你喜欢共事的良好管理　　　　　B. 长期从事这一业务
    C. 提供高水平的潜在市场可进入性　　D. 有众多竞争产品

15. 在敏捷流程中，产品主管的角色是什么？
    A. 流程主管　　　B. 流程经理　　　C. 项目经理　　　D. 以上全部选项

16. 什么是自上而下组合选择方法的第一步？
    A. 制定目标和策略　　　　　　　B. 记录可用资源
    C. 分配研发预算　　　　　　　　D. 与自下而上组合进行比较

17. 那些将产品聚焦于狭窄市场而非广泛市场的组织采用的是以下哪种战略？
    A. 成本领先　　　B. 防御者　　　C. 市场细分　　　D. 差异化

18. 某经理要求新产品开发团队中的每个人都写下为乘用车设计无充气检验的利与弊，对大家的答复进行了整理，并设计了一个矩阵评价这些答复的重要性。团队的评价结果有助于识别最重要的机会和存在的问题。以下哪个选项最好地描述了这位经理所使用的创意工具？
    A. SWOT 分析　　　　　　　　　B. PESTLE 分析
    C. 德尔菲　　　　　　　　　　　D. SCAMPER 分析

19. 目标产品设计规格必须使用一套指标以确保这些规格在设计中得到满足。假设你正在设计一种新型汽车，以下哪项是可接受的产品设计指标？
    A. 舒适的座位
    B. 汽车在 6 秒以内从 0 加速到每小时 60 千米
    C. 拖曳能力可满足大多数人对拖架的使用要求
    D. 多种可选的内饰颜色与材料

20. 在新产品组合中主要包括哪些类型的项目？
    A. 平台型和技术服务型　　　　　B. 平台型与突破型防生/支持
    C. 降低成本型和技术服务型　　　D. 突破型和技术服务型

21. 知识极大地影响决策的制定。在新产品流程中，知识应该来源于哪里？
    A. 内部资源　　　　　　　　　　B. 外部资源
    C. 内部和外部资源　　　　　　　D. 股东

22. 新产品开发中的创意开发或创意生成被定义为什么？
    A. 对众多的产品机会进行评估
    B. 研究客户心声
    C. 在公司内，与尽可能多的人进行交流
    D. 就新产品创意的产生、开发和沟通的创造性过程

23. 与功能团队、轻量级团队和自主团队相比，以下哪一项是重要级团队的弱点？
    A. 刚性和官僚　　B. 项目不够集中　　C. 难为工作人员　　D. 不能和组织一致

24. 与功能团队相比，轻量级团队的好处是什么？
    A. 将项目工作优先于功能工作　　　　B. 更快地完成项目工作
    C. 提供职业发展道路的一致性　　　　D. 提供一个较强的项目的重点和承诺

25. 精益新产品开发的原则之一是哪个？
    A. 顾客定义价值　　　　　　　　　　B. 项目管理有助于风险的最小化
    C. 商业案例驱动　　　　　　　　　　D. 高管的全程参与

26. 如果产品分销变得更加密集且客户有更多机会为购买该产品，这种情况最有可能处于产品生命周期的哪个阶段？
    A. 引入　　　　　B. 增长　　　　　C. 成熟　　　　　D. 下降

27. 你聘请一家本地市场调研公司对不同组织的人员进行访谈，这些组织已经在不同的商业领域（如巡察、建筑业和农业）应用无人机。你能从这项研究方法中获得的最大益处包括哪个？
    A. 成本低，收集信息时间短
    B. 为进一步且有重点的一级研究打下可靠的基础
    C. 可以控制如何及从何处收集信息
    D. 有广泛的可用数据源

28. 可行性分析可用于以下哪个？
    A. 降低项目风险　　　　　　　　　　B. 确定项目成功的概率
    C. 确定项目所需能力与现有能力间的差距　　D. 以上所有选项

29. 一家具有优化型知识产权管理战略的公司应该如何做？
    A. 监控风险状况并防御性地利用专利　　B. 仅对意外的诉讼做出反应
    C. 确保其风险不减轻　　　　　　　　　D. 利用知识产权授权防范诉讼风险

30. 一个组织寻求熟知目标客户，并且聚集于为这些客户提供特定的产品功能。该组织采用的是以下哪种战略？
    A. 差异化　　　　B. 探索者　　　　C. 目标市场　　　　D. 单一产品

31. 因子分析、聚类分析、多维定标、联合分析和多元回归分析是哪种技术的例子？
    A. 定性研究技术　　　　　　　　　　B. 多变量研究技术
    C. 客户之声技术　　　　　　　　　　D. 民族志研究技术

32. 平台战略的益处在于什么？
    A. 能迅速且持续地推出产品   B. 鼓励产品战略的长期视角
    C. 能够提供有别于竞争产品的显著区分点   D. 以上所有选项

33. 哪种战略可以被定义一个公司职能部门战略的集成以支持更大的组织策略？
    A. 企业战略   B. 经营战略   C. 推广战略   D. 营销战略

34. 以下哪项不属于技术 S 曲线中的三个阶段？
    A. 萌芽阶段   B. 成熟阶段   C. 炒作阶段   D. 成长阶段

35. 在考虑高管在新产品开发中的作用时，产品线设计者应该怎样做？
    A. 定义项目集
    B. 确立经营战略
    C. 对理解当前产品线的框架进行定义，并对未来做出规划
    D. 为架构的应用及进行组合管理建立流程

36. 在迈尔斯和斯诺定义的战略类型中，哪种类型仅在遭遇威胁的情况下才有所反应且缺乏清晰的反应计划？
    A. 分析者   B. 探索者   C. 防御者   D. 回应者

37. 产品路线图和项目路线图常用于向利益相关方传达战略、任务、时间轴和里程碑。以下哪项陈述最能描述产品路线图和项目路线图的特征？
    A. 产品路线图是向内部团队传达产品方向和进度的计划，而项目路线图用于向外部利益相关方传达时间轴和里程碑
    B. 建议为每个产品制定产品路线图
    C. 产品路线图涵盖产品的整个生命周期，而项目路线图则更侧重于产品的特定部件，如产品的某些性能
    D. 产品路线图用于传达完成产品开发所需的战术性目标的任务，而项目路线图用于传达高层的战略规划

38. 在敏捷开发环境下，由谁负责产品特办列表的优先次序？
    A. 项目经理   B. 流程主管   C. 敏捷教练   D. 产品主管

39. 某项目经理正在带领一支由工程、财务、运营、人力资源和销售部门人员组成的团队设计一款新型电动汽车。在项目持续期间，项目成员继续向原职能部门的经理报告。这个团队使用了哪种团队结构？
    A. 职能型   B. 轻量型   C. 重量型   D. 自主型

40. 你所在的组织正计划在亚洲扩大生产设施，这需要在土地租赁、新厂房建设和新装配线设备方面进行新的投资，这些投资属于以下哪类成本？
    A. 固定成本　　　B. 可变成本　　　C. 资本成本　　　D. 营运资金

41. 价值观的定义是什么？
    A. 新产品开发的好机会
    B. 个人或组织在情感上坚守的原则
    C. 在计算净现值时使用的数据
    D. 以上所有选项

42. 在产品生命周期的哪个阶段最有可能使用撇脂定价战略？
    A. 引入　　　B. 成长　　　C. 成熟　　　D. 衰退

43. 现在产品或服务实际开发之前确定产品或服务面向的实际客户及客户的需求。以下哪项陈述最能概述此方法？
    A. 客户发现是在开始任务之前就发现客户的问题和需求
    B. 客户发现就是找到客户问题的解决方案
    C. 客户发现应专注于了解目标市场的大局和趋势
    D. 客户发现和市场研究是了解目标市场和客户需求的等效方法

44. 在新产品开发的哪个阶段，累积成本达到最高而不确定性降至最低？
    A. 创意生成
    B. 原型开发
    C. 扩大规模以实现商业化
    D. 产品上市

45. 一级市场研究与二级市场研究有何区别？
    A. 一级市场研究是为了满足组织的需求而有针对性地直接收集信息，二级市场研究则依赖于他人已经收集到的信息
    B. 一级市场研究在先，二级市场研究在后
    C. 一级市场研究收集一般性事项的基本信息，二级市场研究收集更为详细的信息
    D. 它们之间没有区别

46. THINKX 是一家以人性化产品设计而著称的全球性设计公司，这家公司的产品技术规格最可能来自哪里？
    A. 使用换算表将产品规格转换成公制
    B. 详细描述产品概念，定义用户参与度和产品设计规范，为开发团队提供清晰度和一致性
    C. 比较竞争解决方案的心理影响研究
    D. 思维映射与该类别相关的常用术语的研究

47. 以往无人机主要用于娱乐和商业领域的摄影和拍摄，类似的技术最近也出现在商用无

人机上，这些商用无人机被用于许多其他行业，包括基础设施检查和事件监控。以下哪种创新策略最好地描述了这一转变？
A. 常规式创新　　B. 颠覆式创新　　C. 突破式创新　　D. 架构式创新

48. 以下关于组织的市场营销战略的描述中，哪项是正确的？
A. 由营销部门独立开发　　　　　　B. 符合整体业务策略
C. 每5年制定一次　　　　　　　　D. 制定时无须考虑整体业务战略

49. 在以下产品生命周期的哪个阶段，企业会力求在最大化利润的同时捍卫市场份额？
A. 引入　　　　B. 成长　　　　C. 成熟　　　　D. 衰退

50. 高度强调技术与商业模式变革的创新被称为什么？
A. 结构式创新　　B. 剧变式创新　　C. 渐近式创新　　D. 重大式创新

51. 如何定义新产品开发流程？
A. 一套用于描述企业开发新产品方式的明确的任务和步骤
B. 测试新产品解决方案的流程
C. 构建商业分析的一个组成部分
D. 如何开发和改进现有的产品和服务

52. 以下哪项不是循环经济的原则？
A. 通过控制有限库存和平衡可再生资源的流动保持和增强自然资本
B. 自愿将公司的时间和资源回馈当地经济
C. 在技术和生物周期的所有阶段，通过高效循环利用产品、组件和材料优化资源产出
D. 通过揭示和设计负面外部影响提升系统的有效性

53. A公司正在启动一个产品开发项目，并计划使用修改后的新产品开发（NPD）流程。公司的新产品开发流程中所包含的阶段数量将取决于什么？
A. 产品上市的紧迫性　　　　　　　B. 对技术及与新产品相关的市场的了解
C. 与项目相关的不确定性及风险水平　D. 以上所有选项

54. 在一个项目中，风险管理主要关注以下哪个选项的领域？
A. 项目成本　　B. 项目范围　　C. 项目持续时间　　D. 项目不确定性

55. 在产品开发中，将门径模型与敏捷模型相融合能够带来哪些益处？
A. 宏观规划能力　　　　　　　　　B. 微观规划能力
C. 聚焦于学习与持续改进　　　　　D. 以上所有选项

56. 项目组合管理的特征包括什么？
    A. 应对未来的事件
    B. 管理有限的资源
    C. 在动态决策环境下运作
    D. 以上所有选项

57. 以下哪项是最佳的新产品开发流程？
    A. 门径
    B. 敏捷
    C. 设计思维
    D. 没有最好的流程，每个流程都有其可供借鉴之处

58. 产品开发是一个风险与回报的过程，正式规范的新产品开发流程旨在降低产品开发过程中的不确定性并提高产品成功的概率。以下哪项风险不是基于产品的风险？
    A. 最终产品对亚洲消费者来说太贵
    B. 产品含有有害物质
    C. 由于某关键设计人员离开团队导致产品开发逾期
    D. 该产品不符合《消费者隐私法案》

59. 在一个组织中，由谁对新产品开发流程的战略结果负责？
    A. 门径经理   B. 首席执行官   C. 流程主管   D. Scrum 经理

60. 在敏捷产品开发中，代表客户利益和需求的人被称为什么？
    A. 产品主管   B. 项目经理   C. 客户联络经理   D. Scrum 教练

61. 新产品流程的阶段和关卡的数量取决于什么？
    A. 想要努力实现的创意
    B. 特定的情况
    C. 可行方案
    D. 要利用的分销渠道

62. 你计划组织一个由来自不同组织的专家构成的焦点小组，这些组织都将无人机进行了商业应用。你将向焦点小组展示公司正在开发的一些新产品概念，并希望从焦点小组那里获取真实的意见。以下哪种说法是正确的？
    A. 此类研究成本高昂，收集信息需要很长时间
    B. 你可以从焦点小组那里收集到结构化的大量数据非结构化
    C. 你无法控制从何处及如何收集信息
    D. 你可以得到一个大样本

63. 企业战略是引领一个组织的核心，它可以被定义为什么？
    A. 向市场引入新产品进行首次销售的方式
    B. 组织的愿景

C. 公司所在的业务领域及公司如何进行竞争并赢得竞争优势的首要计划
D. 创新流程的执行方式

64. 根据《哈佛商业评论》，颠覆式创新侧重于关注长期影响，并且可能会取代现有产品改变客户和供应商之间的关系及创造全新的产品分类。以下哪个示例最能代表颠覆式创新？
    A. 自动驾驶汽车
    B. 带有语音助手的智能电视
    C. Salesforce 公司推出的软件即服务 CRM 系统
    D. 云技术

65. 新产品开发项目成功的设计指标的一个基本要素是什么？
    A. 指标必须与战略紧密相连
    B. 上市时间是衡量成功最重要的指标
    C. 指标应仅考虑失败产品
    D. 指标是一套用于跟踪产品成功的度量

66. 以下哪个选项可表示产品的附加性能？
    A. 免运费且两天送达服务
    B. 宝马公司包括前排座椅加热在内的冬季寒冷天气套装
    C. 限量版红色 iPhone
    D. 无挫折产品包装

67. 以下哪种陈述是对创新战略价值的最佳描述？
    A. 为一些可选的创新投资决定提供权衡决策的基本框架
    B. 对产品开发组合进行定义
    C. 为项目资源选择奠定基础
    D. 确定公司未来增长的目标

68. 许多新产品开发流程模型都采纳自库珀的门径模型，门径模型通常由一系列阶段和关口组成。每个关口中应包含哪些元素？
    A. 团队为实现项目计划而必须完成的任务和活动
    B. 必须提交为下一阶段进行决策的团队活动的成果
    C. 用于分析所有职能活动与跨职能互动的方法
    D. 用于对项目进行评价的标准，以便就项目优先次序做出决策

69. 组织认同的属性是什么？
    A. 组织的核心   B. 可长期存续   C. 有别于其他组织   D. 以上所有选项

70. 与众多的竞争性设备相比，A 公司的产品 X 表现出优异的市场绩效。A 公司正在计划投入新的工程和设备并对产品 X 加大研发投资力度。根据波士顿咨询公司的增长率份额矩阵，产品 X 目前的状况是以下哪种？
    A. 低市场份额，低市场增长率
    B. 高市场份额，低市场增长率
    C. 高市场份额，高市场增长率
    D. 低市场份额，高市场增长率

71. 在众多新产品开发流程中的发展阶段指的是哪个阶段？
    A. 在以前阶段的基础上，进行更深入的技术、营销和业务分析
    B. 测试新产品及其商业化计划的各个方面
    C. 对市场机会、技术要求和现有能力的快速了解和筛选
    D. 包括产品设计、制作原型、生成设计、制造准备和发布计划

72. 根据迈尔斯和斯诺的定义，敢于承担风险并渴求探索新机会的企业将采取什么战略？
    A. 分析者   B. 回应者   C. 防御者   D. 探索者

73. 项目的三重约束要素是什么？
    A. 范围、进度和成本
    B. 流程、时间和预算
    C. 产品、流程和客户
    D. 计划、性能和成本

74. 在未改变资产投资的情况下，一家运输与仓储公司的利润较上年同期增长了25%，如果上年这一时期的投资回报率是10%，那么今年的投资回报率是多少？
    A. 10%   B. 12.5%   C. 25%   D. 50%

75. "我们是一个什么样的组织"的问题用于定义一个组织的什么？
    A. 结构
    B. 人力资源政策
    C. 愿景
    D. 使命

76. 在经典瀑布流程中，设计阶段可以被描述成什么？
    A. 根据项目要求写实际的代码
    B. 确保产品符合客户的期望
    C. 通过客户识别产品缺点
    D. 根据具体需要发现项目完成需要的软件和硬件

77. 在新产品开发的哪个阶段，正确的决策能够显著降低不确定性并为正在进行的项目投资提供信心？
    A. 创意生成
    B. 原型开发
    C. 扩大规模以实现商业化
    D. 产品上市

78. 产品创新章程（PI）是非常重要的战略文件，其主要包括什么？
    A. 项目启动的原因
    B. 项目的目标、目的与边界
    C. 关于客户需求和潜在利润的假设
    D. 以上所有内容

79. 以下关于管理新产品开发进度的陈述哪项是正确的？
    陈述1：进度计划应在规划阶段完成，并且在产品交付之前不得改变。
    陈述2：对于大型项目，各子团队应保持自己团队的详细任务进度，并确保该进度与项目的总体进度一致
    A. 陈述1正确，陈述2错误
    B. 陈述1错误，陈述2正确
    C. 两项陈述都正确
    D. 两项陈述都错误

80. 以下哪项通常不属于"大数据"的特征？
    A. 向量片
    B. 体量大
    C. 速度快
    D. 品种多

81. 焦点小组方法的主要不足是什么？
    A. 非结构化的专家对话
    B. 定性数据的收集
    C. 样本容量小
    D. 个人主导与社会压力

82. 展示出强大创新能力的组织所具有的重要特征包括什么？
    A. 聚焦于创新战略
    B. 与市场的紧密联系
    C. 清晰的愿景和方向
    D. 以上所有选项

83. Voice Tech电子公司致力于开发用于医疗保健服务的聊天机器，但尚不清楚访问聊天机器人这样的语言智能是否会给患者提供不相干甚至具有潜在危险性的信息。波士顿咨询集团矩阵中哪一类最能描述此类技术？
    A. 明星
    B. 问题
    C. 金牛
    D. 瘦狗

84. 在企业中，组合决策的制定者应该是什么角色？
    A. 核心项目团队的所有领导人
    B. 跨职能团队中的企业高管
    C. 企业的高级技术经理
    D. 企业的高级商务经理

85. 在新产品开发流程中，就产品和创意的未来做出决策的点被称为什么？
    A. 发布
    B. 状态会议
    C. 关卡
    D. 项目完成

86. 为确定产品性能的优先级及识别出影响产品性能的各个变量之间的关系，应该使用的市场研究工具是什么？
    A. 人种学分析
    B. 焦点小组分析
    C. 联合分析
    D. 问卷调查

87. 许多公司都在全力拓展智能音频的全球市场，作为开发人员，你希望找到基于语言智能的新的商业机会。为了提出新的创意，你分析了以往的语音使用趋势并寻求现有应用程序中存在的缺口。六项思考帽中的哪种颜色最能代表你使用的方法？
   A. 蓝色   B. 绿色   C. 白色   D. 红色

88. 一家公司为其新产品确定了名称，该公司进行了广泛的调研并确认没有其他公司或产品正在使用该名称。该公司为该名称注册时，应申请何种形式的知识产权？
   A. 专利   B. 商标   C. 版权   D. 商业秘密

89. 产品开发经理请你就其起草的产品开发绩效指标方案提供建议，在审核该指标方案时你认识到该方案主要关注向高级管理层的汇报，以下哪个方面是该方案最有可能缺失的指标？
   A. 与企业目标保持一致   B. 测量盈亏平衡时间
   C. 学习与持续改进   D. 证明产品开发投资的合理性

90. 关于门径流程和敏捷流程，以下哪项陈述是合适的？
   A. 敏捷覆盖产品端到端的流程
   B. 门径模型和敏捷模型是互斥的，分别用于实体产品开发和软件开发
   C. 敏捷流程适合大多数产品开发与测试阶段
   D. 两个流程具有相同的角色，包括流程负责人、流程经理和项目经理

91. 高管在组合管理中的作用是什么？
   A. 制定方向   B. 倡导产品开发
   C. 为成功的产品开发做出承诺   D. 以上所有选项

92. 以下关于平台型项目的描述中，哪项是正确的？
   A. 构成了产品族开发的基础   B. 几乎总是采用创新技术
   C. 适度地提升产品性能   D. 通常会做微小的改变以支持某一条产品线

93. 在塔克曼的团队发展模式中，组建期、激荡期和规范期之后的阶段是什么？
   A. 休整期   B. 执行期   C. 庆祝   D. 超越期

94. 关于产品组合管理，以下哪项陈述是不恰当的？
   A. 产品组合是组织准备投资并需做出战略权衡的项目成产品的集合
   B. 产品组合管理是用正确的方法进行产品项目开发
   C. 产品组合管理是做正确的产品开发项目
   D. 筛选和审查是产品组合管理决策过程中两个独立却连续的活动

95. 在定义上市流程时，Richard 建议公司使用抢滩策略，并为此确定了合适的细分市场。Richard 推荐的营销方法是什么？
    A. 首先在沿海地区向客户销售产品，然后向内陆推进
    B. 按照客户将产品视为替代品还是原品，对市场进行细分
    C. 充分利用首次上市营销，将市场推广至最大潜在市场
    D. 将产品销售给能够处理所有事情的批发商

96. 某一流程通过一系列事件长度固定的迭代进行产品开发，该流程提供了一个框架从而使开发团队能够以有规律的节奏交付软件，这一过程被称为什么？
    A. 冲刺   B. 精益   C. Scrum   D. 敏捷

97. 为什么货币的时间价值在新产品项目的财务分析中是重要的？
    A. 从概念上讲，今天的一元钱提供了增加其未来价值的投资机会
    B. 它允许团队计算偿付投资所需的销售额
    C. 货币时间价值的理念允许企业发现项目的最终机会成本
    D. 与新产品等待上市相关的各种直接支出可变成本

98. 产品 A 的设计成本为 100,000 美元，预计第 1 年的销售收入将达到 200,000 美元。产品 B 的设计成本为 75,000 美元，预计第 1 年的销售收入将达到 150,000 美元。使用投资回收期分析，哪种产品能够提供最佳投资回报？
    A. 产品 A，因为投资回报是 200,000 美元   B. 产品 B，因为投资回报是 150,000 美元
    C. 产品 A，因为投资回报是 100,000 美元   D. 基于所提供的数据无法判断

99. 在产品开发中，基于项目管理知识体系指南（PMBOK®指南）的项目管理是什么样的？
    A. 包括启动、规划、执行和评估等步骤   B. 使用范围、风险及时间构成的铁三角
    C. 不考虑工作分解结构   D. 使用项目范围和产品范围

100. 以下关于生命周期评价的描述中，哪一项是正确的？
    A. 是环境影响（二氧化碳、污染物排放量、水）分析的科学方法
    B. 确定产品处于从开发到衰退的哪个阶段
    C. 确定技术采用生命周期内中断期（Chasm）的位置
    D. 是用于评估项目生命周期、团队建设和资源配置的工具

101. A 公司已经销售某特定产品多年，并因其产品特性能够满足大部分市场需求而成为强大的市场领先者。一家新的初创公司 B 开发了一种与 A 公司产品功能极为相似的产品。B 公司的新产品具有许多显著优点，但也存在明显的不足，A 公司应该如何回应这种新产品？
    A. 忽略该产品

B. 降低自己产品的成本

C. 强化推广自己的产品

D. 认识到该产品对自己的产品及市场所带来的潜在破坏和威胁，并实施积极应对策略

102. 作为产品创新章程的一部分，聚焦领域包括以下哪个？
   A. 背景和细分市场　　　　　　　　B. 技术和产品与市场的关联
   C. 目标和目的　　　　　　　　　　D. 特别性的考量与准则

103. 产品的活力指数是什么？
   A. 基于盈亏平衡的时间或盈利的时间
   B. 表示最短成熟时间的指标
   C. 数年前开发的产品在当年销售额中的占比
   D. 对最初的商业案例决策不可或缺

104. 敏捷产品开发团队最好地体现了公司文化的哪个角度？
   A. 竞争　　　　B. 同情　　　　C. 协作　　　　D. 自由

105. 产品生命周期变短的原因不是以下哪个？
   A. 顾客的要求越来越高　　　　　　B. 技术在不断改进
   C. 竞争日益提高　　　　　　　　　D. 产品寿命被设计得更短

106. 当使用一个重量级的团队结构时，重量级团队领导者的权威和职能领导相比如何？
   A. 权威取决于本组织使用的矩阵制结构
   B. 重量级团队领导者和功能团队领导者有平等的权威
   C. 功能团队领导者的权威优先
   D. 重量级团队领导者的权威优先

107. 为了解无人机系统（或无人机）在不同的行业和组织类型中是如何被使用和管理的，你聘请了一家当地营销研究公司对不同组织的少量人员进行了一对一的访谈，从而了解这些组织是如何使用无人机来协助其日常运营的。这个过程被称作什么？
   A. 深度访谈　　　　　　　　　　　B. 二级市场研究
   C. 定量市场研究　　　　　　　　　D. 焦点小组

108. 你的团队希望开发一种新型机器人吸尘器，旨在超越一家主要竞争企业提供的产品。你对现有的材料进行了评估，以考虑如何提高产品的耐用性和软件设计，从而根据房间布局定制吸尘器模式并使产品功能自动化。这一创意工具是什么？
   A. SWOT 分析　　B. PESTLE 分析　　C. 德尔菲技术　　D. SCAMPER 分析

109. 以下哪项是产品设计规格期望的组成部分？
    A. 可展示产品设计的图样和文档   B. 产品的核心利益
    C. 产品有形的利益   D. 目标市场的特点

110. 产品设计规格的主要目的是什么？
    A. 将定性化的设计性能转化为定量化的参数
    B. 识别产品的核心利益
    C. 识别客户需求
    D. 列出产品的有形性能

111. 以下哪项是沉没成本的例子？
    A. 给不成功的新产品开发项目分配的外包工作资金
    B. 之前花在新产品开发上的所有资金
    C. 本年度余下时间内新产品开发的预算
    D. 工厂扩张所花费的资金成本

112. 在新产品开发流程中的某个阶段进行的综合分析最好是通过谁来开展？
    A. 首席执行官   B. 跨职能团队   C. 流程负责人   D. 团队领导

113. 什么过程有助于在新产品开发中平衡"风险与回报"？
    A. 六西格玛设计   B. 组合决策   C. 产品创新宪章   D. 阶段—关卡系统

114. 精益产品开发流程的核心概念之一是什么？
    A. 流程整合   B. 持续地产生创意
    C. 知识增长   D. 利益相关方的全程项目参与

115. 敏捷产品开发的主要原则包括团队授权、小幅渐进发布、一次完成一个功能，以及什么？
    A. 杜绝浪费   B. 线性过程   C. 用户积极参与   D. 忽略风险

116. 下列哪项是人种学研究的一个优点？
    A. 与统计可靠性无关
    B. 体现了市场研究人员对所观察现象的偏见和解释
    C. 相较于其他市场研究工具，花费更低、耗时更少
    D. 能够发现客户未明确说出却极具价值的问题

117. Jane 正在创建自己的公司，为 8 至 12 岁的儿童制造和销售一系列新颖的运动服装。在向银行申请贷款时，她被告知需要估算所需的营运资金。为什么营运资金对 Jane

创建新公司如此重要？
A. 营运资金表明了 Jane 需要为新公司投资多少钱
B. 营运资金表明了新公司的短期借债潜力
C. 营运资金提供了 Jane 应该从银行借多少钱的基础
D. 营运资金为计算新公司的投资回报率提供了坚实的基础

118. 根据迈尔斯和斯诺对战略的定义，那些快速跟随探索者的公司将采取的战略是以下哪种？
    A. 响应者   B. 防御者   C. 分析者   D. 回应者

119. 在许多新产品开发流程中，商业分析阶段被称作什么阶段？
    A. 在以前阶段的基础上，进行更为深入的技术、营销和商业分析
    B. 测试新产品及其商业化计划的各个方面
    C. 快速审视市场机会、技术要求和能力可得性
    D. 对产品设计、原型制作、制造设计、制造与上市计划准备做出进一步的细化

120. Kinetic 有限公司预计在 5 年内每年销售 5000 台新产品，产品的终身成本为设计和开发总成本 60,000 美元，每台产品制造成本 5 美元，产品生命末期总成本 15,000 美元。每台产品的生命周期成本是多少？
    A. 5 美元   B. 5.50 美元   C. 7.40 美元   D. 8 美元

121. 一个小规模人群致力于一个既定目标，并通过绩效目标来实现他们对之承担责任的共同目的。这被称为什么？
    A. 团队   B. 工作组   C. 矩阵   D. 职能

122. 下列哪一项有可能产生真正创意的头脑风暴技术？
    A. 亲和图   B. 德尔菲技术   C. 名义小组技术   D. 以上所有选项

123. 在产品生命周期管理战略中，什么决定公司工对从使用单独管理信息的方法转变成使用统一的产品生命周期管理基础设施的开放态度？
    A. 人员   B. 公司文化
    C. 工程与业务流程   D. 产品组合、规划和项目管理

124. A 公司最近开展了一系列新产品开发实践。第一阶段，该公司使用一系列创意工具以产生大量的潜在新产品创意。现在，为进一步推进产品评价与开发，该公司需要对 150 个产品创意进行评估和排序。针对第一阶段对 150 个新产品创意的评估，你推荐该公司采用何种评估技术？
    A. 通过/不通过评估   B. 财务分析
    C. 请公司领导者决定   D. 根据战略标准对每个创意进行详细评分

125. 自组织团队在协作环境中采用的迭代方法被称为什么？
    A. 集成化产品开发   B. 螺旋瀑布模型   C. 精益新产品流程   D. 敏捷方法

126. 冲刺是指什么？
    A. 团队通过增量和迭代的工作节奏应对不可预测性
    B. 持续且无限的可变性
    C. 集成化产品开发
    D. 精益新产品开发流程的一部分

127. 可交付成果、标准和输出是以下哪项的主要构成部分？
    A. 机会识别   B. 项目状态会议   C. 项目完成   D. 关卡会议

128. 你被 X 公司聘为顾问，负责指导公司的产品上市策略。你在对确定产品价值主张的评估时，注意到公司已经在产品价值主张中包括目标市场、关键产品特性、分销渠道和促销媒介，但产品价值主张缺少一个非常重要的因素，这个因素是什么？
    A. 客户细分   B. 营销计划   C. 产品益处   D. 价格

129. 关于产品上市，"新派"方法与"老派"方法的不同之处是什么？
    A. 发生在产品生命周期中的成长阶段
    B. 使用迭代上市流程而不是线性流程
    C. 在最终阶段决定销售何种产品并据此生产该种产品
    D. 最大限度对全过程实现数字化

130. 优步技术公司提供的服务包括点对点乘车共享、视频配送等，旨在"让世界运转来点燃机遇"。从界定公司的角度讲，这一陈述发挥了哪个方面的作用？
    A. 愿景   B. 使命   C. 价值观   D. 职能策略

131. 以下哪项不是组合管理中自下而上战略方法的特征？
    A. 将战略包括于对每个项目的评价标准中
    B. 生成单一的项目列表，并在过程中对项目优先级进行排序
    C. 确保多个项目类型的支出达到理想比例
    D. 以上皆错

132. 请评价以下关于产品平台战略的陈述哪项是正确的？
    陈述1：产品平台就是产品本身。
    陈述2：产品平台是构成共同架构的子系统与接口的集合。
    A. 陈述1正确，陈述2错误   B. 陈述1错误，陈述2正确
    C. 两个陈述皆错   D. 两个陈述皆对

133. 你的产品管理团队正在使用质量功能展开（QFD）了解客户需求及如何满足客户需求。这种方法的缺点是什么？
   A. 不能反映竞争分析
   B. 这是一种定性方法
   C. 极为烦琐，因为需要使用数量众多的属性填满产品的需求-方法矩阵
   D. 只能用于反映高层次客户需求和产品特征的关系

134. 新产品开发流程（NPD）的成本通常是什么样的？
   A. 是高层管理者对新产品开发各阶段关注的结果
   B. 随着整个流程的推进而降低
   C. 主要受开发阶段的影响
   D. 随着新产品开发各阶段的推进而增加

135. 根据 Wheelwright 和 Clark（1995）的研究，以下哪项关于高管对团队的支持的陈述是恰当的？
   陈述1：高级经理可以在启动阶段显著改善项目的结果。
   陈述2：高级经理在概念开发期间通常不会与项目团队接洽，其实他们的参与已经被证明可以产生很大的作用。
   A. 陈述1正确，陈述2错误
   B. 陈述1错误，陈述2正确
   C. 陈述1和陈述2都正确
   D. 陈述1和陈述2都错误

136. 以下关于突破型项目的描述，哪项是正确的？
   A. 扩展了应用范围
   B. 经常是衍生于平台项目
   C. 与现有产品和现有做法有着显著的差异
   D. 向多个细分市场提供产品

137. 新产品开发的潜在浪费来源之一是什么？
   A. 利益相关方的流程早期参与
   B. 过多无效的会议
   C. 有序的工作流程
   D. 清楚定义的产品需求

138. 一个阶段通常是由三个因素定义，除了活动、综合分析，还有什么？
   A. 机会识别
   B. 可交付成果
   C. 影响与可能性
   D. 产品开发

139. 采取防御型或者利基战略的公司将会如何？
   A. 拥有大额研究预算
   B. 聚焦于核心能力，甚至某个单一技术

C. 做出某些改进，但没有真正地进行新产品开发
D. 拥有范围广泛的产品

140. 探索者或者采取首先上市战略的公司将聚焦于以下哪个方面？
    A. 价值——在向市场推出新产品上行动迅速，并且努力使该新产品更好、价格更合理
    B. 做出某些改进，但没有真正地进行新产品开发
    C. 将全新产品推向市场
    D. 专注于核心竞争力并在捍卫自身利基市场方面反应敏捷

141. 在什么样的团队结构中，团队领导者最像一个首席执行官？
    A. 重量级   B. 自治型   C. 轻量级   D. 功能型

142. 以下哪个组织文化因素对新产品的成功有积极的影响？
    A. 管理人员确定目标   B. 理解失败
    C. 珍视冒险精神   D. 以上所有选项

143. 持续式产品创新原则的核心在于什么？
    A. 制造能够以低价吸引新客户的更简单、更方便的产品
    B. 保持公司在财务上得以生存的新产品
    C. 能够盈利的新产品
    D. 逐步改善产品的功能或性能以满足市场需求

144. 应该用何种定量市场研究工具发现产品未能满足的市场空白？
    A. 次级研究   B. 领先用户
    C. 恰当的多变量技术   D. 在线论坛

145. 诸如气泡图这类产品组合的可视化展示常用于下列哪些情境？
    A. 产品组合的制定   B. 向利益相关方展示产品组合
    C. 产品组合的制定和展示   D. 气泡图不用于可视化展示

146. Joe 是一家小型制造公司的产品经理，公司创始人要求 Joe 找出开发某特定新产品中存在的问题及改进计划。Joe 决定向公司创始人提出可行性分析，他在这个分析中应该包括什么内容？
    A. 扩大生产设施和所需雇员人数的计划
    B. 净现值、产品定价模型和设备折旧
    C. 制造能力、仓储库存和内部收益率
    D. 市场潜力、技术能力和财务潜力

147. 在波士顿咨询公司的成长市场份额矩阵中,"问号"被定义为潜力不确定的产品。关于这类产品,需要提出的关键问题是什么?
    A. 产品性能是否都可满足客户的需求和期望
    B. 产品所在市场是在增长还是在下降
    C. 竞争对手有多强大
    D. 以上所有选项

148. SWOT 分析可以用于创意生成。SWOT 表示什么?
    A. 优势、劣势、机会和威胁
    B. 战略、意愿、组织和团队协作
    C. 战略、劣势、组织和威胁
    D. 优势、意愿、机会和团队协作

149. Mary 是一个小企业主,销售天然、有机和无质的小食品。除了在售的巧克力片和花生酱燕麦棒,她正在考虑扩大产品线提供樱桃杏仁燕麦棒。她需要估测企业的盈利能力。在这种情况下,Mary 可使用的最佳工具是什么?
    A. 投资回收期
    B. 渗透定价模型
    C. ATAR 分析
    D. 成本效益分析

150. 系统地采用来自多个学科领域的综合团队力量的理念被称为什么?
    A. 跨职能团队
    B. 系统集成和开发
    C. 集成产品开发
    D. 系统设计与集成开发

151. 你所在的公司正在进行可持续发展审计,新产品开发部门有一些新政策,其中之一就是在新产品流程评估流程的门径阶段对产品生命周期进行评估。什么是生命周期评估?
    A. 分析产品用料的生命周期
    B. 在产品生命周期中,在全球市场寻找客户
    C. 分析产品制造和使用对环境的影响
    D. 确定生产设施附近对空气质量的影响

152. 你所在公司的新产品可以针对不同的目标市场进行定制,你希望定量地确定面向特定客户细分市场最具影响力的产品属性组合。哪种分析工具最适合这个目的?
    A. 因子分析
    B. 聚类分析
    C. 多元分析
    D. 离散选择联合分析

153. 在一个组织中,通常由谁负责为整个产品组合创建产品战略?
    A. 执行副总裁
    B. 最高层的产品经理
    C. 业务经理
    D. 客户

154. 被定义为多元化组织的公司通常会设置一些事业部。在制定该公司总体战略时，要回答的关键问题是什么？
 A. 要获取多少利润
 B. 应该参与哪些业务的竞争，以及如何通过事业部的协同获取竞争优势
 C. 应该开发哪些产品
 D. 应该投资哪些新业务

155. 乐高公司的"IdeaStorm"网站使用由数千甚至数百万客户的参与而生成的产品创意。这种方法的最佳术语是什么？
 A. 激进创新　　B. 众包　　C. 阶段关卡　　D. 客户驱动

156. Jane是一家电信公司的产品经理。她正在制订一项提供更广泛电信服务的新计划，决定调查潜在客户并在五个年龄段的客户中选取调查样本。最佳地描述这种类型的抽样的术语是什么？
 A. 随机　　B. 分层　　C. 聚类　　D. 小组

157. 文化指组织成员所共有的信念、核心价值、假设和期望。组织文化不容易直接看出来，但可以从下列哪个选项中做出最好的推断？
 A. 可观测的习惯、仪式、故事　　B. 流程文件
 C. 产品生命周期　　D. 雇佣做法

158. 根据施特尔茨纳的说法，大多数营销人员都高度重视使用社交媒体进行市场调研。社交媒体可以提供的洞见是什么？
 A. 客户的渴望　　B. 客户谈论的内容
 C. 客户购买或者不购买某一件产品的原因　　D. 以上所有选项

159. 在一个组织中，通常由谁负责创建公司的愿景和使命？
 A. 所有利益相关方　　B. 所有员工
 C. 顾问　　D. 高层管理人员

160. 库珀的门径流程包括3~7个阶段-关卡组合。采用的阶段的数量取决于什么？
 A. 新产品上市的紧迫性
 B. 现有的与新产品市场和技术相关的知识
 C. 风险水平
 D. 以上全部选项

161. 在收集财务预测信息时，以下哪项不是确定货物成本的构成部分？
 A. 固定成本　　B. 可变成本　　C. 内在成本　　D. 资本成本

162. 一个组织新产品开发的成功率取决于下列哪项？
    A. 研究和开发流程
    B. 组织所采用的新产品开发做法的质量
    C. 与利益相关方的联系
    D. 缩短新产品上市时间

163. 以下有关跨职能团队的陈述哪项是正确的？
    陈述1：跨职能团队显著加快了产品交付速度
    陈述2：跨职能团队必须始终包括来自所有职能领域的代表
    A. 陈述1正确，陈述2错误
    B. 陈述1错误，陈述2正确
    C. 陈述1和2都正确
    D. 陈述1和2都错误

164. 将精益方法应用于新产品开发流程时，以下关于精益原则的陈述中不正确的是哪项？
    A. 精益原则有助于建立客户定义的价值，以区分增值和浪费
    B. 精益原则利用严格的标准化减少变异性，从而产生灵活性和可预测的结果
    C. 精益原则聚焦于新产品开发中的特定活动与任务
    D. 精益原则内建于学习和持续改进中

165. DJI公司一直以来都是北美消费无人机市场的领先者。基于其大获成功的消费级无人机平台，该公司将目标市场瞄准在新技术和竞争者不断涌现的商用无人机市场。以下哪个选项最适合描述商用无人机所处的产品生命周期阶段？
    A. 引入阶段
    B. 成长阶段
    C. 成熟阶段
    D. 衰退阶段

166. 何种创新战略要求新产品开发团队持续地为客户提供新的具有吸引力的产品性能，并且一旦失败将会导致市场份额的大幅缩减？
    A. 成本领先
    B. 差异化
    C. 市场部分
    D. 颠覆式产品创新

167. 在市场进入的战略矩阵的八个步骤中，哪些步骤对应"什么"这个部分？
    A. 价值主张与整体解决方案
    B. 价值主张和目标细分市场
    C. 渠道和整体解决方案
    D. 渠道和目标细分市场

168. 销售代表将在下周安排一次客户拜访，你打算和他一起来发现客户的需求，你应该做什么？
    A. 确保客户代表是决策者或有影响力的人
    B. 准备好向客户提问以发现问题
    C. 将营销人员和技术人员组成一个团队
    D. 以上所有选项

169. 在敏捷产品开发中，谁负责确定产品待办列表的有限次序？
    A. 产品经理
    B. 产品开发人员
    C. 产品负责人
    D. 产品主管

170. 新产品开发项目风险管理的步骤是什么？
    A. 识别、评估、减轻
    B. 识别、减轻、规避
    C. 评估、量化、响应
    D. 监测、反应、评价

171. 谁负责建立企业的组合管理流程？
    A. 产品开发流程经理
    B. 企业高管
    C. 企业财务管理人员
    D. 有丰富组合管理经验的外部顾问

172. 在企业所使用的组合方法中，用得最多的是什么方法？
    A. BCG 矩阵
    B. 期权定价
    C. 质量功能展开
    D. 财务模型——贴现金流法和投资回收期法

173. 对产品开发者而言，高质量的新产品开发流程有什么作用？
    A. 降低成本和提高不确定性
    B. 有助于确保随着项目成本的增加，降低不确定性
    C. 增加成本
    D. 使产品开发更加结构化

174. Jane 带领新产品开发团队对其公司成功推出的某产品进行改进，她的领导对完成这项工程制定了严格的预算限制。该项目的风险是什么？
    A. 可用资金
    B. 技术能力
    C. 客户需要
    D. 范围定义

175. 以下哪种工具可用于技术展望？
    A. 专家小组法
    B. 德尔菲技术
    C. 趋势分析法
    D. 以上所有选项

176. 差异化战略的核心是什么？
    A. 开发高品质的、独特的、具有理想性能的产品
    B. 降低产品的制造成本
    C. 通过聚焦于成本敏感的消费者提升公司的市场份额
    D. 通过新产品线的延伸赢得市场份额

177. 以下关于产品开发流程治理的描述，正确的是哪项？
    A. 有助于更加关注运营流程的卓越性，而非流程的结果
    B. 监督开发流程而非"插手"开发流程
    C. 属于新产品开发中的行政管理方面，从而确保获得所有文件和报表
    D. 属于流程负责人的职责，而非董事会的职责

178. 以下哪个选项是知识产权的示例？
    A. 保密协议　　　B. 专利　　　C. 商标　　　D. B和C选项

179. 以下哪个选项是产品生命周期变短的原因？
    A. 客户要求更高　　　　　　　B. 竞争下降
    C. 产品可靠性降低　　　　　　D. 全球技术开发下降

180. Mary是一家快餐公司的产品经理。该公司一直在从事推出新的早餐三明治或法布奇诺饮料的研究项目。这两种产品在市场上具有不同的投资和回报模式及不同的期望生命周期。Mary应该使用哪种工具最好地确定具有最高价值的产品以进行新产品开发？
    A. 净现值　　　B. 投资回收期　　　C. 成本效益分析　　　D. 组合决策工具

181. 在新产品开发体系中，产品设计的典型流程是什么？
    A. 描述产品、测量所需功能、构建原型
    B. 前端工程、系统分析、技术设计
    C. 澄清设计规划、进行市场研究、设计产品
    D. 概念描述、产品设计规格、技术规格

182. 产品概念描述应包括哪三个要素？
    A. 客户需求、环境因素、客户使用报告
    B. 定性描述、定量参数、技术成果
    C. 核心利益、有形性能、附加性能
    D. 竞争标杆、概念描述、定性测量

183. 谁负责建立产品开发流程并确保流程的质量和一致性？
    A. 流程拥护者　　　B. 流程主管　　　C. 流程经理　　　D. 产品经理

184. 通过以下哪种方法，研究人员可以最好地了解消费者对产品属性的各种组合所做出的反应？
    A. 多元回归分析　　　B. 多元尺度　　　C. 联合分析　　　D. 焦点小组

185. 在以下产品生命周期的哪个阶段，随着销售的下滑，企业必须就产品处置做出艰难的决策？
    A. 引入　　　B. 成长　　　C. 成熟　　　D. 衰退

186. 根据库珀（2001）的研究，项目筛选和持续评审对于确保战略和产品组合直接的明确关联至关重要。以下哪种方法是库珀推荐的三种方法之一？
    A. 战略水桶　　　B. 中部突破　　　C. 净现值　　　D. 以上都不是

187. 集成产品开发（IPD）流程可视为一种跨学科的系统集成应用。该流程结束于所需的全部信息都已获得和传达，并且重要决策都是在项目的时间和预算约束范围内做出的。IPD 中做出正确决策所需的信息应来自哪里？
    A. 所有数据源，包括组织记录、客户、竞争对手和公开信息
    B. 组织内部知识库
    C. 客户心声
    D. 组织内部产品数据库和客户需求

188. 收敛思维在什么情况下是一个好的创意生成工具？
    A. 在短时间内产生大量创意
    B. 组织和评估创意并做出决策
    C. 找一群人对已经预先思考的想法表示同意
    D. 以上选项都不是

189. 波特的成本领先战略的目的是什么？
    A. 通过吸引价格敏感型客户从而提升公司的市场份额
    B. 聚焦于宽泛的产品基础
    C. 通过提供独特优质的产品增加市场份额
    D. 通过众筹环境下的创新向市场推出新产品

190. 在新产品开发中，为了产生将各种信息、创意和想法联系起来的图形化结果，应该使用何种创意开发工具？
    A. 思维导图   B. 头脑风暴   C. 头脑书写   D. 德尔菲技术

191. 六西格玛设计（DFSS）是新产品开发从业者使用的工具，该工具专注于产品的设计或再设计。DFSS 起源于什么学科？
    A. 供应链管理   B. 质量管理   C. 运营工程   D. 产品管理

192. 一家食品公司最近修改了其经营战略和新产品的重点。该公司决定使用技术可行性、风险水平和上市时间为新产品创意评估的关键标准。在该公司的评估清单中，缺失了哪项关键标准？
    A. 来自高管的支持   B. 规则的影响
    C. 与经营战略保持一致   D. 生命周期

193. B 公司生产用于真空密封食品的产品。可以使用哪种工具或技术激发创意，使用动作动词为替代市场和真空封口机的用途提出创意？
    A. 奔驰法   B. 收敛思维   C. 大环境分析   D. 实验设计

194. 资源配置是产品组合管理的一个重要方面，原因是什么？
    A. 没有资源，就没有人制订产品组合计划
    B. 不当的资源配置会导致上市时间的延迟和质量的降低
    C. 项目只有在人员配备之后，才可被管理
    D. 财务性和非财务性评价的平衡是主观的

195. 决策树如何帮助创新项目管理风格？
    A. 它提供了寻找最优解决方案的数学模型
    B. 它提供了罗列选项和评估可行结果的有效结构
    C. 它是通过客户了解他们最高需要的头脑风暴法
    D. 它是用来选择最有价值项目的决策优先排序矩阵

196. 以下哪项是固定成本的例子？
    A. 建筑组合   B. 原材料   C. 生产性人工   D. 运营

197. 对信息技术策略、人力资源战略、销售与促销等战略进行高投入，可以视为哪个选项的示例？
    A. 提供跨组织的目标、优先顺序、方向的创新战略
    B. 职能部门用来支持经营战略的职能战略
    C. 公司战略，一项达成使命的行动计划
    D. 解释组织对资源与能量进行聚焦的最重要原因

198. 一些组织鼓励投资者和其他金融资本提供者对新产品采用更为一体化的思考方式，从整体和长期的视角做出决策。这些组织实现这些目标的最佳方式是什么？
    A. 针对广泛的利益相关方发布不同的、全面的可持续性报告，这些利益相关方根据一定的可持续性标准，都对可持续发展很感兴趣
    B. 采用简明综合的报告为创造6种特定的资本价值提供深刻见解，并在报告中披露公司是根据国际综合报告理事会的框架寻求创新和未来机遇的做法
    C. 向利益相关方分发有关人类、地球和利润的详细信息
    D. 遵守适用的财务报告标准

199. 雀巢公司所遵循的新产品开发流程同时考虑了消费者的健康与偏好、产品口味、可持续性及价格的可承受性。这一创新流程最符合以下哪个模型？
    A. 瀑布流程   B. 集成产品开发   C. 门径   D. 精益流程

200. 新产品开发中的高风险与高不确定性需要什么？
    A. 更多有助于决策的信息   B. 项目计划
    C. 上市决策   D. 市场测试

NPDP 综合模拟试题（三）

1. 一家名为"一键零售"的在线市场调查公司发现，在亚马逊线上销售平台家用电器的重要性仅次于消费类电子产品。这一结论是基于对其 3 亿活跃客户数据的"无与伦比的准确性"的提取和分析得出的。这类数据的特征是什么？
   A. 大量、真实、多样　　　　　　　　B. 质量、数量、独特
   C. 混乱、反常、不可靠　　　　　　　D. 清晰、简洁、一致

2. 针对新产品成功因素的研究指出高管的作用重大。在新产品开发流程的哪个阶段高管会对产品的成功产生重大影响？
   A. 产品开发的整个流程
   B. 在扩大规模实现商品化制造与产品发布期间
   C. 在概念评估与商业分析开发的早期阶段
   D. 在原型开发和产品测试期间

3. 你被一家资金雄厚的初创公司聘为产品开发主管。该公司正在为一个新兴的、高潜在容量的市场开发一款人工智能驱动的产品。适合这类产品开发的最佳团队结构是什么样的？
   A. 职能型团队　　B. 老虎团队　　C. 轻量级团队　　D. 重量级团队

4. 一家消费电子产品制造商决定实施其可持续性合规战略。其中一个设想是在新产品设计和制造中使用一定比例的可回收材料，但这意味着材料和制造成本可能会增加。作为新产品开发经理，你最有可能采用哪种工具评估产品的环境影响与成本？
   A. 面向环境的设计（DFE）　　　　B. 面向可持续性的设计（DFS）
   C. 面向制造的设计（DFM）　　　　D. 生命周期评估（LCA）

5. 以下关于跨职能团队的描述中，正确的是哪项？
   A. 包括特定产品创新所需的全部职能。部门负责人授权团队成员以最好的方式代表其所在的部门
   B. 它是一个代表所有高管的团队，目的在于将仅在各自的领域内工作的各个职能部门联系起来
   C. 由参与产品开发的各个职能部门的代表组成，通常是交付成功产品所需的关键职能部门代表由他们各自的部门授权
   D. 制订新产品创新计划，以实现之前未实现的绩效目标

6. 产品创新章程的一个关键章节是竞争焦点。以下哪项是竞争焦点的关键要素？
   A. 目标市场
   B. 项目范围
   C. 对经营战略的具体贡献
   D. 关键技术的现状与未来

7. Ron 是一名精益产品开发顾问，正在审计一家新成立的汽车公司的产品开发流程。审计结果显示，由于工作说明书的多变性，在产品开发流程的多个阶段都存在大量返工。他应该向首席执行官提出什么建议？
   A. 减少他们正在进行的设计数量
   B. 制定产品创新章程（PIC）
   C. 改进产品开发流程以适应标准化产品的开发
   D. 聘用额外的工作人员处理多变性

8. 一家软件公司有多条产品线并计划升级现有的产品线。这符合创新地图中的哪种创新战略？
   A. 架构式
   B. 颠覆式
   C. 突破式
   D. 常规式

9. 以下哪个选项是团队规范阶段的典型特征？
   A. 个人成为一个团体的成员，对自己的角色和责任感到焦虑，并且不愿参与讨论
   B. 团队成员学会合作，互相欣赏，同时尊重领导的权威
   C. 团队生产效能发挥到最高水平，每个成员的重点从个人目标转移到团队目标
   D. 团队成员在努力澄清团队目标、价值观和规范的过程中，团队内部产生冲突并挑战权威

10. 你需要估算某新产品的销售潜力，以确定其整体财务可行性。你的销售经理估计有40%的机会实现500,000单位的销售，有60%的机会实现1000,000单位的销售。以下哪项销售潜力可用在你的可行性分析中？
    A. 600,000 单位
    B. 700,000 单位
    C. 800,000 单位
    D. 900,000 单位

11. 两家全球著名的汽车制造企业准备联手开发自动化驾驶技术，该合作目标在于抵御来自诸如优步这类新兴技术公司的竞争。这符合迈尔斯和斯诺的何种战略方法？
    A. 探索者
    B. 分析者
    C. 防御者
    D. 回应者

12. 三星公司有一个信念，那就是要充满激情地追求顶尖人才，为员工提供能够与公司共赢的工作环境。以下哪个术语最好地描述了这种信念？
    A. 氛围
    B. 文化
    C. 战略目标
    D. 战略

13. 作为航空公司的新产品开发经理，Meena 正在估算一款新车载导航系统的收入。以下哪项允许 Meena 通过使用未来 3 年内的销售来估算新产品的收入？
    A. 销售量乘以零售价

B. 销售量乘以估计的出厂成本，减去不合格品和已知利润
C. 无法估计
D. 销售量乘以估计的制造/生产成本

14. 产品价值主张的定义是什么？
    A. 客户获取的收益与客户支付的价格之间的权衡
    B. 产品具备的功能数量
    C. 该产品价格与竞争对手价格的比较
    D. 相对于客户支付的价格，产品可使用多长时间

15. 哪种项目速度的压缩方法通常会增加成本，但可以使项目按时完成？
    A. 遵循关键路径　　　B. 缩小工作范围　　　C. 添加资源　　　D. 增加松弛量

16. 你的团队正在开发一款非常有竞争力的新产品，该产品具有革命性的新功能和新特性，新产品已经推向"创新者"这一细分市场，下一步应该瞄准的目标客户是谁？
    A. 早期大众　　　B. 早期接受者　　　C. 晚期大众　　　D. 滞后者

17. 产品概念描述与产品设计规范之间的区别是什么？
    A. 没有区别，它们基本相同
    B. 产品概念描述说明了客户的需求，而产品设计规范说明了产品的功能
    C. 产品概念描述说明了产品的核心利益，而产品设计规范说明了产品的特性
    D. 产品概念描述提供了产品利益和特性的定性说明，而产品设计规范提供了产品利益和特性的定量说明

18. 精益产品开发的关键概念是减少开发过程中的浪费，产品开发中的浪费可能以下列哪种方式之外的多种方式发生？
    A. 产品规格定义不清　　　　　　B. 缺乏对可制造性的早期考虑
    C. 会议太多　　　　　　　　　　D. 实际测试前的计算机仿真 OONSU

19. 以下哪种方法有助于预测新兴技术的未来趋势与前景？
    A. 客户行程法　　　B. 平台战略　　　C. 德尔菲技术　　　D. 质量功能展开法

20. 库珀建议公司应保持其组合管理的"平衡"。这种语境下的"平衡"是什么意思？
    A. 在短期与长期、高风险和低风险的类别中，实现恰当的项目组合
    B. 在短期成本和长期成本、高风险活动和低风险活动方面，实现特定产品项目进度的恰当组合
    C. 对组合中的各个项目，实现财务目标的恰当组合
    D. 在整个新产品开发的过程中，实现财务目标的恰当组合

21. 你所在的公司正在为即将上市的产品进行一项市场调查，该市场调查根据参与者的家庭整体收入从每一个收入区间等级随机抽取一部分作为样本。这是何种类型的抽样方法？
    A. 随机抽样　　　　B. 分层抽样　　　　C. 聚类抽样　　　　D. 偏置抽样

22. 使用焦点小组进行市场研究的潜在风险是什么？
    A. 参与者将注意力转移到无关的话题上
    B. 群体性思维：群体中的一个或多个参与者的观点可能强加给其他参与者
    C. 隧道视野
    D. 由于参与人数有限，有些人可能会感觉被亏待了

23. 市场力量信息公司是全国规模最大的市场调研数据采集公司。为了提供更好的服务，该公司允许其客户使用全国范围内20处焦点小组设施、超过160万名消费者组成的消费者监测组、训练有素的主持人，这么做会为市场力量信息公司带来何种竞争优势？
    A. 有助于其客户深入了解消费者的显性需求
    B. 有助于其客户深入了解消费者的隐性需求
    C. 有助于其客户量化衡量消费者的显性需求
    D. 有助于其客户量化衡量消费者的隐性需求

24. 在产品生命周期的哪个阶段，产品分销会变得更加密集，并需要提供更多的激励？
    A. 成熟　　　　　　B. 引入　　　　　　C. 增长　　　　　　D. 衰退

25. 在敏捷开发环境下谁对客户需求的优先级拥有最终的决策权并且能够平衡利益相关方之间的利益冲突？
    A. 项目经理　　　　B. 流程主管　　　　C. 敏捷教练　　　　D. 产品主管

26. 你负责的新产品开发项目已经落后于预计的产品发布日期，公司经理要求在不对项目范围产生重大影响的情况下压缩项目进度。你会向该经理建议采用什么方法？
    A. 增加资源，任务并行
    B. 削减一些任务，并要求员工加班
    C. 要求营销经理修改产品发布日期并尽快满足新的发布日期
    D. 修改产品的部分设计要求和项目计划来满足产品发布日期

27. 根据标准的新产品决策框架，对产品的成功来说，最关键的步骤是什么？
    A. 识别恰当的问题或机会　　　　　　B. 信息收集
    C. 境况分析　　　　　　　　　　　　D. 识别解决方案

28. 某公司善于鼓励员工在会议上彼此驳斥对方的想法、长时间地工作（比如如果员工当天在半夜之前不回复电子邮件，就会收到短信被质问为什么不及时回复邮件），并对外鼓吹其"超高"的工作效率。以下哪个术语最好地描述了该公司的这一特点？
   A. 氛围　　　　B. 文化　　　　C. 战略目标　　　　D. 战略

29. 你所在的公司正打算将当前的产品平台扩展至一个利基市场。作为产品经理，你将领导这个产品线扩展项目。大多数项目成员来自各个职能部门，并在"按需"的基础上参与项目，你的主要作用是什么？
   A. 监督团队成员在其职能部门的表现
   B. 提升团队成员的职业生涯
   C. 监督职能经理制订的计划
   D. 根据项目需要进行必要的变更或重新分配资源

30. 从可持续发展战略的角度来看，与燃油车相比，电动汽车可为消费者提供哪些核心利益？
   A. 运行和维护的成本更低，对环境更为友好
   B. 驾驶更加安全，在道路上翻车的概率更小
   C. 噪声更小，更有利于驾驶员的健康
   D. 更长的服务与保修条款

31. 结合自上而下与自下而上的产品组合管理方法具备以下何种优点？
   A. 单个项目的选择与公司战略保持一致
   B. 根据战略标准和财务指标进行单个项目的评价
   C. 实现组合的平衡
   D. 以上全部选择

32. 可行性分析中都需要包括什么？
   A. 优势、机会与威胁　　　　B. 销售收入、制造费用与竞争性定价
   C. 市场潜力、技术能力与财务潜力　　　　D. 排期、上市时间和预算

33. 根据McCraig的理论，市场进入策略在发生改变。以下哪个选项是对McCraig市场进入策略的最佳解释？
   A. 传统上，市场进入策略从发现和确定特定细分市场上买方的需求开始，接着就是开发能够满足这些需求的产品，最后对产品进行推广与销售
   B. 新方法的特点是，对待售产品、购买产品的买方、买方所在细分市场的服务方式、及产品推广的渠道四个方面的影响因素不断迭代
   C. 在决定对哪个细分市场进行销售之前，习惯性的做法是先进行产品开发，再决定如何销售

D. 在现代，从价值主张到抢滩战略，都是先遵循八个连续的生命周期步骤，再确定产品促销渠道及确定预期的沟通方式

34. Georqia Pacific 是一家航运公司，历史上专门从事集装箱散货运输。最近该公司发现提供类似服务的竞争对手数量在增加，于是高级产品经理开始着手制定一个在保持市场份额的同时还能保护利润的战略。该公司最有可能处于产品生命周期的什么阶段？
    A. 引入期   B. 成长期   C. 成熟期   D. 衰退期

35. 你被聘为某公司的产品经理，该公司正在寻求一种战略，使其计算机辅助设计（CAD）软件的利润最大化。CAD 软件可能处于哪个生命周期阶段？
    A. 引入期   B. 增长期   C. 成熟期   D. 衰退期

36. 唐恩都乐是世界领先的烘焙食品和咖啡连锁店。该公司的目标是"在现代化的、琳琅满目的商圈中，快捷、礼貌地制作和供应最新鲜、最美味的咖啡和甜品。"这句话在对唐恩都乐公司的界定中发挥了怎样的作用？
    A. 愿景   B. 价值观   C. 使命   D. 职能战略

37. Ideal Electronics 公司多年来一直采用特定的产品开发流程。虽然该流程一直运作良好，但首席执行官质疑该流程是否真正适合公司，以及该流程是否能够高效地交付恰当的产品。Ideal Electronics 公司的产品开发流程中可能缺失了哪个关键要素？
    A. 高管对产品开发流程的持续支持
    B. 公司所有职能部门在产品开发流程中的沟通
    C. 对产品开发流程的治理和监督
    D. 对产品开发流程的定期评审

38. 在市场调研期间，客户现场拜访的最大风险是什么？
    A. 你通常能看到产品的使用情况，从而确认你的想法及你之前做出的判断
    B. 销售代表所获信息的不完整可能会损害公司的客户关系
    C. 通常很费时，并且可能会很贵
    D. 由于你离开了办公场所，从而无法为其他客户提供服务

39. 理想的焦点小组的规模是多少人？
    A. 不足 5 人   B. 6~10 人   C. 约 15 人   D. 多于 20 人

40. 以下哪个选项不属于组合管理的财务评价方法？
    A. 战略一致性   B. 净现值   C. 内部收益率   D. 投资回报率

41. 就新产品开发而言，所谓的组合管理是一种"整体性方法"，这种说法意味着什么？
    A. 每种新产品都必须填补"市场空白"
    B. 将漏斗中的所有项目作为一个整体进行考察
    C. 新产品的3D视图（从全部三个维度）
    D. 覆盖从引入到衰退的整个产品生命周期

42. 在项目的推进过程中，项目累积成本在批准的预算范围内持续增加，根据现有信息做出最佳决策变得越来越重要。这种情况下应采取哪种措施？
    A. 进行可行性分析，以降低项目失败风险
    B. 准备二级项目，以防项目失败
    C. 将预计成本和投资回报减半
    D. 用类似奔驰法（SCAMPER）的工具考虑产品修改的可能

43. Bostock 有限公司对将其新款屋顶产品全面推向国际市场销售缺乏信心，即便市场测试结果看上去希望很大。该公司管理层为了降低风险下一步可以采取什么措施？
    A. 开发原型
    B. 随着时间的推移，有计划地推向市场
    C. 国际经销商签约
    D. 寻求国内知名咨询顾问的帮助

44. 据 Tech Crunch 报道，通用汽车和克鲁斯宣布他们已经完成了第一辆可大规模量产的自动驾驶汽车的产品设计。克鲁斯是一家自动驾驶汽车的初创企业，被通用汽车以逾10亿美元的价格收购。这意味着这家汽车巨头已经具备了推出商用自动驾驶汽车所需的所有硬件，将彻底改变汽车运输业。最能描述这种创新的术语是哪个？
    A. 持续性创新   B. 颠覆式创新   C. 数字化创新   D. 服务改造创新

45. 以下哪种市场研究技术被广泛应用于包括创意生成、概念开发、原型设计、测试在内的不同产品开发阶段？
    A. 焦点小组   B. 客户现场拜访   C. 领先用户   D. 市场测试

46. Supercare.com 提供一系列的服务，可使家庭能够找到并支付照料者的费用。该公司指定了一个团队来完成一系列对其服务平台进行创新的任务，完善基本的家庭护理服务，简化交易步骤，更新公司网页代码，以及测试创新平台是否更好地服务了客户。最能描述这一创新流程的是什么？
    A. 瀑布流程
    B. 集成产品开发（IPD）
    C. 门径
    D. 精益流程

47. 以下哪项是对新软件测试的最佳描述？
    A. 伽马测试跳过了所有或大部分内部测试
    B. 阿尔法测试旨在使用非正式代码来测试用户界面是否友好

C. 贝塔测试通常是一种在交付之前由最终用户完成的发布前测试

D. 市场测试通过选择一些软件用户来测评购买软件的可能性

48. 产品开发流程的前端极为重要，原因是什么？
    A. 前段是花费最多的阶段
    B. 前端是模糊且不明确的
    C. 这一阶段的良好决策能够显著降低不确定性
    D. 这一阶段充满了机会

49. 一家初创公司的高管对其社交媒体数据平台上的投资回报率感到震惊，因为与上年同期相比公司利润增长了30%，但投资成本保持不变。如果上年这个时期的投资回报率是20%。那么今年同时期的投资回报率是多少？
    A. 0.1　　　　　　B. 0.2　　　　　　C. 0.25　　　　　　D. 0.6

50. 在新产品开发流程中，对高风险和不确定性的管理，以下哪个选项最为关键？
    A. 更多决策信息　　B. 项目规划　　C. 上市决策　　D. 市场测试

51. 大众汽车宣布将向市场推出一款标志性微型汽车。这一新产品概念非常类似于通用汽车在2000年初提出的Autonomy项目——一个水平的"滑板型"底盘承载所有电力驱动部件，包括电池和控制系统，可以在底盘上安装制造商想安装的任何"顶端"车体。该新产品可以是小型轿车、SUV或迷你型货车。以下哪一术语是对这类创新的最佳描述？
    A. 持续性创新　　B. 颠覆性创新　　C. 数字化创新　　D. 渐进式创新

52. M公司现有2亿美元的资金可用于投资，项目X和项目Y的投资费用均需1.7亿美元，必须在这两个具有相同风险的新产品投资机会中做出选择。根据财务预测，可获得的净现金流（以百万美元计）见下表。

项目	第一年	第二年	第三年	第四年
X	40	70	60	30
Y	30	100	40	30

以下哪种说法是正确的？
A. 没有足够的数据在项目X和项目Y之间做出选择
B. 这两个项目具有同样的吸引力
C. 尽管投资回收期相同，项目X更可取
D. 由于两个项目的回报是相同的，均为1.7亿美元，公司最好等待找到其他可偿还全部2亿美元的潜在项目

53. 知识产权战略（IP）对新产品开发非常重要，在以下所列清单中，哪种适用于生产和销售植物繁殖材料的独占权利？
    A. 专利　　　　　B. 著作权　　　　　C. 商业秘密　　　　　D. 植物品种权

54. Meera 对产品开发项目的前端做了大量的工作，因为她知道前端具有下列哪项特征？
    A. 工作成果需包括详细的技术规格与设计
    B. 是成本最低的阶段，并且随着开发的继续，"通过"决策会导致成本显著提高
    C. 一定能够带来成功的产品
    D. 工作成果需包括营销计划

55. 集成化产品开发（IPD）提供了一种新产品开发的框架，通过多个步骤最终达到顶端。处于集成化产品开发框架顶端的是什么？
    A. 知识管理、一体化能力开发、创新文　　B. 新产品开发工具的恰当组合
    C. 清晰的产品战略与产品组合　　　　　　D. 强烈的客户关注

56. 在发明问题的解决理论（TRIZ）中，问题解决矩阵的模式是什么？
    A. 首先确定具体问题，然后是一般问题，在给出具体解决方案问题之前先给出一般解决方案
    B. 首先确定具体问题，然后在一个目标客户群体中测试解决方案，产生更多的原型，选择具体解决方案
    C. 首先针对一般性问题使用一般性解决方案，然后选择要解决的具体问题
    D. 找出能够与客户一起测试产品各种解决方案的跨职能团队，选择评价最高的解决方案

57. 在 FarmLand 公司，Lisa 正在准备一份使用无人机清点库存数量的商业分析。该项目由总经理亲自推动，但财务可行性分析表明，该项目不会产生太多回报。FarmLand 公司采用的是严格的门径产品开发流程，关口是实现产品开发成功的重要因素，因为关口能够确保下列哪项？
    A. 只有可能成功的项目才会继续开发下去
    B. 按照总经理确定的优先顺序执行项目
    C. 所有项目都需经过审核，但会一直继续开发下去
    D. 所有项目都会记录在案

58. DMAIC 是六西格玛所包括的 5 个阶段流程的首字母缩写，DMAIC 代表的是下列哪项？
    A. 开发、管理、分析、投资、商业化　　　B. 定义、测量、分析、改进、控制
    C. 定义、监督、分析、改进、控制　　　　D. 发现、测量、分析、改进、控制

59. 下列哪项能够描述克劳福德和迪·贝勒德托提出的销售预测模型？
    A. 认知、试用、可得性、重复购买　　　　B. 发现、共鸣、原型、测试

C. 售出数量、购买数量、收入、利润　　D. 销售、成本、折扣、净利润

60. A公司正在考虑一种可在产品生命周期成长阶段使用的最佳产品战略,你有什么建议?
    A. 在利润上佳时放弃该产品　　　　　B. 保持产品质量并增加新功能
    C. 降低成本以使产品更有竞争力　　　D. 在产品受欢迎时充分摄取利润

61. Tiktok公司在Facebook和Instagram上投放了大量广告,从而通过瞄准其市场上的受众来打击社交媒体巨头。根据BCG增长份额矩阵,你会将Tiktok公司归入何种类型?
    A. 明星产品　　　B. 问题产品　　　C. 现金牛产品　　　D. 瘦狗产品

62. 你被某公司聘为产品经理。该公司正在寻求一种战略,以建立其无人机机队管理软件的品牌知名度。无人机机队管理软件最有可能处于哪个生命周期阶段?
    A. 引入期　　　　B. 增长期　　　　C. 成熟期　　　　D. 衰退期

63. 许多新产品开发(NPD)流程模型都是从库珀的门径模型改编而来的,门径模型通常由一系列后接关口的阶段组成。每个阶段通常包括什么或做什么?
    A. 团队为实现项目计划必须完成的任务和活动
    B. 上一阶段的成果
    C. 下一阶段的通过/不通过决策
    D. 用于产品评估并做出决策优先顺序的标准

64. 你是一家软件产品公司的首席执行官。在最初成功地将产品推送给创新者和早期接受者市场之后,产品销售开始显著下滑。你开始考虑如何将产品推向早期大众市场,产品引入的这个阶段通常被称为什么?
    A. 模糊前端　　　B. 创新者困境　　　C. 跨越鸿沟　　　D. 盈亏平衡点

65. 根据迈尔斯与斯诺的分析框架,探索者战略一般会采用哪种项目组合?
    A. 从项目的开始直到产品上市并产生商业回报,在时间上对各个项目平均分配
    B. 相较于风险规避型项目,更注重能够抓住机遇的项目
    C. 在战略水桶中对突破型、衍生型、平台型和支持型项目平均分配
    D. 提供对威胁做出反应的可能性

66. 目标产品设计规格必须使用一组指标,从而确保在设计工作期可能满足这些指标。当Sanco为新的低过敏性谷物制定产品设计规格时,以下哪项是可接受的产品设计指标?
    A. 包装应明亮多彩　　　　　　　　　B. 产品成本低
    C. 产品应便于过敏人群食用　　　　　D. 产品的保质期为自生产之日起17个月内

67. 新产品开发团队的负责人要求其团队成员考虑区块链技术的新创意、可能性及替代方

案，六项思考帽的哪种颜色可代表这一要求？
   A. 蓝色　　　　　B. 绿色　　　　　C. 黑色　　　　　D. 红色

68. 董先生受聘于泰勒国际集团，并在入职培训的当天了解了该公司的愿景、使命和价值观。他了解到，该公司的目标是"成为全球首屈一指的数字化工业公司，通过用软件定义的机器及可互联、反应灵敏、预测性的解决方案来改变行业。"这一目标代表该公司的何种身份？
   A. 公司使命
   B. 公司愿景
   C. 公司核心价值观
   D. 以上都不正确

69. 星巴克计划开设大约500家针对中上收入群体的精品烘焙店，为客户提供优质烘焙咖啡体验，但成本更低。该公司希望通过其新的门店组合，为顾客提供最高质量的咖啡，从而解决竞争和咖啡产品普遍化的问题。这一做法最符合波特的何种竞争战略？
   A. 差异化战略
   B. 分析者战略
   C. 低成本领先战略
   D. 回应者战略

70. 作为一名产品经理，你从高管那里得到了产品创新章程（PIC），你会在产品创新章程中了解什么？
   A. 目标市场、关键技术和产品定价
   B. 市场分析、关键技术、项目目标和特殊指导
   C. 产品背景、目标市场和产品定价
   D. 目标市场、产品规格和产品定价

71. 中兴企业股份有限公司正在寻找在不侵犯消费者隐私的情况下，人工智能可以改善医疗、汽车和电动产品的潜在机会。最适合研究潜在机会的方法是什么？
   A. 焦点小组　　　B. 结构化问卷　　　C. 二手数据分析　　　D. 阿尔法测试

72. Raliph 是负责制定战略产品路线上的创新主管，为了调查影响该类产品的广泛因素，他分发给一个专家团一份包括开放式问题的调查问卷，并对收回的答卷进行分类找出共同主题。在第一份答卷反馈的基础上，他又设计了第二份更具体的问卷，目的是对具体的因素进行排序。这一创意生成的过程被称作什么？
   A. 六项思考帽　　　B. SWOT 分析　　　C. 德尔菲技术　　　D. 头脑写作

73. 用于项目选择的投资回报期法有一个什么重要的缺点？
   A. 不是每一个项目都能偿还全部投资
   B. 没有考虑投资回收期后所获得的收益
   C. 在年度不同期间运营的项目是不可比较的
   D. 有时会不清楚谁是偿还对象

74. 计算产品生命周期成本时需要什么信息？
    A. 报废处置费用   B. 生产成本   C. 开发成本   D. 以上全部正确

75. 一家巧克力公司正在从其目标市场上搜寻有关最初产品概念的信息，在项目的这一阶段，最有效的市场研究技术是什么？
    A. 伽马测试   B. 焦点小组   C. 人种学   D. 营销测试

76. Janmine 一直在对产品管理部门的新员工进行产品组合分析方面的培训。有一种财务方法，她需要知道现金流、现值、未来付款、贴现率和未来现金流量周期。这是什么方法？
    A. 净现值   B. 内部收益率   C. 投资回报率   D. 投资回收期

77. 根据 PDMA 的研究，与其他公司相比，最佳公司更经常使用哪些项目评估工具进行组合管理？
    A. 项目程序   B. 评分法   C. 气泡图   D. 战略水桶方法

78. 快速追踪作为解决排程问题的一种方法，其最大的风险在于什么？
    A. 它要求同时处理不同的任务
    B. 它通常需要更多的协调和沟通，从而增加返工的风险
    C. 违反准时交货的原则
    D. 如果员工的工作活动被重新安排到项目生命周期的早期阶段，员工就会将其视为对自己缺乏信任

79. 一个组织在其内部创新能力上投入巨资以开发新型机器，投资的成果就是产生了可扩展现有产品线的新产品。生产这些产品需要采购使用专用工艺制造的优质材料，这些投资能够改变公司的净营运资本。以下哪个选项是对这类投资的最佳描述？
    A. 公司手头必须持有的用于维保的资金
    B. 投资所需的财务资金
    C. 组织必须持有的额外流动资产，比如存货减去应付供应商的账款
    D. 人员所需的资金，比如额外人力

80. 一家电子公司启动了一项新型智能手机开发项目。该项目提出了不同的新产品特性，比如可折叠屏幕、虚拟现实游戏等。项目需要通过市场调查确定开发一款可折叠屏幕的游戏手机是否能够盈利。该项目处于门径流程的哪个阶段？
    A. 探索   B. 筛选   C. 商业分析   D. 测试与验证

81. 一名产品设计师负责为汽车安全设计一种新的气囊系统，设计说明中写到"安全气囊在接触乘驾者之前需要充气以防止向前运动，我们需要安全气囊更快地充气，同时减

少不利影响"。这名设计师使用了一种特殊创意工具帮助生成新气囊系统的创意,将核心放在矛盾("不足或多余行动")上,希望通过降低弹力,降低气囊弹出的加速度,从而降低伤害。这种通过将矛盾分类产生解决方案的创意工具被称为什么?
   A. 设计思维   B. 奔驰法   C. 质量屋   D. TRIZ

82. Marry 是某汽车配件供应商的产品开发工程师,她的领导最近一直在抱怨新产品的上市交付期太长,并认为大部分新产品可以通过更有效率的迭代方式改进。你建议 Marry 向领导推荐哪种类型的新产品开发流程以缩短上市时间?
   A. 瀑布流程   B. 集成产品开发流程
   C. 敏捷流程   D. 门径管理流程

83. Techno 公司希望那些已经通过新产品开发评估的新产品设想切实与公司的创新战略和产品政策保持一致,该公司需要制定和使用的最佳工具是什么?
   A. 创新地图   B. 产品创新流程   C. 技术路线图   D. 产品路线图

84. 柯达宣布发行一种加密货币来管理其在网络上的图像版权,这让许多人感到惊讶。最近柯达还公布了其在区块链技术上的进展,从而帮助企业和政府保护敏感文件的安全。这些战略性的改变是其快速进军新兴区块链空间的一部分。以下哪个选项是对柯达区块链创新战略的最佳描述?
   A. 成本领先   B. 差异化   C. 回应者   D. 分析者

85. 根据皮萨诺(2015)的创新地图,哪种创新战略要求新业务模式和新技术?
   A. 常规式创新   B. 颠覆式创新   C. 突破式创新   D. 架构式创新

86. 为什么电动自行车公司会致力于创新概念自行车?
   A. 为真正的新型电动自行车的上市做好准备
   B. 通过早期的概念筛查降低新车型的上市风险
   C. 在概念测试阶段就向客户提供可选择的车型
   D. 仅用于车展演示

87. 产品生命周期阶段的典型描述是什么?
   A. 产品开发、引入、成长、成熟、衰退   B. 前端、产品开发、上市、商业化
   C. 产品开发、引入、成熟、衰退   D. 引入、早期采用、成长、成熟、衰退

88. 21 世纪第一个十年的中期,一种水晶饮料因外观透明、健康而在国际上得以短暂销售,但是后来因其过高的含糖量而失败。该饮料的外观与标签之间的不符令消费者感到不满。一些客户建议在市场上重新销售这种饮料,因此新产品开发经理要求其下属考虑如何修改产品的特性、设计与材料,从而使第二代水晶软饮料能够取得成功。以

下哪个选项能最好地描述该经理会使用的创意产生工具？
A. SWOT 分析　　　B. 宏观环境分析　　　C. 德尔菲分析　　　D. 奔驰法

89. Domino 公司在密歇根和迈阿密测试了由福特汽车公司生产的无人驾驶送货车，并将使用定制化的无人驾驶车队在试点城市配送比萨。投资无人驾驶汽车的目的在于大幅降低比萨的配送成本并提高服务效率，Domino 公司是试图在其服务流程中进行哪种变革？
A. 敏捷　　　B. 精益　　　C. 多样化　　　D. 集成服务开发

90. 爱彼迎、优步和百度都是改变其提供产品和服务方式的企业示例，这些事例所展示的是下列哪项？
A. 短视与缓慢增长　　　　　　　B. 简单的改进
C. 商业模式创新　　　　　　　　D. 失败

91. 设备回收工厂正在应用人工智能引导的机器人，这种机器人能够比工人更快更准确地对垃圾进行分类。一家初创科技分公司刚刚上市一款垃圾清理机器人，基于产品生命周期曲线上的预设位置，以下哪项陈述最能描述处于这一阶段的机器人产品的盈利能力？
A. 收入高于成本　　　　　　　　B. 收入低于成本
C. 收入等于成本　　　　　　　　D. 需要更多信息来判断产品的盈利能力

92. 在现有游戏机平台基础上，任天堂公司将发布一款功能更为强大的新版游戏机，新产品将比当前版本的游戏机更小巧、更便宜，核心是手持游戏模式。以下哪个选项最好地评述了产品的创新性？
A. 低市场新颖性，低产品新颖性　　　B. 低市场新颖性，高产品新颖性
C. 高市场新颖性，低产品新颖性　　　D. 高市场新颖性，高产品新颖性

93. 某公司计划设计一款全新的无线门锁，从而强化该公司在竞争中的技术优势。新产品的目标是支持内置 Wi-Fi 连接，允许用户从任何位置安全的远程接入。这款智能门锁安装方便，能够连接家庭 Wi-Fi，并为用户提供安全的远程接入控制。该产品还将提供多种用户友好的功能特性，比如多用户接入的控制能力及监视接入开发并可定制通知的能力。这符合创新地图中的哪种创新战略？
A. 架构式　　　B. 颠覆式　　　C. 突破式　　　D. 常规式

94. 产品创新章程（PIC）包括下列哪项内容？
A. 详细的上市计划　　　　　　　B. 项目的目标和目的
C. 精确的新产品规格　　　　　　D. 确保产品成功的市场研究计划

119

95. 什么样的新产品组织允许团队领导进行排期监督和进度监控，并且有更快推进项目的潜力？
    A. 职能型团队   B. 自治型团队   C. 重量级团队   D. 轻量级团队

96. 2014年，亚马逊发布了其第一代语音助理亚马逊Echo，该设备通过人工智能对用户的问题和请求做出响应。从那以后，亚马逊开发了许多类似的设备，包括一个冰球大小的Echo Dot和一个带七英寸屏幕的Echo Show。与此同时，支持这些设备的语音识别技术也得到了显著的改进。以下哪个选项是对亚马逊用以延长其语音助理产品寿命策略的最佳选择？
    A. 组织中的新产品   B. 产品线延伸
    C. 成本降低   D. 产品改进

97. 营销组合所涵盖的4P指什么？
    A. 利润、星球、人员、渠道   B. 产品、人员、利润、心理
    C. 产品、促销、价格、渠道   D. 什么、谁、如何、何地

98. 哪种风险是新产品开发流程中基于产品的风险？
    A. 最终产品在外观、功能和价格方面不符合客户的期望
    B. 产品设计昂贵的工装设备，因此生产在财务上变得不可行
    C. 由于一个关键设计师离开了团队，产品开发超期
    D. 其他项目在组织中具有更高的优先级

99. Jack被分配到一个还处于早期创意产生阶段的新产品开发项目，他如何在该项目中使用发明问题的解决理论（TRIZ）？
    A. 通过使用解决方案定义原理，可以对问题的每个部分配置跨职能的资源
    B. 通过使用新客户原理为现有产品寻找新的市场
    C. 通过使用客户心声（VOC）技术，积极地倾听客户需求
    D. 通过使用分割原理，将一个对象分解成几个独立的部分

100. Jess是Servotech仪器公司的产品开发经理，该公司的产品部件都非常精密，需要谨慎运输。Jess正在为公司估算新产品的生产成本，她对生产该产品所需要的制造步骤了如指掌。以下哪个选项是Jess应该考虑的产品可变成本？
    A. 新设备   B. 厂房租金   C. 高管薪酬   D. 包装材料

101. 在一次产品评审会议上，敏捷教练报告说，开发团队认为客户要求的一些更改是不必要的，并且延迟了项目进度。谁应该是对客户要求做出评价和进行优先排序的合适人选？
    A. 敏捷教练   B. 客户   C. 产品负责人   D. 高管

102. 以下哪个选项是对一个新产品开发团队的最佳描述？
    A. 一群定期见面的人
    B. 喜欢做同样事情的人
    C. 一组有着共同目标的人，他们彼此相互负责
    D. 被任命完成待定任务的一组人员

103. 领先指标的定义是什么？
    A. 它测量新产品的未来贡献
    B. 它测量新产品的实际贡献
    C. 它表明高层管理者的承诺
    D. 它显示跨功能团队的程度

104. 敏捷是一种以响应和便捷的方式完成工作的方法。谁应该对敏捷流程的战略结果承担最终责任？
    A. 产品负责人   B. 敏捷教练   C. Scrum 团队   D. 利益相关方

105. 设计思维作为一种问题解决的方法，涉及哪四个阶段？
    A. 发现、定义、创造、评估
    B. 思考、创造、设计、实施
    C. 设计、评估、开发、实施
    D. 创意、评估、开发、商品化

106. 以下哪个选项可以作为突破性创新的示例？
    A. 新一代 Nest 智能恒温器
    B. 装载传感器技术的可替代人工耕种的农业设备
    C. 有着更好屏幕的新 iphone
    D. 更加安全的云技术

107. Duncan 领导着一家正在快速成长的玩具公司。尽管 Duncan 非常支持新的创意、人员和项目，但他发现自己一直在火急火燎地赶任务。他怎样做才能从有效的组合管理中获益？
    A. 增加市场份额
    B. 更好地平衡恰当的项目
    C. 外包
    D. 合作

108. 下表反映的是用户对设计属性的偏好，应据此选择哪种智能手机概念？

设计属性	用户偏好评分	概念一	概念二
高品质照相机	4	20	20
大屏幕	4	20	20
低价格	5	18	30
大容量耐用电池	5	15	25
重量轻	5	25	25
大内存	4	4	20
与智能手表景容性	4	12	20

A. 概念一
B. 概念二
C. 这两个概念对用户来说是相同的
D. 需要更多信息才能做出概念选择

109. 新产品开发合作失败的最主要的原因是什么？
A. 缺乏信任，系统集成过程中存在技术问题，缺乏支持性生产与维修政策
B. 缺乏信任，没有共同认可退出条款，生产过程中无任何支持
C. 缺乏信任，无人负责支持问题，没有明确的方向
D. 没有共同语言，仅专注于自己的领域，没有目标一致性

110. 你被要求根据你和经理讨论过的一个创意开发一款新产品。你在工作开始时需要撰写的文件是什么？为什么这一文件很重要？
A. 产品设计规格，因为它使我们知道该设计什么
B. 设计项目章程，因为它使所有内部利益相关方知晓项目的方向
C. 市场研究摘要，因为它使市场营销团队明白要研究什么信息
D. 产品概念描述，因为它使开发团队知道该如何创意

111. Uitra packing 公司正在进行产品创新，采取了以下几点措施：制定集中的可持续发展报告；在公司层面测量环境足迹，围绕可持续性发展的趋势实施商业和产品战略；在产品开发流程中使用检查清单核对新产品的可持续性。下一步该公司应如何实施可持续发展战略？
A. 限制可持续性目标的共享和开发
B. 将供应商与可持续性政策分开
C. 无视可持续性与法律要求的冲突
D. 在整个门径评审流程中鼓励可持续性

112. 深刻理解当前最先进的技术及与知识产权相关的新趋势和新发展，对于价值实现至关重要，知识产权管理的战略方法可从竞争情报视角最好地概括为下列哪项？
A. 是对整体知识产权环境的持续分析
B. 推动了业务与知识产权的货币化
C. 重点关注主要行业参与者
D. 是情境驱动的还是特意安排的

113. 敏捷门径混合模型把生产实体产品中通常要求的可预测性和计划性与现代敏捷软件开发的动态能力结合起来。将敏捷方法应用于实体产品的开发时，最重要的挑战可能是什么？
A. 实体产品不容易使用增量开发的方式改进
B. 敏捷方法在产品开发阶段很难被采用
C. 敏捷方法在产品测试阶段很难被采用
D. 即使是在很长的冲刺中，开发出可发布、可工作的实体产品也是不可行的

114. 下列哪项是对 TRIZ 应用的最佳描述？
    A. 这是来自俄罗斯的一种依靠直觉解决问题的方法
    B. 它是基于数据和逻辑的创造性的问题解决理论
    C. 它由诸如 TRIZ 问题解决矩阵这样的模式构成，适用于具体问题
    D. TRIZ 已经超过 65 年的历史，最常用的是 40 条问题解决的原则

115. 在团队发展的形成阶段通常会问以下哪个问题？
    A. 我该信任谁
    B. 我能信任团队的其他成员吗
    C. 团队中谁的工作量最小
    D. 团队最能有效发挥作用的理想方式是什么

116. 你正在领导一个新项目团队，该团队十分重视成员的贡献，比如鼓励成员尽一切努力推动项目向前发展。这代表高绩效团队的哪项特征？
    A. 战略一致性　　B. 投入　　C. 授权　　D. 多样性

117. 一家汽车公司正在将一款新型三排跨界车引入北美市场。这款新车型与该公司在全球范围推出的新一代 SUV 和轿车车型公用很多技术和零部件。该公司采用的是什么产品战略？
    A. 突破型产品
    B. 平台型产品
    C. 衍生型产品
    D. 支持型产品

118. 你被一家家具制造公司聘为新产品经理。这家公司在市场上打拼了几十年，占据办公家具市场的主导地位。公司最高管理层要求你密切关注竞争对手的所有新趋势，并通过发布新产品及时做出回应。哪种创新战略能最好地描述该公司的做法？
    A. 探索者　　B. 分析者　　C. 防御者　　D. 回应者

119. 下列哪个流程能最准确地描述新产品开发的事件顺序？
    A. 产品量产、反思和结果、测试和改进、系统级设计、详细设计、概念生成、规划
    B. 详细设计、系统级设计、产品量产、概念生成、产品规划
    C. 概念生成、产品规划、详细设计、测试、反思和结果
    D. 规划、概念开发、详细设计、测试和改进、产品量产、反思和结果

120. Kavitha 是贝塔银联有限公司的研发经理，她的团队开发了一种健康运动饮料的新配方。该团队未向团队以外的任何人透露配方成分。在这种情况下，最恰当的知识产权保护形式是什么？
    A. 著作权　　B. 商标　　C. 专利　　D. 商业秘密

121. 人种学研究通常会涉及哪类产品？
    A. 包括不同种族的
    B. 观察人们在日常生活中如何使用产品或服务
    C. 使用图形化技术
    D. 在国外收集信息

122. 作为新产品开发的主管，你正在为新的细分市场开发一款模型车，目标市场所需的产品特性与潜在需求存在很大的不确定性。产品开发团队应该把它最初的重点放在哪里？
    A. 产品推广   B. 概念开发   C. 定价   D. 组合管理

123. 作为新产品开发顾问，你正在帮助 X 公司开展一个新产品开发项目，你很清楚不确定性在新产品开发中是无法避免的。统计数据表明，仅有 3% 的新产品非常成功，4% 的新产品相对成功，剩下的基本都失败了，你准备提醒 X 公司新产品开发项目推进最具有不确定性的阶段。以下哪个选项代表新产品开发项目不确定性最高的阶段？
    A. 原型开发   B. 扩大规模实现商品化
    C. 创意生成和评估   D. 产品发布

124. 以下哪个选项可被描述为有形产品？
    A. 订单超过 35 美元免费送货   B. 电话技术支持
    C. 隔日现场安装   D. 产品简约包装

125. 你被要求对一项即将开始的新产品开发项目进行市场调查。调查团队认为，观察消费者如何使用现有产品将会提供有价值的信息。另外，团队技术主管刚到公司就任，与客户直接交流对他很有帮助。以下哪个选项最适合采用市场调查工具？
    A. 定性调查   B. 焦点小组   C. 客户采访   D. 消费者检测组

126. 你最近受聘于一家正在开发领先技术的高科技公司，并与该公司签订了保密协议（NDA）。该公司试图保护的是哪种类型的知识产权？
    A. 专利   B. 著作权   C. 商标   D. 商业秘密

127. 亚马逊在其网站上声明："我们的领导原则使我们能够在保持以客户为中心的同时，成为所有者和创新者，我们愿意冒险—创新需要失败。"以下哪个选项是对亚马逊及其员工的这种主张的最佳描述？
    A. 文化   B. 氛围   C. 战略   D. 环境

128. 知识产权管理对组织来说是重要的，其最佳原因是什么？
    A. 知识产权有助于公司保护其在研发和创意方面的投资，并且通过专利，知识产权

可以成为公司的一项重要收入来源
B. 知识产权给员工和团队的专业和个人发展带来了智力和心理健康的挑战
C. 知识产权不会体现在财务报告的资产负债表上，但每个组织都必须对其进行投资，才能收获员工的工作成果
D. 外部知识并不总是可信和可靠的

129. 为了优化资源分配，需求（项目）与供给（资源）必须结合在一起。以下哪项功能和所述角色描述是正确的？
   A. 资源所有者负责提交项目对人员的需求
   B. 项目负责人将项目需求转好为全时当量，并在项目中对全时当量进行分配
   C. 资源规划人员每月与项目经理和资源所有者会面，以优化资源分配并准备假设分析方案
   D. 产品规划人员与产品经理和项目负责人定期审查资源分配情况

130. 某公司计划扩大在亚洲的生产，需要对新的工厂设施、设备、营销和产品促销进行投资。这种类型的投资可被归类为哪类成本？
   A. 固定成本　　B. 可变成本　　C. 资本成本　　D. 营运成本

131. 利用以往性质相似的项目数据来估计新产品的开发成本，这是哪种类型的项目预算方法？
   A. 历史数据　　B. 参数　　C. 自下而上　　D. 自上而下

132. 开发新产品时要考虑的重点是"产品整体"，而不仅仅是其功能。"产品整体"包括哪些内容？
   A. 核心利益、有形性能和价格
   B. 有形性能、价格和促销
   C. 价格、促销和分销渠道
   D. 核心利益、有形性能和附加性能

133. 某网络营销公司正在开发一个新的手机应用程序，通过该应用程序向潜在客户展示公司的新产品线。以下哪种新产品开发流程模型最适合这家公司使用？
   A. 敏捷模型
   B. 集成产品开发（IPD）模型
   C. 门径模型
   D. 非结构化模型

134. 一般认为颠覆性技术会颠覆现有市场和价值网络，然而实质性的颠覆性技术却很少。颠覆性效果通常来自哪里？
   A. 使公司能够与其他持续改进的公司进行竞争的持续性创新
   B. 商业模式创新
   C. 新技术与商业创新的综合效果
   D. 对创意、内部资源及外部市场路径的开放式创新

135. 某公司正在使用六西格玛方法持续改进产品与流程质量。该公司的产品开发团队计划设计一款能够达到六西格玛质量要求的新产品，但不确定哪一种六西格玛设计（DFSS）工具最适合此目的。为了达成目标，你认为最不应该选择以下哪种工具？
    A. DMAIC   B. DMADV   C. DMADOV   D. IDOV

136. 新乳业国际是一家多年生产传统乳制品的公司，产品较为"大众化"。该公司新上任的首席执行官向董事会承诺要开发一个专注于营养食品的新产品种类。很明显，这对公司而言是一个存在很大风险和未知因素的新方向。该首席执行官要求产品创新总监推荐一个适合该新产品种类的新产品开发流程。你建议以下哪个流程？
    A. 敏捷流程   B. 瀑布流程   C. 精益流程   D. 门径流程

137. 从摇篮到摇篮的可持续产品开发与设计是怎样的？
    A. 一个仅针对可持续发展爱好者的话题
    B. 一个促进公司和利益相关方意识的好方法，即当前的生产和消费方式并不总是有益于当下
    C. 不是商业产品开发和创新专业人士的话题
    D. 目前没有法律要求，但这只是时间问题

138. 某商用无人机公司开始向其客户提供数据管理软件，从而管理公司出售的每一架无人机的飞行任务数据。该无人机公司采用的是哪种产品战略？
    A. 突破型项目   B. 平台型项目
    C. 衍生型项目   D. 支持型项目

139. 新产品开发的最佳绩效团队通常被公认为是哪种团队？
    A. 来自高级管理层代表的团队   B. 新手与老手相结合的团队
    C. 跨职能部门代表的团队   D. 来自公司内部和外部代表的团队

140. 有整整一代印度人是依靠雀巢公司生产的 Magg 牌素食面长大的，但其不可回收的包装已成为印度和雀巢的一大难题。在循环经济中，雀巢应该遵循什么原则创新速食面的包装？
    A. 通过扩大库存和可再生资源的流动，极大地提升自然资本
    B. 在技术生物循环周期内，通过产品、成分及材料的循环优化产出
    C. 通过保护负面的外部影响促进系统安全
    D. 与不同行业的不同公司合并

141. 为什么公司高层必须认识到，在产品开发项目的恰当阶段恰当地参与项目是极为重要的？
    A. 在接近最终产品验收的项目最终交付阶段，需要更多地参与

B. 在概念评价阶段，公司高层参与影响项目最终成功的能力最大，而在产品上市阶段影响能力则最小
C. 任何阶段的过多参与都与自控型团队的概念背道而驰
D. 尽管团队内部的协作与合作非常重要，但大多数项目都涉及来自其他团队和职能部门的贡献，管理层的职责是实现跨部门的协作和合作

142. 企业为了其新产品寻求知识产权保护的最主要原因是什么？
    A. 为了显示企业受法律保护
    B. 为了充分获取创新的收益
    C. 为了更具创造性
    D. 为了让客户了解产品

143. Jack 成立了一家小型软件公司，并创作了一个用于新软件和营销资料的独特徽标。Jack 担心他人盗用该徽标，从而误导消费者以为他们购买的就是 Jack 公司的产品。Jack 应该怎样保护其工作成果？
    A. 保持对侵权行为的警惕及搜寻
    B. 取得商标授权
    C. 申请植物多样性权利
    D. 申请专利

144. 下列关于专门花在管理新产品开发上的时间占比这类指标的描述中，哪项是正确的？
    A. 为管理层提供了一种更为广泛的方式来解释其办公时间
    B. 实际上是呼吁管理层支持能够使产品开发获得成功的做法，而不是直接插手项目活动
    C. 是对正在开发的产品和概念进行成本核算和财务评价所需要的
    D. 可用于对世界一流管理的统计数据进行比较

145. 产品测试的目的通常是什么？
    A. 了解产品的技术特性是否真正发挥作用
    B. 确定销售部门是否能够通过选定的分销渠道销售新产品
    C. 测试技术开发是否解决了潜在客户的问题
    D. 说服那些持怀疑态度的员工和管理者，他们对新创意和产品创新不够开放

146. 以下哪项是对一种好的创新战略的最佳描述？
    A. 它是专门制定且独立的战略
    B. 它包括一股创新战略所有必要的步骤、阶段与流程
    C. 它与具体组织的目标、优先顺序和侧重点相适度、相融合、相一致
    D. 它由管理层建立，由监警部门批准，受到为创建战略提供帮助的员工及其他利益相关方的支持

147. 关于门径流程和敏捷流程，以下哪种说法是正确的？
    A. 两者都包括从创意生成到产品上市的端到端的流程
    B. 门径模型和敏捷模型互不兼容，分别用于实体产品开发和软件开发

C. 门径流程侧重于宏观规划，而敏捷过程则是一种实用的微观规划工具

D. 两个流程具有相同的角色，包括流程主管、流程经理和项目经理

148. 卡普兰和诺顿的平衡计分卡被认为是绩效管理和战略实施工具方面最大的创新之一。平衡计分卡是如何促进创新改善的？

   A. 它在传统财务数据和报表中增加了非财务信息
   B. 它将客户视角（外部）与内部业务流程（内部）视角联系起来
   C. 透过学习或创新的思考方法，组织意识到开发新产品或做出创新性的工作需要时间（更为长期的视角），从而远离"短期主义"带来的风险和不足
   D. 通过与资产负债表相关联，所有项目都与流动资产和固定资产及流动负债和投入资金挂钩

149. 量化市场研究使用统计抽样的方法提高可靠性和置信度。以下哪种市场研究方法属于量化方法？

   A. 焦点小组   B. 客户现场拜访
   C. 人种学市场研究   D. 市场测试

150. 一家新创企业正在为新兴的商用无人机行业开发一款软件产品。以下哪种战略最适合该公司？

   A. 探索者   B. 防御者   C. 分析者   D. 回应者

151. 你聘请一家本地市场调研公司对不同组织的人员进行访谈，这些组织已经在不同的商业领域（如巡察、建筑业和农业）应用无人机。为从被采访者那里获取真实的意见，访谈过程中要避免的最重要的事情是什么？

   A. 向受访者展示一个概念，然后向其推广这一概念
   B. 向受访者展示一个概念，然后讨论可以使其工作更便捷的解决方案
   C. 讨论始于如何使无人机融入组织的日常运作
   D. 询问受访者无人机在日常运作中的使用情况

152. 你领导的团队正在设计一款需要满足六西格玛质量要求的新产品，并且你正计划采用六西格玛设计（DFSS）方法。以下哪种工具最适合此任务？

   A. DMAIC   B. QFD   C. 质量屋   D. IDOV

153. 以下哪项成本相关的活动最有可能与新产品开发的商业化阶段相关？

   A. 确定目标市场的成本
   B. 有偿支付目标消费者群体所做的产品反馈
   C. 确定产品的计划价格、分销和营销预算人
   D. 确定产品原型开发的成本

154. 一家软件公司正在开发一个基于人工智能的程序,从而使得以前由员工完成的核心 IT 任务得以自动化,新产品开发团队花了几周时间分析了公司的市场营销、财务及商业可行性。项目当前处于什么阶段?
    A. 因素 B. 筛选 C. 商业分析 D. 开发

155. 蓝星食品有限公司已着手一项新产品开发项目,采用焦点小组方法收集信息。采用焦点小组研究方法的主要优点是什么?
    A. 收集目标用户的见解 B. 低成本
    C. 易于执行 D. 定量信息的收集

156. MoCreate 有限公司在其项目的产品创意生成阶段采用了系统化的流程。这使他们能够产生大量的创意,从而大大提高了成功的概率。创意产生的系统化流程包括下列哪项?
    A. 仅搜寻现有的解决方案
    B. 仅使用项目团队为市场机会提供创意
    C. 采用多种方法且不做评判
    D. 没有完全明白问题或机会

157. 一家汽车公司正在北美市场升级其 SUV(运动型多用途车)车型。新 SUV 车型是以该公司在全球市场上为其轿车车型开发的新技术和部件为基础面构建起来的。该汽车公司采用的是哪种组合管理战略?
    A. 突破型产品 B. 平台型产品 C. 衍生型产品 D. 支持型产品

158. 假设你正在为特定的终端用户开发一款定制化的产品,你希望充分了解客户的需求。以下哪种市场调查方法是最恰当的?
    A. 售点小组 B. 在线调查
    C. 客户拜访 D. 人种学市场研究

159. 无人驾驶飞行器(无人机)已经成为收集和处理大量图像、视频或多光谱图像数据的会飞的计算机。这项技术已经在包括风力发电机组检测和农业在内的许多行业的日常运营中得到应用。这正在将许多传统公司转入数字化时代。什么样的创新战略最能描述这种转变?
    A. 常规式创新 B. 颠覆式创新 C. 商业模式创新 D. 渐进式创新

160. 一家科技企业联盟发布了一套评估人工智能工具的标准,从而帮助企业在快速增长的领域中找到业务方向。以下哪种研究方法能够高效地找出该领域首席信息官一般会如何评价这类标准?
    A. 焦点小组 B. 结构化问卷 C. 二手数据分析 D. 阿尔法测试

161. 在市场研究中使用大数据的优点是什么？
    A. 高统计可靠性   B. 大容量样本
    C. 揭示以往未曾发现的见解 D. 数据更为结构化

162. 一家软件公司拥有多条产品线，并计划开发一款功能强大的新产品。该产品将无代码（no-code）/低代码（low-code）应用程序开发、流程自动化和自助服务分析集成到一个单一、全面的系统中，改变了当前的应用程序开发模式。这符合创新地图中的何种创新战略？
    A. 架构式   B. 颠覆式   C. 突破式   D. 常规式

163. Jed 的经理让她从下表的 4 种新款便携椅创意方案中推荐一个具有最大净现值的创意，年利率为 20%。Jed 应该推荐哪一个创意方案给经理？

新款便携椅	第一年	第二年	第三年
方案一	90,000	0	0
方案二	0	45,000	45,000
方案三	0	20,000	70,000
方案四	70,000	20,000	0

    A. 方案一   B. 方案二   C. 方案三   D. 方案四

164. 趣味玩具公司一直鼓励客户共同合作开发新的产品创意，然后该公司将这些创意提交给消费者，让他们投票决定生产哪些新产品。这种创新采用的是什么类型的团队结构？
    A. 职能型团队   B. 轻量级团队   C. 重量级团队   D. 自治型团队

165. 王先生是一名新产品开发经理，他正在起草一份文件概述如何实现公司知识产权的保护。文件概述了如何用知识产权驱动战略的优势、竞争情报怎样成为经营战略的关键，以及组合管理的目标是实现企业的竞争优势。这份文件针对的是何种类型的知识产权方法？
    A. 回应型   B. 战略型   C. 主动型   D. 优化型

166. 在过去的几年间，Samtech 电子公司占据了电子市场 42% 的份额。从今年 2 月开始，该公司的市场份额保持稳定，但利润一直在下滑。该公司预计第四季度的营业利润将继续下降，根据 BCG 增长-份额矩阵，你会将 Samtech 归入何种类别？
    A. 明星产品   B. 问题产品   C. 现金牛产品   D. 瘦狗产品

167. 在众多的全球化汽车制造企业中，特斯拉以利用先进技术开发对环境影响最小的新产品而闻名。例如，该公司推出太阳能面板，并且开发了世界首款全自动跑车特斯拉

Roadster。这符合波特的何种竞争战略？
A. 成本领先战略　　B. 差异化战略　　C. 市场细分战略　　D. 防御者战略

168. UCAMY 公司正在开发一个教育平台，消费者可以在大学校园以外提供课程和上课。在该项目的门径流程中，以下哪个代表"关口"？
A. 团队成员定期会面讨论项目进度
B. 团队成员就项目的风险进行研究
C. 团队成员就有助于推动项目进展的活动做出决策
D. 团队成员展示风险分析结果

169. 下列哪个选项表示的是产品创新章程（PIC）的核心领域？
A. 目标及与经营和创新战略的关系　　B. 关键技术与营销
C. 商业运营目标　　D. 预算支出责任

170. 你所在公司的 SaaS 软件可提供三级云订阅服务。基础层、高级层和企业层的每一层级都变得更加昂贵，但能够提供更加丰富的功能和更为快速的服务。对于企业最终用户来说，公司提供下一个工作日上门现场服务，并将这类服务作为什么进行销售？
A. 核心产品　　B. 有形产品　　C. 附加产品　　D. 保修协议

171. 一家中国无人机制造公司最近通过其增值分销商将公司的无人机模拟器引入北美市场，其目标是为客户提供本土化的培训工具，从而提升无人机的安全操作。该无人机公司采用的是哪种产品战略？
A. 突破型产品　　B. 平台型产品　　C. 衍生型产品　　D. 支持型产品

172. 某产品管理团队正在使用质量功能展开（QFD）了解客户需求及如何实现这些需求。使用此方法时最重要的步骤是什么？
A. 识别客户属性　　B. 识别设计属性
C. 将客户属性与设计属性联系起来　　D. 竞争分析

173. 机器学习已经成为现代消费产品的普遍特征，包括手机、恒温器、吸尘器等。ABC 公司正在为其智能恒温器产品开发机器学习功能，产品开发流程涉及传感器和机器学习算法的开发及大数据分析，该恒温器产品的使用行为和安装环境可以适应多样化的地理环境。ABC 公司最可能采用哪种新产品开发流程？
A. 门径　　B. 瀑布　　C. 敏捷　　D. 门径与敏捷结合

174. Domino 公司正在对比萨配送流程的创新进行投资，比如使用无人驾驶汽车配送比萨的目的在于大幅降低比萨的配送成本并提高服务效率。这种创新的局限性是什么？
A. 使用简单的可视化工具进行进度跟踪

B. 过分关注信息的转换，而不是治理
C. 要求整个公司都能够接受服务流程的变革
D. 风险大，毫无价值

175. 如下表所示，某公司有十个新提出的产品开发项目组合，总成本为500万美元，净现值为1100万美元。该公司可同时开展六个项目，但会受制于350万美元年度预算，因此必须确定对哪些项目进行投资以实现回报的最大化。从预算内产品组合可能产生的最大净现值是多少？

项目	成本（千美元）	净现值（千美元）
1	500	1300
2	350	1100
3	600	1200
4	800	1600
5	870	1740
6	300	600
7	300	500
8	310	650
9	320	1000
10	650	1310
总计	5000	11,000

A. 8.15 百万美元（项目1、3、4、5、9、10）
B. 6.498 百万美元（项目1、2、3、4、5、8）
C. 8.050 百万美元（项目1、2、4、5、9、10）
D. 8.250 百万美元（项目1、2、3、4、5、10）

176. 以下关于自下而上的组合管理方法的描述中，哪项是正确的？
A. 将战略标准内置于项目评价与选择的流程中
B. 为整个组合确定所需的资源水平
C. 对组织的每个业务单元和产品类别确定战略重要性的优先顺序
D. 识别战略水桶并将项目分配到战略水桶中

177. 你就职的公司使用的是跨职能团队，但是现有的项目团队结构并不是最优的。管理层决定将权力下放给项目经理并赋予团队活动在项目期间优先于职能型工作，但是绩效评估仍然由职能经理负责。这一做法是哪种矩阵结构模型的最好示例？
A. 职能型   B. 轻量型   C. 重量级   D. 自主型

178. 丰田生产系统（TPS）出自日语术语"Muda"。这个术语"Muda"是指什么？
A. 产品促销   B. 浪费   C. 敏捷   D. 组合管理

179. 一家美国食品公司开发了营养保健品，并在全球针对最优秀的运动员进行产品销售。这些产品的知识产权价值巨大，但是该公司认为专利保护成本过高。你会向该公司推荐哪种知识产权保护方法？
    A. 什么都不做　　　　　　　　　　　　B. 积极管理商业秘密
    C. 出售该知识产权　　　　　　　　　　D. 仅在美国申请专利

180. 某软件开发与营销公司将产品开发的重点放在对现有软件的增量式改进上。该公司认为快速上市是重中之重，并且产品性能不佳的风险相对较低。你会向该公司推荐哪种新产品流程？
    A. 门径管理流程　　B. 敏捷流程　　C. 瀑布流程　　D. 质量功能展开

181. 一家制药公司的产品开发重点是治疗自闭症药物的研究与开发，从最初的治疗概念生成到最终的产品上市平均需要5年的时间。这需要花费很高的成本，并伴随着很大的失败风险，研发重点放在了知识产权保护和价值捕获上。你会向该公司推荐哪种新产品流程？
    A. 敏捷流程　　B. 临床试验　　C. 瀑布流程　　D. 门径管理流程

182. Greco 公司生产城市居民使用的垃圾收集桶，还生产牛奶周转箱、回收箱及其他挤压成型的塑料制品。Greco 公司的领导层希望产品多样化并正在探索其他可能的产品机会，以及其他可能会使用挤压成型塑料制品的行业和区域。在上年的一次会议上，日托中心的屋顶瓦和地板材料会使用该公司产品的可能性被提出来。Greco 管理层准备开会进一步讨论这些可能性。这次会议应该侧重新产品开发的哪个特定阶段？
    A. 机会评估　　B. 概念生成　　C. 原型设计　　D. 产品开发

183. 移动技术公司是一家以法医专业人士为主要客户的公司。该公司的技术专利包括能够在 24 小时内以低剂量提供稳定药物流的药物泵。为了获得额外收入，移动技术公司正在寻求各种方法将专利技术向多个行业拓展产品线。为了实现获得额外收入的目标，移动技术公司应该研究和考虑什么特定选择？
    A. 为了其他方面的工作，忽视其利基市场
    B. 知识产权授权
    C. 通过跳过新产品开发流程的某些阶段快速进入其他市场
    D. 跳过概念评估工作，迅速进入开发阶段

184. 文化是指组织成员所共有的信念、核心价值、假设和期望。组织文化不容易直接看出来，但可以从下列哪个选项中做出最好的推断？
    A. 可观测的习惯、仪式、故事　　　　　B. 流程文件
    C. 产品生命周期　　　　　　　　　　　D. 雇佣做法

185. 在一个组织中，通常由谁负责创建公司的愿景和使命？
    A. 所有利益相关方			B. 所有员工
    C. 顾问				D. 高层管理人员

186. 在敏捷流程中，为了确保创意和项目在新产品开发流程中有序且及时地流动，谁应对此负有主要责任？
    A. 流程主管		B. 产品主管		C. 产品拥护人		D. 项目经理

187. 一家生产和销售建筑及道路工程重型机械的公司决定将其产品组合扩展至全新的军用机械市场。哪种类型的团队最适合这个项目？
    A. "轻量级"项目团队			B. 工程师团队
    C. 顾问团队				D. "自主创业"的项目团队

188. 一家硬件制造企业正在组建一个新产品开发团队，该公司该如何制定项目简报以确保成功地执行这一新产品开发项目？
    A. 任命一个跨职能团队并征求该团队的意见
    B. 征求研发部门意见
    C. 仅收集推动该项目的高管的意见
    D. 收集营销部门的意见

189. 欧米茄国际（Omega International）利用产品创新宪章（PIC）这一工具激发产品创意，并推动已获批准的新产品创意进入产品开发流程。欧米茄还在产品概念、潜在客户、公司价值、财务潜力和沟通计划等方面向新产品开发团队提供信息。为了更好地发挥团队职能及提升团队绩效，团队还应该增强什么能力？
    A. 共同目标				B. 项目名称
    C. 将工作地点放在公司之外		D. 退出战略

190. Sam 和 Casey 都为一家提供生产房屋制品的建筑供应企业工作，Sam 监督整个产品组合并确定新产品的范围，Casey 率领产品团队向市场提供新房的外墙装饰产品。Sam 和 Casey 的头衔各是什么？
    A. Sam 是项目经理，Casey 是产品经理
    B. Sam 是产品经理，Casey 是项目经理
    C. Sam 是产品经理，Casey 是产品副经理
    D. Casey 是项目经理，Sam 只是一个团队成员

191. 在新产品开发中，为了产生将各种信息、创意和想法联系起来的图形化结果，应该使用哪种创意开发工具？
    A. 思维导图		B. 头脑风暴		C. 头脑书写		D. 德尔菲技术

192. SWOT 分析可以用于创意生成。SWOT 表示什么？
    A. 优势、劣势、机会和威胁
    B. 战略、意愿、组织和团队协作
    C. 战略、劣势、组织和威胁
    D. 优势、意愿、机会和团队协作

193. 产品设计规格的主要目的是什么？
    A. 将定性化的设计性能转化为定量化的参数
    B. 识别产品的核心利益
    C. 识别客户需求
    D. 列出产品的有形性能

194. 目标产品设计规格必须使用一套指标以确保这些规格在设计中得到满足。假设你正在设计一种新型汽车，以下哪项是可接受的产品设计指标？
    A. 舒适的座位
    B. 汽车在 6 秒以内从 0 加速到每小时 60 千米
    C. 拖曳能力可满足大多数人对拖架的使用要求
    D. 多种可选的内饰颜色与材料

195. 发明问题的解决理论（TRIZ）的基本活动是什么？
    A. 定义、测量、分析、改进和控制
    B. 需求识别、问题陈述、头脑风暴、评价和选择
    C. 功能、资源、创意、矛盾和趋势
    D. 需求、范围、进度、成本、实施和执行

196. Jack 为新产品的财务分析准备了一份电子表格，该电子表格总结了近 5 年的估计成本和收益，并初步预测了与新产品相关的资金成本。Jack 非常清楚，他的大部分数据是以假设为基础的。在向高管展示财务分析之前，Jack 应该做些什么？
    A. 请他的领导检查数据
    B. 对关键数据进行敏感性分析
    C. 等待，直至他对假设更有信心
    D. 只需按原样展示电子表格

197. 什么类型的指标可以测量新产品第一年的实际销售额？
    A. 滞后指标   B. 领先指标   C. 实时指标   D. 学习指标

198. John 是一家公司的产品开发经理，在参加了一个关于产品开发绩效指标的 PDMA 研讨班之后，他决定通过运用一个指标框架来促使该公司在产品开发方面成为真正的学习型组织。你建议 John 采用以下哪种方法实现其目标？
    A. 开发一整套可用于定期向高管和董事会进行汇报的指标
    B. 根据公司自身的薄弱环节，开发一整套滞后的、领先的、实时的指标，从而定期向高管报告这些指标以做出改进行动的决策

C. 任命一家咨询公司帮助制定绩效指标框架

D. 针对过去 5 年所开发的新产品的盈利能力，实施一套活力指标

199. 下列哪项是人种学研究的优点？
　　A. 与统计可靠性无关
　　B. 体现了市场研究人员对所观察现象的偏见和解释
　　C. 相较于其他市场研究工具花费更低、耗时更少
　　D. 能够发现客户未明确说出但极具价值的问题

200. 根据施特尔茨纳的说法，大多数营销人员都高度重视使用社交媒体进行市场调研。社交媒体可以提供的洞见是什么？
　　A. 客户的渴望
　　B. 客户谈论的内容
　　C. 客户购买或者不购买某一件产品的原因
　　D. 以上所有选项

NPDP 综合模拟试题（四）

1. "传统的会计软件应用程序供应商正在努力与顶级的 SaaS 供应商竞争"属于以下哪种分析的情景示例？
   A. 德尔菲技术 B. PESTLE 分析
   C. 商业模式画布 D. SWOT 分析

2. 商业模式画布（BMC）九大模块的填写不是完全随便和随机的，而是有一定顺序。那么，首先要确定的是什么？
   A. 客户细分 B. 价值主张
   C. 收入来源 D. 关键资源

3. "决定在哪里竞争，如何应对复杂性，了解竞争对手在做什么"，这些信息属于什么？
   A. 市场研究 B. 创新战略信息来源
   C. 五力分析 D. 营销战略

4. 在将产品引入市场后，以下哪种策略无助于跨越鸿沟？
   A. 新产品提供了极具竞争力的功能，但价格十分便宜
   B. 新产品提供了全新的用户界面及用户体验
   C. 新产品为用户提供了一种更为简便的方式以供用户试用
   D. 新产品学习曲线更短

5. 高开发、高探索属于迈尔斯和斯诺战略框架的哪种角色？
   A. 分析者 B. 回应者 C. 防御者 D. 探索者

6. Joe 是公司某产品项目的项目经理，该产品项目属于公司新产品，希望能借助这个产品给公司带来更大的市场份额。以下哪种表述最有可能符合 Joe 的职责范围？
   A. 汇报给职能经理，协调职能与项目资源的关系
   B. 与职能经理协商项目优先级和任务分配，维护与各利益相关方的关系，争取更多资源和支持
   C. 设定项目任务和工作优先级，负责分配项目预算和人员分工，直接向公司高层汇报
   D. 以上都不对

7. 对于产品原型，下列哪项表述是错误的？
   A. 即刻进入全面量产
   B. 功能完整，满足客户需求
   C. 有最终产品的外观和感觉
   D. 可以让客户进行测试

8. 下列哪项不是用于解决团队问题的有效决策工具？
   A. RACI
   B. 名义小组技术
   C. 亲和图
   D. 德尔菲技术

9. 小组内每个人先写出自己的想法，再快速传递给另一个人协同补充想法，随后在小组内分享。这种思维技术最有可能是以下哪种？
   A. 头脑风暴
   B. 头脑书写法
   C. 电子头脑风暴
   D. 名义小组

10. 将技术、产品和市场进行关联的是产品创新章程（PIC）的哪个部分？
    A. 聚焦领域   B. 目的和目标   C. 背景   D. 特殊原则

11. 迪士尼公司对外声明中有一句话是"使人们快乐（make people happy）"。这是该公司的什么？
    A. 愿景   B. 使命   C. 价值观   D. 战略

12. George 是项目经理，他把产品分为多个模块，通过估算单个模块的开发成本及多个模块的方法，估算整个产品项目的总开发成本。George 应用的是哪种技术？
    A. WBS   B. 参数估算   C. 自下而上   D. 历史估算

13. AY 公司处于一个竞争激烈的行业，快速的上市时间是克敌制胜的关键。Sam 希望在未来能够快速推出一系列标准化产品，并可以简化产品设计。以下哪种方法可能是最佳途径？
    A. 产品开发运用敏捷方法
    B. 加快关口评审的速度
    C. 加速产品的市场推广
    D. 制定有效的产品平台战略

14. 某公司的产品项目团队分布在多个国家和地区，团队想收集团队参与者的想法，并协同产生更多创意。以下哪种方法最合适？
    A. 头脑风暴   B. 名义小组   C. 头脑书写法   D. 电子头脑风暴

15. 新产品项目净利润 1000 万美元，资金支出 3000 万美元。如果公司将 3000 万美元投入稳健的基金市场，可获得 10% 利率的收益。该产品项目的经济利润是多少？
    A. 700 万美元   B. 1000 万美元   C. 1100 万美元   D. 900 万美元

16. YOP公司目前正致力于新的产品市场战略，它试图通过开拓新的市场区域吸引更多的客户购买他们的产品。YOP公司采用的产品市场战略是什么？
   A. 市场渗透　　　B. 市场开发　　　C. 产品开发　　　D. 多元化

17. 产品经理每天的工作量很大，日常工作负担很重，不能为新产品提供支持。而发布产品往往持续七八年还在产品线上，收益越来越少，却无人问津。解决这一状况的最好的方法可能是下列哪项？
   A. 给产品经理提供系统化的新产品开发培训
   B. 实施有效的发布后的产品管理
   C. 建立资源调配委员会，动态化掌控和分配产品开发和管理资源
   D. 优化产品组合

18. 市场研究是新产品开发流程决策信息提供的关键贡献者，以下哪项通常不是市场研究需要获取的信息？
   A. 存在什么样的机会　　　　　　B. 客户的需求是什么
   C. 新产品的价值定位是什么　　　D. 新产品的成本是什么

19. 有兼职的项目经理，项目经理把很多时间花在资源谈判上。这种组织架构最有可能适合哪种类型的产品项目？
   A. 突破型项目　　　　　　　　　B. 平台型项目
   C. 衍生型项目　　　　　　　　　D. 支持型项目

20. 在新产品流程的概念生成阶段，以下哪项是正确的？
   A. 对于新产品机会，只产生一个新产品概念，并坚持这个概念
   B. 对于新产品机会，产生尽可能少的新产品概念，因为这个过程花费时间而上市速度是重要的
   C. 对于新产品机会，产生尽可能多的新产品概念，因为概念产生得越多，成功概率就越大
   D. 以上都不对

21. 战略上市管理中哪个部分考虑如何将产品信息送到目标客户？
   A. 营销计划　　　B. 营销传播　　　C. 分销计划　　　D. 运营管理

22. 在新产品开发中，战略定义为"战略是公司实现长期目的和目标，反映公司的行业定位、新机会和可用资源的策略游戏计划"。如何理解战略？
   A. 战略就是严肃地玩一场游戏　　　B. 战略就是确定资源分配
   C. 战略就是聚焦　　　　　　　　　D. 战略就是战术的运用

23. Tuyko 公司是做手机研发的一家本土公司，最近公司高层决定推出一个全方位的新产品去占领市场，有的功能定位于女性消费者，有的功能定位于老年消费者，有的功能定位于中青年消费者。而产品推出后近一年的销售额表明，市场占有率不但没有上升，反而下降了。最有可能的原因是什么？
    A. 公司销售不给力 B. 新产品体验不佳
    C. 产品技术不够领先 D. 不可能对所有人都适用

24. 公司高层授意通过产品组合管理有效控制战略一致性。公司高层描绘了总体产品愿景，并制定了战略。组合经理负责根据高层意图进行资源分配。这家公司正在使用什么方法确保战略一致性？
    A. 战略桶 B. 自下而上 C. 迭代 D. 战略统御

25. Sam 公司高层决定在今年通过新产品树立自身在市场上的品牌形象，并在接下来启动了至少 10 个公司级产品项目。高层对于这些项目都很重视，并亲自参加每个项目的启动会，强调每个项目都很重要。这些项目启动后并没有达到预期效果，项目间也因为争抢资源而导致部门关系紧张。你认为其中最大的问题是什么？
    A. 高层支持力度不够 B. 组合管理不完善
    C. 产品经理不胜任 D. 资源配备不充分

26. Smart 公司是一家从事新能源机动车的小公司，该公司特别注重快速从现有新产品中回收现金流，从而开发新一代产品，获取比较市场优势。该公司在进行项目组合选择的过程中，最有可能关注下列哪种项目指标？
    A. 净现值 B. 经济利润率
    C. 门槛收益率 D. 盈亏平衡点

27. 你的食品和饮料公司正在考虑营销推广一种新的骑行饮料，巧合的是下周正好有一个大型的自行车展销会。你会推荐哪种市场研究方法？
    A. 焦点小组 B. 客户拜访
    C. 试销 D. 伪销售

28. GH 公司最近面向市场发布了一款新产品，产品发布后遇到了不少市场问题和技术问题，产品团队和公司高层被搞得手忙脚乱。针对这种情形，以下哪一种表述最能直接解决该问题？
    A. 高层应积极参与发布后的产品管理阶段
    B. 应设立专职的产品经理，并建立和完善产品管理流程
    C. 实施产品发布的审计
    D. 合理设置产品管理的绩效指标

29. 在产品导入阶段，聚焦于早期大众的需求，通常来讲这一时期不要求完整的解决方案，用户对价格敏感度低。这一时期通常称为什么？
   A. 战略上市   B. 跨越鸿沟   C. 突破创新   D. 早期采用

30. 下列哪项市场研究方法有助于公司了解消费者的多个方面，包括文化趋势、生活风格等，以描绘消费者的完整画面，并呈现产品和服务如何融入消费者日常生活？
   A. 人种学方法   B. 多变量分析   C. 焦点小组   D. 社交媒体

31. 先观察指标影响较大的某种特征，将总体分为若干个类别，再从每一层内随机抽取一定数量的观察单位，合起来组成样本的调研方法属于哪种抽样？
   A. 随机抽样   B. 整群抽样   C. 分层抽样   D. 系统抽样

32. 下列关于精益、敏捷和关口管理流程的描述不正确的是哪项？
   A. 敏捷适合于硬件开发，而关口管理流程适合于软件开发
   B. 精益旨在减少浪费，提高运营效率，适用于重复性任务
   C. 敏捷以时间为中心，与客户频繁互动，从而对变化做出迅速反应
   D. 关口管理流程目的是协调跨职能团队进行投资决策的评审，以提高新产品开发的成功率

33. McQuarrie 的市场调查规则是什么？
   A. 先开展二级市场调研，后开展一级市场调研
   B. 先开展一级市场调研，后开展二级市场调研
   C. 首先进行二级市场调研，然后经过探索性研究加以确认决策
   D. 首先进行一级市场调研，然后经过探索性研究加以确认决策

34. 企业经常进行什么类型的市场调查，以衡量客户对产品的看法和其履行承诺的能力？
   A. 概念测试   B. 产品使用测试   C. 市场机会分析   D. 次级市场研究

35. 下列哪项不是商业模式的创新基本要素？
   A. 关键资源   B. 客户价值主张   C. 供应链资源   D. 盈利模式

36. 利用可视化手段分析对于消费者的相似产品或替代产品属于哪种多变量分析法？
   A. 因子分析   B. 多维尺度分析   C. 联合分析   D. 多元回归分析

37. 亚特兰蒂斯公司是一家全球性的大公司，专门从事航空运输，行业排名第三。该公司一贯的做法是研究行业排名第一和第二公司的动向，一旦发现有新的产品原型推出，它就会集中资源进行研发，抢夺市场。亚特兰蒂斯公司采取的是哪种产品战略？
   A. 探索者战略   B. 捍卫者战略   C. 分析者战略   D. 反应者战略

38. 某公司正在筛选产品项目，高层希望产品项目不能低于 20% 的最低收益率，同时要考虑项目的现金流表现情况。下列哪个项目最有可能被成功选择？
   A. ROI = 15%，NPV = 100k$ B. ROI = 22%，NPV = 50k$
   C. ROI = 21%，NPV = 80k$ D. ROI = 18%，NPV = 70k$

39. 某公司目前拥有 100 个项目的组合，Steven 是该公司的一名领域专家。自产品项目启动后，他就忙于应付各种项目的专家指导。一个月下来，他被搞得焦头烂额。你认为其中最可能存在的问题是什么？
   A. 资源使用不足   B. 资源过度承诺
   C. 专家能力不够   D. 关口控制不力

40. 在上市阶段，新产品引入市场后通常需要转化为主要业务，以下哪项表述是正确的？
   A. 新产品团队通常需要与运营团队进行交接过渡一段时间，以确保能顺利切换到主流业务
   B. 新产品可以马上产生收入和盈利
   C. 新产品团队需要马上分配到其他项目团队，以确保有效的人力资源利用
   D. 需要在短期内构建新产品的运营平台，以确保新产品能快速产生收益

41. 新产品开发中哪种测试是在"阶段4：开发与测试"中使用的？
   A. 概念测试   B. 原型测试   C. 产品使用测试   D. 市场测试

42. 哪种市场研究方法可以引导参与者的相互协作，澄清产品的特性和收益？
   A. 调查   B. 客户之声   C. 焦点小组   D. 客户现场考察

43. 哪种市场研究方法通常与人种学研究结合，并通常使用结构性的深度访谈引导潜在客户通过他们经历的一系列情境回答问题，从而观察客户与产品如何相互交互？
   A. 调查   B. 客户之声   C. 焦点小组   D. 客户现场考察

44. TH 公司在设计商业模式的时候在考虑如何将产品送给客户，这属于商业模式的什么要素？
   A. VP 价值主张 B. CH 客户渠道 C. CS 客户关系   D. KB 关键业务

45. 在新产品开发早期阶段审查产品概念，系统考虑生命周期的所有问题，如工艺性、可靠性、可维护性等。这最有可能是以下哪种工具？
   A. 并行工程   B. CAD   C. 卓越设计   D. CAE

46. 某产品处于产品概念生成阶段，高层正在运用项目组合管理的方法对产品项目进行评分排序，过程中高层希望全部使用财务评分标准如 NPV、ROI 等进行评分，以达到更

好地进行投资评估的目的。如果你是产品经理，你会如何实施组合管理？
A. 按照高层的意图来实施，因为财务维度是产品的重要考虑方面
B. 按照高层的意图来实施，但财务标准需要进一步细化，毕竟评分需要明确的标准依据
C. 向高层建议增加技术和市场的维度，这样评估更加全面
D. 向高层建议目前阶段以非财务评分标准为主，如市场和技术可行性，毕竟早期阶段财务数据不准确

47. 某公司寻找一种能够被新产品运用或者可以打破现有产品潜在市场的新技术，该公司应采取哪种方法？
    A. 技术展望　　B. 前瞻型规划　　C. 市场分析　　D. 预测规划

48. 克里斯滕森针对持续性和颠覆性技术指出了什么？
    A. 启动技术具有相似的客户利益
    B. 技术水平保持不变很少能够获利
    C. 颠覆性技术会引入不同的价值主张
    D. 颠覆性技术在高增长市场很奏效

49. 下列哪种陈述最好地描述了创新战略的价值？
    A. 为一些可能的创新投资决定提供权衡决策的基本框架
    B. 对产品开发组合进行定义
    C. 为项目选择奠定基础
    D. 对公司增长目标进行定义

50. 一家新鲜水果的进出口公司开发了一种苹果，特别适合儿童食用。该公司应该申请什么？
    A. 植物品种权　　B. 商业秘密　　C. 专利　　D. 版权

51. 富有吸引力的市场拥有什么？
    A. 有高投资回报率的潜质
    B. 顾客群庞大
    C. 有增量式项目的机会
    D. 高 NPD 客户潜能，这些客户会真正需要产品，也觉得产品很重要且是低竞争水平

52. 在新产品开发中，决策环境是什么样的？
    A. 有计划的可解决的　　　　B. 有活力的
    C. 结构化的且不变的　　　　D. 固定的

53. 下列哪项是战略领域的例子？
    A. 市场、技术和客户
    B. 市场、产品和技术
    C. 地理区域、产品和技术
    D. 产品、市场和地理区域

54. 下面哪项最能说明工程开展的项目数量与其效率之间的关系？
    A. 工程师开展的项目越多，他们的工作越有效率
    B. 工程师同时开展五个项目与只开展一个项目时的工作效率差别
    C. 将工程师分配到两个以上的项目就会开始降低他们的效率
    D. 最好让每个工程师只在一个项目上工作

55. 新产品开发组织通常向谁报告？
    A. 高级营销经理
    B. 高级财务经理
    C. CEO 或者区域生产经理
    D. 项目组合管理团队

56. 谁应该负责建立一个公司的项目组合管理的过程？
    A. 产品开发过程经理（Product development process manager）
    B. 高级业务经理
    C. 财务管理人员
    D. 有组合管理经验的外部顾问

57. 以下关于高级管理人员的描述中，哪个是正确的？
    A. 具有审批权和调控对开发工作至关重要资源的权力、执行和运营管理的权力，位于产品开发团队上级的人员
    B. 对项目产出和新产品开发过程设计任务负责的团队
    C. 负责确定产品的属性、特点和规格，以保证公司的新产品开发工作取得成功
    D. 为理解当前产品线确立框架

58. 谁应该对新产品机会进行评分？
    A. 跨功能团队
    B. 仅限市场营销经理
    C. 仅限新产品经理
    D. 仅限首席执行官

59. 在产品线管理方面，高级管理者的职责是什么？
    A. 对项目配套进行定义
    B. 确立业务战略
    C. 对了解现有产品计划的框架进行定义
    D. 制定应用结构和管理组合

60. 新产品开发战略是由以下哪方提供的？
    A. 公司的客户 B. 流程管理者 C. 高层管理者 D. 流程冠军

61. 在新产品开发中，通常会使用评分模型的是哪两个阶段？
    A. 产品使用测试和市场测试　　　　　　B. 概念生成和概念评估阶段
    C. 市场测试和营销测试工作　　　　　　D. 概念评估和项目组合管理

62. 一个项目将耗资$100,000，用6个月交付。他们预测项目将从第7个月开始赢利，而后每个月赢利$20,000。项目的回收期是多长时间？
    A. 信息不足　　　B. 11个月　　　C. 5个月　　　D. 6个月

63. 某软件公司项目的利润分析见下表。设折现率为10%，则第二年结束时的利润总额净现值是多少元？

第零年	第一年	第二年	第三年	净现值
0	110,000	121,000	123,000	

    A. 231,000　　　B. 200,000　　　C. 220,000　　　D. 210,000

64. 项目组合管理的价值在什么时候减弱？
    A. 高级管理层已控制过程的时候
    B. 运用评分模型的时候
    C. 下属员工和利益相关方不理解决策过程的时候
    D. 运用资金或非资金措施决定项目组合的平衡之时

65. 自上而下组合选择方法的第一步是什么？
    A. 制定目标和策略　　　　　　B. 记录可用资源
    C. 分配研发预算　　　　　　　D. 与自下而上组合进行比较

66. 对大多数产品开发过程的最初阶段的期望是什么？
    A. 进行深入的技术、营销和业务分析
    B. 测试新的产品及其商业化计划的各个方面
    C. 快速了解市场机会、技术要求和可用功能
    D. 完善产品的设计、原型、制造设计、制造准备和发布计划

67. 关于NPD流程的描述中，以下哪种说法是正确的？
    A. 跨职能团队必须在顺利获得管理层批准进入下一阶段产品开发之前，完成每个阶段规定的任务
    B. 带有活动和决策点的可演变进化的新产品开发流程
    C. 决定项目优先级别的新产品开发流程
    D. 降低成功的概率

68. 企业新产品开发的成功率由什么决定？
   A. 研究和开发过程
   B. 该组织新产品开发惯例的质量
   C. 与利益相关方的联系
   D. 缩短新产品投放到市场的时间

69. 对产品开发者而言，有品质的新产品开发流程是怎样的？
   A. 降低成本和增加不确定性
   B. 有助于确保在项目成本增加的时候，降低不确定性
   C. 增加成本
   D. 使产品开发更结构化

70. 在设计新产品时，必须考虑什么内容？
   A. 全部选项　　B. 投放市场速度　　C. 客户需求　　D. 易制性

71. 产品开发管理协会的问卷调查结果表明，最好的公司和其他公司在新产品开发上的区别在于前者具有什么？
   A. 一个好的首席执行官
   B. 阶段—关卡产品开发流程
   C. 高品质的产品开发惯例和流程
   D. 丰厚的产品开发资金

72. 什么能力是一个组织具有成熟的产品开发流程的标志？
   A. 将利益相关方和高级管理层者结合在整个开发流程中
   B. 使用迭代和风险限制步骤去促进有效和高效的新产品开发
   C. 持续地在进程中引入新产品
   D. 基于各种模型和经验来发展自己的最佳惯例

73. 在敏捷产品开发过程中，促进和协助开发团队的人被称为什么？
   A. 产品所有者　　B. 团队带头人　　C. 冲刺带头人　　D. Scrum 教练

74. 通常，只有在哪些时候才会发布新产品？
   A. 测试已完成
   B. 已制订市场计划并获得批准
   C. 已有充足的生产能力
   D. 以上均完成

75. 新产品开发门径管理流程中，以下哪项不是开发阶段需要完成的？
   A. 产品设计　　B. 原型制造　　C. 测试产品　　D. 上市规划

76. 精益新产品开发流程的核心概念之一是什么？
   A. 流程整合
   B. 持续的产生创意
   C. 知识增长
   D. 利益相关方参与整个项目过程

77. 以下哪个选项最好地描述了敏捷和精益产品开发之间存在的差异？
   A. 它们是相同的原则，所以不存在重大差异
   B. 精益用于减少浪费和提高效率，而敏捷重点是快速迭代
   C. 精益只适用于制造产品，而敏捷只适用于软件产品
   D. 敏捷关注跨学科团队的参与，而精益更侧重过程

78. 库珀认为什么在新产品开发管理中是关键的？
   A. 决定采用哪种市场调查方式
   B. 产品开发和执行
   C. 理解新产品开发流程
   D. 以上都是

79. Gate team 的典型功能是什么？
   A. 停止项目
   B. 要求项目团队提供更多的信息
   C. 授权项目的下一阶段
   D. 以上全部

80. 为了解一项特性已完全开发并整装待发，Scrum 团队在项目开始前必须定义什么？
   A. 交付物准备就绪的定义
   B. 发布特性的定义
   C. 与产品负责人合作完成的定义
   D. 可传输性的定义

81. 以下关于完成的最佳定义是哪项？
   A. 由团队定义，表示一个用户故事点结束的时间
   B. 由团队定义，表示一项任务顺利结束的时间
   C. 由团队和产品负责人定义，表示一个特性或产品预计完成和整装待发的时间
   D. 由团队定义，表示一项 Scrum 结束的时间

82. 新产品开发过程中的模糊前端的一个重要因素是什么？
   A. 产品原型
   B. 客户心声
   C. 市场细分
   D. 技术发展

83. 在新产品开发中，上市速度被定义为什么？
   A. 一个产品投放市场所需的时间
   B. 从产品开发阶段到投放市场所需的时间周期
   C. 大众接受新产品所需的时间
   D. 新产品从车间到商店的速度

84. Kyle 在使用一个受欢迎的、强调信息发射源的敏捷框架，比如任务板和燃尽图，包括赛前、赛中、赛后三个主要阶段。Kyle 最有可能使用以下哪个框架？
   A. Lean   B. Crystal   C. Scrum   D. XP

85. 在敏捷过程中，谁对确保想法和项目在新产品开发过程中有序并及时地交付负主要责任？
    A. 流程负责人   B. Scrum Master
    C. 产品所有者   D. 项目经理

86. 敏捷产品开发的主要原则包括团队授权、小幅渐进发布、一次完成一个功能，以及什么？
    A. 杜绝浪费   B. 线性过程   C. 用户积极参与   D. 忽略风险

87. 在一个冲刺迭代中，由团队完成的足够小的工作单位被称为什么？
    A. 产品待办列表   B. Scrum   C. 概念评估   D. 丰田生产方式

88. 在经典瀑布流程中，设计阶段可以被描述为什么？
    A. 根据项目要求来写实际的代码
    B. 确保产品符合客户的期望
    C. 通过客户来识别产品缺点
    D. 根据具体需要来发现项目完成需要的软件和硬件

89. 哪种类型的团队已被证明在 NPD 中是最成功的？
    A. 职能团队   B. 工作小组   C. 自发的团队   D. 跨职能团队

90. 工作小组和职能团队更适合以下哪种情况？
    A. 轻微的产品变化   B. 新产品线
    C. 公司的新项目   D. 新平台的产品

91. 自治型团队又被称为什么？
    A. 臭鼬工厂   B. 老虎团队   C. 冒险团队   D. 以上全部

92. 一个小规模人群致力于一个既定的目标，并通过绩效目标实现他们承担的共同目标，这被称为什么？
    A. 团队   B. 工作组   C. 矩阵   D. 职能

93. Jack 已被分配到一个在早期构想阶段的新产品开发项目，他如何在该项目中应用发明问题解决理论（TRIZ）？
    A. 使用解决方案定义原理，Jack 可以将跨功能资源分配到问题的每个部分
    B. 使用新客户原则为现有产品寻找新的市场
    C. 使用客户之声技术，Jack 应认真积极地倾听客户需求
    D. 使用分割理论将一个对象分成独立的部分

94. 以下哪种创意工具能够激发创意行为并有助于产生创意，适用于修改现有产品或制造新产品？
    A. 奔驰法　　　　B. 头脑风暴　　　　C. 六项思考帽　　　　D. 头脑书写法

95. 功能蔓延是什么？
    A. 倾向于在需求基础之上增加更多的功能、职责和特性
    B. 为新产品提供易于使用的组件的功能
    C. 提供具有不同特性的多版本产品的能力
    D. 在不增加成本的情况下给新产品增加更多特点的能力

96. 风险降低是什么？
    A. 某个情况可能不会发生，但一旦发生，将可能对项目造成影响
    B. 采取行动将风险发生的可能性和影响降到可以接受的临界范围
    C. 消除风险
    D. 组织所能接受的风险承担水平

97. 决策树是什么？
    A. 在决定市场细分和客户需求假设时运用到的图表工具
    B. 一种决定产品要包括哪些特性的方式
    C. 一种决定可以跳过哪个阶段的决策方式
    D. 关于图表规范制造方法的设计

98. 设计思维的过程包括发现、定义、创建，以及什么？
    A. 深入的探索或研究　　　　B. 废物的管理
    C. 制作模型　　　　　　　　D. 评估

99. 作为六西格玛的组成部分，DMAIC可以用于改进流程的数据、驱动质量战略。DMAIC代表的含义分别是什么？
    A. 定义，管理，分析，识别，控制　　　　B. 定义，测量，分析，提高，控制
    C. 设计，测量，分析，识别，控制　　　　D. 设计，管理，分析，提高，控制

100. 以下哪种工具可以实现资源的高效利用、高产出，并用来设计新产品和新流程，从而满足客户需求？
    A. DFSS　　　　B. QFD　　　　C. D-Thinking　　　　D. TRIZ

101. 下列哪种技术是专家小组使用迭代轮共识对未来做出的最可能的结果预测？
    A. 赌博投机　　　　B. 德尔菲技术　　　　C. 亲和图　　　　D. 产品路线图

102. 一般来说，成功的新产品开发需要什么？
    A. 组织成功的 VOC 会议
    B. 是那些专注于第一个进入市场战略的公司
    C. 做更多的市场调查，做得越早越好
    D. 做更多的二级市场调查，并把它做到第一

103. 新产品失败的两个主要原因是什么？
    A. 欠佳的市场调查和没有彻底识别真正的市场需求
    B. 欠佳的执行过程和市场调查
    C. 上市周期长和没有识别客户需求
    D. 欠佳的市场调查和缺乏项目计划

104. 下列哪项不是产品开发绩效度量的考虑因素？
    A. 绩效度量的成本   B. 寻找因果关系
    C. 做正确的事   D. 正确地做事

105. 顾客群体可以用什么细分？
    A. 年龄   B. 人种和性别
    C. 收入   D. 以上全部

106. 焦点小组的缺点在于什么？
    A. 有可以提供新见解的力量   B. 团队动力学会抑制参与度
    C. 能很快获得客户反馈   D. 参与者的一举一动会被观察到

107. 探索性市场调查的目标是什么？
    A. 发现   B. 验证   C. 控制   D. 定性研究

108. 新产品可行性评估元素，包括以下所有，除了哪项？
    A. 市场、技术、制造   B. 法律、专利、财务
    C. 营销、资源、生产   D. 技术、气泡图、风险

109. A 公司的一款产品面临着市场竞争加剧挑战。为了实现利润最大化、维护市场份额，A 公司需要采取什么样的战略？
    A. 进行知识产权保护
    B. 退出市场
    C. 增加产品特性，差异化，强化分销渠道，扩大客户购买机会
    D. 撇脂定价，尽快回收开发成本

110. 产品生命周期的第三阶段（成熟期）的特征是什么？
    A. 销售相对平稳，竞争激烈，买家喜好可能会改变
    B. 新技术的开发，市场份额增加，竞争平稳化
    C. 竞争加剧，高收入和利润增长，购买模式较稳定
    D. 市场竞争强度低，买方偏好不断变化，技术创新程度高

111. 什么是"发展满足当代人的需求又不损害后代人满足其自身需求的能力"？
    A. 可持续发展   B. 不断创新   C. 时代营销   D. 生命周期管理

112. 何谓"漂绿"？
    A. 一家公司声称自己是"绿色的"，但没有遵循适用的商业惯例
    B. 由适当的政府机构确认组织的可持续性要求
    C. 企业达到顾客对环境要求的特定标准
    D. 将科学方法应用于环境影响标准而不考虑其他

113. 在进入市场的决策中，应该考虑哪些要素？
    A. 谁，什么，怎样，哪里
    B. 为什么，什么时候，怎样，哪里
    C. 哪个，什么，怎样，为什么
    D. 哪里，和谁，什么，什么时候，为什么

114. 持续式产品创新原则的核心在于什么？
    A. 创造能够以低价吸引新客户的更简单、更方便的产品
    B. 保持公司在财务上得以生存的新产品
    C. 能够盈利的新产品
    D. 在功能或者特征方面持续提升的新产品

115. 在波士顿咨询公司（BCG）的成长—市场份额矩阵中，"问号"被定义为潜力不确定，需要提出的关键问题是什么？
    A. 产品性能是否可以满足客户的需求和期望
    B. 产品所在市场是在增长还是在下降
    C. 竞争有多激烈
    D. 以上所有选项

116. 一家汽车制造公司销售不同类型的汽车，从跑车到家用轿车，每种类型的汽车都使用相同的加速装置。针对这一情境，你会如何描述该公司所采用的战略类型？
    A. 技术战略   B. 营销战略   C. 平台战略   D. 经营战略

117. 一家名为大玩具的公司专注于生产青少年玩具。该公司对青少年生活方式的趋势进行了市场调研,将很大一部分产品开发预算中用于确保新产品性能与客户需求保持一致。该如何准确地描述该公司?
    A. 技术驱动   B. 市场驱动   C. 竞争对手驱动   D. 价格驱动

118. 将不断发展之中的技术应用于新产品会产生极大风险,这类技术常被描述为什么?
    A. 萌芽技术 embracic   B. 成熟技术
    C. 冒险技术   D. 高科技

119. 超级高铁的首试表明高速旅行技术已经向现实迈出了实质性的第一步,马斯克计划在2020年之前将这一目标变为现实。这可能成为以下哪项的一个例子?
    A. 颠覆性技术   B. 相应市场需求
    C. 自然技术演进   D. 一场环境灾难

120. 一家互联网公司使用自己的搜索引擎作为一系列应用软件的基础,一家汽车制造商的各种汽车型号使用相同的底盘,一家计算机制造商使用特定的中央处理器(CPU)进行特定的语言代码。这三家公司都采用了何种战略?
    A. 技术战略   B. 制造战略   C. 平台战略   D. 经营战略

121. 一家制药公司将知识产权作为其研发投资的主要标准。该公司在新产品组合管理、竞争情报、高风险等方面有着清晰的知识产权聚焦。对该公司知识产权管理方法的最佳描述是什么?
    A. 反应型   B. 主动型   C. 战略型   D. 优化型

122. 一家美国食品公司开发了营养保健品,并在全球针对最优秀的运动员进行产品销售,这对于该产品的知识产权价值巨大,但该公司认为专利保护成本过高,你会向该公司推荐何种知识产权?
    A. 什么都不做   B. 初级管理商业秘密
    C. 出售该知识产权   D. 仅在美国申请专利

123. 在投资组合管理中所采用的通过打分给项目排序的典型决策是什么?
    A. 市场吸引力和上市成本
    B. 战略一致性和产品吸引力
    C. 技术可行性和新产品的创意数量
    D. 利用核心的能力和每个项目资源的能力

124. 以下哪项代表投资组合的市场风险和技术风险的最合理组合?
    A. 低市场风险/低技术风险   B. 低市场风险/高技术风险

152

C. 高市场风险/低技术风险　　　　　　D. 高市场风险/高技术风险

125. tenon 是一家软件公司，该公司为了组织的成长，正在考虑实施一种新产品开发流程。该流程开发人员与客户进行协作，能够对变化做出快速响应并专注于工作软件的开发，而不是计划和文件管理。考察了大量的流程实施之后，tenon 应该选择下列哪项？
    A. 快速的门径流程，以缩短开发周期
    B. 改进后的敏捷软件开发模型，该模型能够对客户、用户和团队的输入做出响应
    C. 集成开发方法，该方法能够在初始开发计划中考虑到产品生命终结时的情况
    D. 旨在减少消费，提高重复性任务作业效率以支持软件新产品开发的精益流程

126. 下面哪项对一个高绩效的团队很重要？
    A. 共同的目标、领导能力和开放的沟通
    B. 赋予权力、相互信任和冲突管理
    C. 维护自尊、有效团队过程与多样性管理
    D. 所有这些对一个高绩效的团队都很重要

127. 直接或间接地对员工行为有重大影响的群体工作气氛被称为什么？
    A. 文化　　　　　　　　　　　　　　B. 气候
    C. 氛围　　　　　　　　　　　　　　D. 组织结构

128. 新产品的资本成本是 1,000,000 美元，预计这项产品往后 5 年各年的年利润见下表。

第一年	第二年	第三年	第四年	第五年
100,000	200,000	300,000	400,000	500,000

产品的投资回收期是多久？
    A. 3 年　　　　　　　　　　　　　　B. 4 年
    C. 5 年　　　　　　　　　　　　　　D. 以上选项都不对

129. 下表为四种方案每年的预期利润额，如果年利率是 10%，哪种方案具有最高的净现值（NPV）？

方案	第一年	第二年	第三年	第四年
一	10,000	20,000	30,000	40,000
二	20,000	10,000	30,000	40,000
三	30,000	20,000	40,000	10,000
四	40,000	30,000	20,000	10,000

A. 方案一　　　B. 方案二　　　C. 方案三　　　D. 方案四

130. Jack 为新产品的财务分析准备了一份电子表格，总结了近5年的估计成本和收益，并初步预算了新产品相关的资本成本，他的大部分数据是基于假设。他在向高级管理层提交财务分析之前应该做什么准备？
    A. 请他的领导检查数据
    B. 对关键数据进行敏感性分析
    C. 等他对假设更有信心时再提交分析
    D. 只需按原样递交电子表格

131. 市场调研过程的最后一步是"执行"，其目的是什么？
    A. 收集数据
    B. 有结果和结论用于既定的问题
    C. 向高层管理者汇报结果
    D. 进行问卷调查

132. 一家为图书馆和信息中心提供电子数据的政府机构发现客户需要哪些新数据，来自政府机构的信息专家应邀参加在一家购物中心的办公场所举办的会议，另有其他8家机构的客户也出席参加，会议由训练有素的主持人调查了与会者目前使用什么信息及想知道什么新信息，会议过程中通过单面镜观察会议的讨论情况。会议结束后，聘请主持人的公司向政府提供会议记录。这是采用了哪种市场调研方法？
    A. 焦点小组   B. 客户访谈   C. 次级研究   D. 人种学

133. 以下哪种技术用于研究人们对构成一个产品或服务的不同属性的组合反应？
    A. 多元回归   B. 多元尺度   C. 联合分析   D. 因子分析

134. 在产品生命周期的设计和开发流程中，系统考虑环境安全和健康问题的设计方式指的是什么？
    A. 为灭绝设计   B. 为环境开发   C. 面向环境设计   D. 面向环境开发

135. 产品经理先细分市场，渗透后再扩展到其他市场，这是什么方法？
    A. 推出战略   B. 抢滩战略   C. 市场割试   D. 市场拓展

136. 以下哪项是分析考察产品的整个生命周期，包括资源开采、材料生产、制造、产品使用、产品生命结束后的处置，以及在所有这些阶段发生的运输传递？
    A. 可持续开发   B. 可持续评估   C. 生命周期评估   D. 以上都是

137. 下列哪种不是用来衡量产品永续性的工具？
    A. 可持续性设计
    B. 优秀的设计
    C. DFX
    D. 客户满意度

138. 在成熟期，面临对手的竞争，要提高竞争力，产品经理应采取哪种举措？
    A. 如果价值高，要降低成本
    B. 如果所有产品价值相同，要降低成本
    C. 如果对手价值高，要提高成本
    D. 以上皆错

139. PIC 包含创新领域、背景、重点舞台（聚焦领域），聚焦领域指什么？
    A. 技术关系　　　　B. 特别性考虑　　　　C. 细分市场　　　　D. 目标与目的

140. 优步说，他们的使命是"通过让世界运转起来点燃机遇"。这是优步的什么？
    A. 使命　　　　　　B. 愿景　　　　　　　C. 价值观　　　　　D. 职能战略

141. 宜家公司通过生产低价而具有现代化气息的家具进入市场。该公司通过提供一些基本服务和从低成本国家引进原材料来降低成本，这属于什么战略？
    A. 回应者　　　　　B. 分析者跟随　　　　C. 成本领先　　　　D. 差异化

142. 一家公司致力于开发医疗机器人，但现在还不确定是否可能会给患者带来风险。该公司的产品属于哪种类型？
    A. 明星产品　　　　B. 现金牛产品　　　　C. 问题产品　　　　D. 瘦狗产品

143. 《哈佛商业评论》认为，突破式创新，能改变现有产品，甚至改变客户与供应商之间关系，关注技术和长期影响。以下哪个是突破式创新？
    A. 自动汽车驾驶
    B. 带语音助手的智能电视
    C. 销售力是公司推出软件即服务的 CRM 系统
    D. 云技术

144. 哪个是产品路线图的特征？
    A. 产品路线只向内部传达目的方向和进度的计划，项目路线图是向外部利益相关方传达里程碑
    B. 建议为每个产品设定产品路线图
    C. PLC 涵盖整个产品生命周期
    D. 产品传达了战略目标，项目路线图传达了战术目标

145. 产品有核心、有形、附加三种属性，下列哪种属于附加价值？
    A. 免运费　　　　　　　　　　　　　　B. 前排加热坐垫
    C. 限量版红色手机　　　　　　　　　　D. 无损包装

146. 库珀推荐三种产品组合方法，从上而下，从下而上，上下结合。下列哪个组合管理的方法属于从上至下法？
    A. 战略水桶法　　　　　　　　　　　　B. 净现值法
    C. 通过/不通过　　　　　　　　　　　　D. 打分法

147. 下列哪项是气泡图的用途？
    A. 只用于产品组合的制定和展示   B. 展示产品组合
    C. 向利益相关方展示产品组合   D. 不用于可视化展示

148. 资源配置为什么是产品组合的重要原因？
    A. 没有资源配置，就没有人制定产品组合
    B. 不当资源配置，将导致上市延迟、质量降低
    C. 有人才能进行项目管理
    D. 财务和非财务评价是主观的

149. 在不改变投资的情况下，一家运输公司的利润比上年同期增长25%。如果上年同期的 ROI 是 10%，那么今年的 ROI 是多少？
    A. 10%   B. 12.5%   C. 25%   D. 50%

150. 以下关于组合的描述中，哪项不对？
    A. 投资和战略权衡的集合   B. 将产品开发做正确
    C. 做正确的产品项目   D. 动态选择，优中选优

151. 谁负责代办列表清单和优先级？
    A. 项目经理   B. 开发者   C. 产品主管   D. 领导

152. 以下关于产品开发流程治理的描述中，哪项是正确的？
    A. 有助于过程，而非产出   B. 监督流程，而非插手流程
    C. 属于开发流程行政工作，如报表文件   D. 属于流程主管职责，非董事会职责

153. PIC 应该包含下列哪项内容？
    A. 原因   B. 目标与边界
    C. 客户要求和可能利润   D. 以上全都要

154. 新产品开发环境下的项目管理，计划是过程管控的基础，为此需要怎样做？
    A. 进度计划，要在规范规划阶段完成不改，直至完成交付
    B. 子项目团队制订进度计划，但需要与整体计划保持一致
    C. 开发者各自决定开发方法和进度计划，完成工作成果之后再验证进度计划是否合理
    D. 项目经理先编制项目，然后下发给所有开发者

155. NPD 采用门径流程，阶段包括活动、交付成果和分析。每个关口包含什么元素？
    A. 标准   B. 输出   C. 可交付成果   D. 以上所有

156. NPD 可看成信息化系统决策，逐步做出 NPD 的决策的信息源来自哪里？
   A. 法律法规　　　　　　　　　B. 组织记录
   C. 一手数据　　　　　　　　　D. 二手数据

157. 下列关于门径与敏捷管理的说法中，哪项正确？
   A. 都涵盖从概念到产品发布
   B. 互斥，敏捷是开发软件，门径是干实体产品
   C. 敏捷适合大多数产品开发
   D. 可以互换，具有相同作用，项目主管和流程主管是同一个人

158. 关于高级管理层对新产品开发过程的参与，以下说法正确的是哪项？
   A. 在最后产品上市的时候才需要参与
   B. 在进入开发决策时才需要参与
   C. 给予团队自主权利，基本不需要参与，只需简单听取报告即可
   D. 必须在项目早期阶段就支持和指导项目

159. 敏捷团队可以描述为下列哪项？
   A. 竞争团队　　　　　　　　　B. 彼此同情团队
   C. 协作的团队　　　　　　　　D. 自由的团队

160. 一个项目经理带领工程、制造、营销等多个职能团队开发一款新型汽车，团队都向项目经理汇报，各职能经理保留对团队成员绩效考核的最终权力。这是哪种类型的团队？
   A. 轻量　　　　B. 重量　　　　C. 职能　　　　D. 复合型

161. 下列哪项不是管理团队的好方法？
   A. 如果团队成员无法配合，就自己动手去做
   B. 让团队保持热忱
   C. 有效率的会议
   D. 处理团队成员相处的人际关系

162. 可行性分析有哪些用途？
   A. 降低风险　　　　　　　　　B. 分析成功的概率
   C. 找到现有能力和可能能力差异　D. 以上都是

163. 在产品开发分析中，除了哪项？以下都需要考虑？
   A. 固定成本　　B. 可变成本　　C. 内部成本　　D. 资金成本

164. 产品活力指数是过去 N 年新产品销售额除以 N 年总销售额的比例,那么关于产品活力指数的描述中,哪项是正确的?
    A. 越大越好
    B. 越小越好
    C. 保持不变更好
    D. 变化对企业没有影响

165. 开发团队准备开发的一款不充气轮胎,可使用什么方法分析利弊和未来发展趋势?
    A. SWOT 分析
    B. 德尔菲技术
    C. PESTLE 分析
    D. 奔驰法

166. 六项思考帽,白帽和蓝帽分别代表什么?
    A. 主持控场,聚焦事实
    B. 聚焦事实,寻找机会
    C. 找茬,喜好
    D. 聚焦事实,主持控场

167. QFD 的缺点是什么?
    A. 不能反映竞争分析
    B. 具有定性分析
    C. 使用属性,填满需求
    D. 只能用于高级用户需求。

168. 研发风险中,哪个不来自产品风险?
    A. 对应的用户太贵
    B. 产品含有害物质
    C. 关键人员离职延期
    D. 产品不符合法律规定(项目风险)

169. 下列关于客户访问的描述中,哪句是对的?
    A. 仅在出现重要问题的时候
    B. 在客户所在地收集信息
    C. 与客户是否邀请有关
    D. 定性方法只用于上市前评估

170. 某公司开发新产品,先组建焦点小组了解问题,之后大量发放问卷。这是什么调研方法?
    A. 定性
    B. 定量
    C. 二级数据分析
    D. 混合研究方法

171. 以下哪项不属于循环经济原则?
    A. 资源可再生利用
    B. 自愿把资源回馈给当地经济
    C. 充分利用原材料
    D. 充分揭露自己哪方面没做好

172. 传统产品上市与新型产品上市的区别是什么?
    A. 都发生在产品生命周期的成长阶段
    B. 老方法是线性化流程上市,新方法是迭代式流程上市
    C. 在最终阶段决定哪款产品上市
    D. 最大限度实现业务上市过程数字化

173. 企业转型升级的时候，需引进外界的资源，我们称之为开放程度。一家企业在进行转型的过程中，其开放程度取决于什么？
    A. 是依靠外部进行转型，还是依靠自身进行摸索
    B. 一种做法转变另一种做法
    C. 一种制度转变另一种制度
    D. 企业文化

174. 某公司开发了一款无人机，大获成功，很多竞争者争相涌入。这款无人机这时属于什么阶段？
    A. 引入   B. 成长   C. 成熟   D. 衰退

175. 永春号保健品只卖维生素 D，老年人用冲剂，儿童用水果味，成人用片状。永春号采用的是什么战略？
    A. 成本领先   B. 差异化   C. 细分市场   D. 分析者

176. 马斯克的大力推火箭、火箭回收、海水淡化和星际旅游是什么战略？
    A. 探索型   B. 分析型   C. 防御型   D. 回应型

177. 根据加里·皮萨诺的创新画布，Air BnB 提供网上预订酒店和出行，属于什么创新？
    A. 颠覆式   B. 常规式   C. 突破式   D. 结构式

178. 企业开发高端音响设备，应采用什么战略？
    A. 差异化   B. 低成本   C. 细分市场   D. 常规

179. 需要评价新产品设想与公司战略是否一致，可用哪种工具？
    A. 创新地图   B. PIC
    C. 公司产品路线图   D. 技术路线图

180. 以下哪项属于突破式创新？
    A. 等式自学习恒温器   B. 传感器替代人工农业
    C. 更好的屏幕手机   D. 更专业的云计算

181. lego 公司喜欢新产品、新创意，结果焦头烂额，如何进行更有效的组合管理？
    A. 增加市场份额   B. 项目组合保持平衡
    C. 外包   D. 合作

182. 为了优化资源分配，需要将资源供给与需求结合匹配。以下哪句话是对的？
    A. 项目所有者提供资源需求

159

B. 项目负责人提供全时当量，再将全时当量进行资源分配
C. 资源规则是与项目领导人见面洽谈，共同优化资源分配
D. 资源经理与项目经理定期审查资源分配

183. 任天堂开发了一款新版游戏机，不仅比原来的产品便宜，最重要的是还可以在手上玩。下列说法哪项是正确的？
    A. 市场份额提高，产品新颖性高   B. 市场新颖性高，功能更强大
    C. 产品新颖性和市场新颖性高   D. 产品更便宜，产品新颖性高

184. 针对现在的汽车车体上加了一个更大的壳，这属于什么性质的变化？
    A. 突破性   B. 延伸性   C. 平台性   D. 结构性

185. 看到大疆无人机在美国销售旺盛，D 公司决定开发培训无人机操作工具。这属于哪种做法？
    A. 平台   B. 突破   C. 延伸   D. 改进

186. 与创意产生、概念开发和高层商业分析相关的阶段是什么？
    A. 开发阶段   B. 模糊前端阶段
    C. 概念生成阶段   D. 商业化阶段

187. 某公司研究废品回收，对塑料制造感兴趣，开会考虑做屋顶还是做塑料地板好。这处于哪个阶段？
    A. 创意生成   B. 筛选   C. 概念   D. 开发

188. 以下哪项成本与商业化相关？
    A. 确定目标市场的成本   B. 反馈给消费者
    C. 确定产品分销预算   D. 确定产品计划的价格

189. 如何实现差异化？
    A. 一是实现规模经济，二是提供无冗余的产品，三是优化供应链
    B. 在新产品上面的投入，高于成本领先企业，亲近客户，充分理解他们当前及未来的需求
    C. 从短期到中期的预见有很好的预见力，对于具体的产品类别及利润，非常强调研究和较长期的开发
    D. 技术的重要性主要体现在产品性能和功能上

190. 关于技术 S 曲线，哪项描述是正确的？
    A. 引入期能创造最大价值   B. 成长期变化最快

C. 引入期容易被人接受　　　　　　D. 成长期将出现替代技术

191. Y公司计划推出一款名为tata的磁悬浮电动车，这款产品目前在市场上没有同类竞争产品，Y公司力争要在市场上第一个推出该款车型。Y公司所采取的是什么战略？
    A. 差异化战略　　　　　　　　　B. 市场领先战略
    C. 市场细分战略　　　　　　　　D. 技术推动战略

192. 以下关于组合管理的声明，哪项最合理？
    A. 最好的新产品组合是选择最高净现值的项目组合
    B. 最好的新产品组合是选择最好蒙特卡洛结果的项目组合
    C. 最好的新产品组合是选择基于管理输入的价值回报最高分数的项目组合
    D. 最好的新产品组合是采用多种技术选择可能项目，以及上述条目

193. 某团队中有专职的项目经理和成员，成员虚线汇报给项目经理，项目经理设定优先级和工作任务，并对项目成果负有主要责任。这最有可能是以下哪种团队架构？
    A. 职能工作团队　　B. 轻量级团队　　C. 重量级团队　　D. 创业团队

194. 如何使用商业模式画布得到关于客户和业务的知识？
    A. 分析历史数据　　　　　　　　B. 观察市场趋势
    C. 使用拇指法则　　　　　　　　D. 提出关键的问题并做出回答

195. 开放式创新的关键特点是什么？
    A. 开放式创新从内部来源寻求知识来提高外部能力
    B. 开放式创新从外部来源寻求知识来提高外部能力
    C. 开放式创新从外部来源寻求知识来提高内部能力
    D. 以上均不正确

196. 以下关于组合管理的陈述哪项是正确的？
    陈述1：在组合管理中，很难同时满足管道平衡与充分性。
    陈述2：如果组合的更新慢于商业决策，可考虑提高组合管理流程的复杂度。
    A. 陈述1正确，陈述2错误　　　　B. 陈述1错误，陈述2正确
    C. 两个陈述都正确　　　　　　　D. 两个陈述都错误

197. 下列哪种指数还没有被公司广泛应用于对组合中项目的评价？
    A. 贴现现金流　　B. 评分法　　C. 投资回收期　　D. 客户评价

198. 通过/不通过和评分方法的共同点是什么？
    A. 都是主观的　　　　　　　　　B. 都是客观的

C. 既可以是主观的，也可以是客观的　　D. 以上都不是

199. 组合管理的净现值和内部收益率指标的共同点是什么？
    A. 作为组合选择的组成部分，它们有助于确定收益和回报
    B. 作为组合选择的组成部分，它们有助于确定项目的成本
    C. 作为组合选择的组成部分，它们有助于确定项目的优先顺序
    D. 以上都不是

200. 以下哪种陈述描述了基本决策框架的步骤？
    A. 风险评估、风险的处理与监测　　B. 问题识别、信息的收集与分析
    C. 机会识别、预案的选择与实施　　D. 执行、结束项目、吸取教训

第三篇

NPDP章节练习题参考答案及解析

第1章
战略练习题参考答案及解析

1. 【答案】A
   【解析】1.7.1 产品平台战略
   产品平台战略是大多数公司开发新产品的基础。产品平台战略是将产品中的一些子系统及接口组成一个共用架构，继而在该共用架构上高效地开发和制造一系列衍生产品的战略。

2. 【答案】D
   【解析】图 1.26 开放式创新类型

3. 【答案】B
   【解析】1.9.4 可持续产品创新
   外部性（Externalities）
   外部性指产品对人或环境的影响，而该影响并未反映在产品的市场定价中。外部性是许多公司应考虑的因素，可以通过政府政策或法规的方式将外部性纳入产品价格。碳定价是制定政策将外部性（温室气体排放）纳入产品价格（电力）的一个例子。

4. 【答案】A
   【解析】图 1.24 数字化战略制定流程

5. 【答案】D
   【解析】图 1.28 开放式创新的参与机制

6. 【答案】C
   【解析】1.9.2 可持续性与战略
   "三重底线"
   在传统会计中，"底线"（Bottom Line）指利润表中底层的损益情况。它是衡量企业业绩的关键指标。近年来，一些企业谋求从更广泛的视角评估其绩效，包括考虑对社会和环境的贡献或影响。
   "三重底线"要求从三个维度评估绩效，分别是：

- 财务。
- 社会。
- 环境。

这三个维度也被称为3P，分别是：
- 利润（Profit）。
- 人类（People）。
- 地球（Planet）。

7. 【答案】C
   【解析】图1.8 商业模式画布框架

8. 【答案】A
   【解析】1.7.5 能力战略
   核心竞争力指在为客户创造和交付价值过程中，为组织提供一个或多个竞争优势的能力。组织依靠一些基本能力在市场上参与竞争，而核心竞争力则是那些赋予组织真正竞争优势的能力。

9. 【答案】D
   【解析】1.4 制定战略前的准备
   制定经营目标和战略时要用到一些结构化方法和工具，最常用的工具包括SWOT分析、PESTLE分析、德尔菲技术、商业模式画布。

10. 【答案】D
    【解析】1.7.3 知识产权战略
    知识产权（Intellectual Property）指运用智力创造的成果，如发明、文学、艺术、设计、符号、名称和用于商业的图像。像其他产权（土地、建筑物等）一样，知识产权也能够被其所有者用来销售、授权、交换或赠送。
    在产品创新中，知识产权尤为重要，因为它能使组织从新产品中获得价值。组织可以在制造和销售新产品阶段直接申请知识产权，也可以将具有知识产权的产品授权给另一个组织，还可以出售知识产权。知识产权保护是经营战略的重要组成部分。保护知识产权的法律途径有很多种，这些途径使得知识产权所有者能够从他们的发明或创造中获得认可或财务收益。

11. 【答案】D
    【解析】1.8.1 开放式创新的基础
    开放式创新（Open Innovation，OI）指组织通过联盟、合作或签约的方式，主动地从外部寻求知识，以补充和增强其内部能力，从而改进创新成果的战略。这些创新成果可以在内部、通过新的商业实体实现商业化，也可以通过向外部发放许可的方式实现商业化。

12. 【答案】D
【解析】1.7.1 产品平台战略
产品平台战略是大多数公司开发新产品的基础。产品平台战略是将产品中的一些子系统及接口组成一个共用架构，继而在该共用架构上高效地开发和制造一系列衍生产品的战略。
产品平台战略能够为组织带来以下优势：
- 快速、连续地推出一系列产品。
- 从长期视角制定产品战略。
- 大幅提升运营效率。
- 组织与市场都能清晰理解产品平台的底层要素。
- 与竞争产品显著不同。

13. 【答案】B
【解析】1.6.2 迈尔斯和斯诺战略框架
3. 采用分析者战略的组织
- 位于探索者和防御者战略之间。
- 能够承担一定风险。
- 经常紧随探索者，开发出仿制产品，也被称为"快速跟随者"。
- 仿制产品的特性或功能更具市场价值。
- 与探索者相比，产品创新的成本更低。
- 在对产品和市场进行分析的基础上，将逆向工程和设计改进进行结合，形成产品创新能力。
- 重视技术，但主要是分析和重构，而不是进行激进式创新。

14. 【答案】D
【解析】1.7.4 营销战略
营销组合
营销组合（Marketing Mix）包含营销产品所需的基本工具。营销组合通常又被称为4P，即产品（Product）、价格（Price）、促销（Promotion）和地点（Place）。

15. 【答案】C
【解析】图1.16 总结了四种知识产权管理方法，即被动型、主动型、战略型和优化型。

活动	方法			
	被动型	主动型	战略型	优化型
研究与产品创新	后期才考虑知识产权	运用自如	与公司战略保持一致	通过研发投入，利用知识产权形成战略优势
知识产权组合与管理	简单的组合跟踪	将组合管理与经营相结合，形成知识产权意识	将组合管理导入研发与授权	通过组合管理赢得竞争优势
知识产权并购与货币化	临时应对知识产权授权机会	主动寻找授权伙伴	制定知识产权版税和收入目标	经营驱动，制定知识产权货币化与并购目标
竞争情报	特定或者情境驱动的情报收集	获取行业关键竞争对手的情报	对全面的知识产权竞争情报进行持续分析	竞争情报是经营战略的关键
风险管理与诉讼	对意外诉讼做出回应	监控风险，防止侵权	保护知识产权	将知识产品投保并转移风险

图 1.16　知识产权管理方法

16. 【答案】B
【解析】1.1.2 战略层级
1.2 明确组织方向
1.2.3 使命（Mission）
使命是关于组织纲领、哲学、宗旨、经营原则和公司信念的说明，它确保组织的精力和资源得以聚焦。

17. 【答案】D
【解析】1.7.1 产品平台战略
产品平台战略能够为组织带来以下优势：
- 快速、连续地推出一系列产品。
- 从长期视角制定产品战略。
- 大幅提升运营效率。
- 组织与市场都能清晰理解产品平台的底层要素。
- 与竞争产品显著不同。

18. 【答案】C
【解析】战略指导组织实践，并为整个组织提供目标、优先级和聚焦点。

19. 【答案】C
【解析】波士顿矩阵分析

- 明星产品是市场增长率和市场份额均高的产品。
- 问题产品是市场增长率高而市场份额低的产品。
- 现金牛产品是市场增长率低而市场份额高的产品。
- 瘦狗产品是市场增长率和市场份额均低的产品。

20. 【答案】C

    【解析】循环经济（Circular Economy）的目标是在产品生命周期中形成闭环。循环经济基于以下三个原则。

    原则一：通过控制有限的存量和对可再生资源的流动进行平衡，从而保护并增加自然资源。

    原则二：通过循环利用产品、零部件和原材料，优化资源产出，并在技术和生物周期中保持资源利用率最大化。

    原则三：通过发现并消除外部负面影响提升系统效率。

21. 【答案】B

    【解析】营销组合（Marketing Mix）包含营销产品所需的基本工具。营销组合通常又被称为4P，即产品（Product）、价格（Price）、促销（Promotion）和地点（Place）。

22. 【答案】B

    【解析】1.2.2 愿景（Vision）

    "愿景是运用远见与洞察力展开想象的行为。它既考虑了未来的可能性，又考虑了现实的约束性，是组织最期望的未来状态。"（卡恩，2013）

23. 【答案】D

    【解析】1.8 开放式创新

24. 【答案】C

    【解析】1.6.2 迈尔斯和斯诺战略框架

25. 【答案】A

    【解析】1.4.4 商业模式画布（Business Model Canvas，BMC）

26. 【答案】B

    【解析】1.9 可持续创新

27. 【答案】B

    【解析】细分市场战略也称为聚焦战略（Focus Strategy）。细分市场战略适用于"窄市场范围"，成本领先战略和差异化战略则聚焦于"宽市场范围"。细分市场战略建立在对关键市场深入了解的基础上，该市场通常具有独特的需求。

28. 【答案】A
    【解析】图 1.26 开放式创新类型

29. 【答案】D
    【解析】1.7.1 产品平台战略
    产品平台战略的优势
    产品平台战略能够为组织带来以下优势：
    - 快速、连续地推出一系列产品。
    - 从长期视角制定产品战略。
    - 大幅提升运营效率。
    - 组织与市场都能清晰理解产品平台的底层要素。
    - 与竞争产品显著不同。

30. 【答案】D
    【解析】1.2.2 愿景（Vision）
    "愿景是运用远见与洞察力展开想象的行为。它既考虑了未来的可能性，又考虑了现实的约束性，是组织最期望的未来状态。"（卡恩，2013）
    示例：亚马逊公司（Amazon）的愿景
    "成为全球最以客户为中心的公司，为人们打造一个能买到任何所需商品的线上平台。"

31. 【答案】A
    【解析】1.2.3 使命（Mission）
    使命是关于组织纲领、哲学、宗旨、经营原则和公司信念的说明，它确保组织的精力和资源得以聚焦。
    示例：星巴克公司（Starbucks）的使命
    "激发并孕育人文精神——每人、每杯、每个社区。"

32. 【答案】D
    【解析】1.7.3 知识产权战略
    知识产权类型
    - 专利（Patent）：在一定时间阶段内生效并由政府授权或许可的权利，尤其指禁止他人制造、使用或销售一个发明的独有权利。
    - 版权（Copyright）：在一定年限内，给予原创者独有的、指定的法律权利，包括印刷、出版、表演、放映、录制的文学艺术或音乐成果。
    - 商标（Trademarks）：用于代表公司或者产品并经法定注册或许可的符号、单词或词组。
- 植物品种权（Plant Variety Rights）：给予种植和销售某种可繁殖植物的独有权利。
- 商业秘密（Trade Secrets）：在组织内保持秘密状态并与知识产权相关的信息。

33. 【答案】A

【解析】1.6.3 延续式与颠覆式产品创新

颠覆式创新的特点：
- 新产品或新服务聚焦于满足现有产品或市场中细分市场的需求。
- 虽然新产品与现有产品相比在某些方面有所不足，但是新产品为细分市场内的客户提供了他们看重的独有特性，这些客户能够引领或极大地影响整体市场的需求。由此，新产品在市场立足。
- 经过一段时间，新产品的整体特性被改进到一定程度后，越来越多的客户"被转化"。此时，该产品新特性带来的价值远远超过了所有负面特性或性能不足所造成的影响。

34. 【答案】C

【解析】1.2.2 愿景（Vision）

"愿景是运用远见与洞察力展开想象的行为。它既考虑了未来的可能性，又考虑了现实的约束性，是组织最期望的未来状态。"（卡恩，2013）

示例：亚马逊公司（Amazon）的愿景

"成为全球最以客户为中心的公司，为人们打造一个能买到任何所需商品的线上平台。"

35. 【答案】C

【解析】图1.27 开放式创新的关键成功因素与管理风格

36. 【答案】C

【解析】1.2.3 使命（Mission）

使命是关于组织纲领、哲学、宗旨、经营原则和公司信念的说明，它确保组织的精力和资源得以聚焦。

37. 【答案】B

【解析】1.6.2 迈尔斯和斯诺战略框架

2. 采用防御者战略的组织
- 规避风险，聚焦于某一较窄、稳定的市场和产品类别。
- 聚焦于核心能力，甚至某个单一技术。
- 不做激进式创新。
- 对竞争威胁反应敏捷。

- 在其聚焦的产品类别中拥有全系列产品。
- 产品创新仅限于产品改进。
- 通常在技术上不够进取。

38. 【答案】B
    【解析】图 1.14 技术 S 曲线

39. 【答案】D
    【解析】图 1.21 波士顿矩阵

40. 【答案】A
    【解析】1.7.3 知识产权战略
    知识产权类型
    - 专利（Patent）：在一定时间阶段内生效并由政府授权或许可的权利，尤其指禁止他人制造、使用或销售一个发明的独有权利。
    - 版权（Copyright）：在一定年限内，给予原创者独有的、指定的法律权利，包括印刷、出版、表演、放映、录制的文学艺术或音乐成果。
    - 商标（Trademarks）：用于代表公司或者产品并经法定注册或许可的符号、单词或词组。
    - 植物品种权（Plant Variety Rights）：给予种植和销售某种可繁殖植物的独有权利。
    - 商业秘密（Trade Secrets）：在组织内保持秘密状态并与知识产权相关的信息。

41. 【答案】A
    【解析】1.3.1 经营战略（Business Strategy，也称为业务战略）
    波特（1996）认为，竞争战略就是"做到与众不同"。他还提到："要有目的、有意识地选择一组与众不同的行动，以提供独特的价值组合。"简而言之，波特认为战略就是竞争定位，就是差异化，要通过一系列与竞争对手不同的做法为客户增加价值。
    Tregoe 和 Zimmerman 于 1980 年将经营战略定义为"指导并决定组织性质和方向的框架"。换言之，就是选择所提供的产品（或服务）及市场。

42. 【答案】D
    【解析】1.6.2 迈尔斯和斯诺战略框架

43. 【答案】B
    【解析】图 1.12 创新景观图
    常规式创新（Routine Innovation）。将组织现有技术能力与现有商业模式进行组合的创新，产品创新专注于改进特性和发布新版本或新款产品。
    颠覆式创新（Disruptive Innovation）。创新商业模式，但无需新技术。例如，谷歌的安卓操作系统就可能颠覆苹果的操作系统（参考1.6.3节延续式创新与颠覆式创新的比较）。

激进式创新（Radical Innovation）。该类创新主要聚焦于技术创新。例如，基因工程和生物医药技术对制药企业有重大影响。

架构式创新（Architectural Innovation）。将技术创新和商业模式创新结合。典型案例之一就是数字摄影产品颠覆了柯达和宝丽莱等公司。

44.【答案】D
【解析】图1.12 创新景观图
常规式创新（Routine Innovation）。将组织现有技术能力与现有商业模式进行组合的创新，产品创新专注于改进特性和发布新版本或新款产品。

颠覆式创新（Disruptive Innovation）。创新商业模式，但无需新技术。比如，谷歌的安卓操作系统就可能颠覆苹果的操作系统（参考1.6.3节延续式创新与颠覆式创新的比较）。

激进式创新（Radical Innovation）。该类创新主要聚焦于技术创新。例如，基因工程和生物医药技术对制药企业有重大影响。

架构式创新（Architectural Innovation）。将技术创新和商业模式创新结合。典型案例之一就是数字摄影产品颠覆了柯达和宝丽莱等公司。

45.【答案】B
【解析】图1.14 技术S曲线
引入阶段：采用技术的最初阶段，技术性能往往有限，应用该技术的公司要承担较大的风险。由于不愿承担风险，或者害怕产品失败或降低客户满意度，一些组织只采用风险相对较低的创新战略。但是，敢于采用高风险战略的组织认为，引入阶段的技术为自身带来了在市场上获得早期立足点并成为市场领导者的机会。

46.【答案】D
【解析】图1.16 知识产权管理方法

47.【答案】D
【解析】图1.20 产品的三个层次

48.【答案】D
【解析】1.8 开放式创新

49.【答案】A
【解析】1.7.1 产品平台战略

50. 【答案】D
    【解析】图1.28 开放式创新的参与机制

51. 【答案】B
    【解析】1.4 制定战略前的准备

52. 【答案】B
    【解析】1.9.2 可持续性与战略

53. 【答案】C
    【解析】1.9.4 可持续产品创新

54. 【答案】C
    【解析】1.4.3 德尔菲技术（Delphi Technique）

55. 【答案】A
    【解析】1.4.2 PESTLE 分析
    PESTLE 分析是一种结构化的宏观环境分析工具，包括政治（Political）、经济（Economic）、社会（Social）、技术（Technological）、法律（Legal）和环境（Environmental）因素。作为战略框架，PESTLE 分析可以用于更好地了解那些直接影响组织未来趋势的因素，如人口统计、政治障碍、颠覆性技术和竞争压力。在开办新业务或进入新的国外市场时，该工具特别有用（图1.7）。

56. 【答案】C
    【解析】图1.29 可持续性成熟度模型

57. 【答案】D
    【解析】1.6.1 波特竞争战略
    成本领先战略

58. 【答案】B
    【解析】1.9.4 可持续产品创新
    可持续发展是"既满足当代发展需要，又不损害后代满足自身需要能力的发展模式"。（布伦特兰委员会，世界环境与发展委员会报告《我们共同的未来》，1987）。

59. 【答案】B
    【解析】图1.29 可持续性成熟度模型

60. 【答案】D
    【解析】1.9 可持续创新

61. 【答案】B
    【解析】1.2.1 组织身份
    组织身份的主要特征是：
    - 核心性。如果一个特征发生变化，组织性质就会相应发生变化。
    - 持久性。在组织中根深蒂固的特征，通常是神圣不可侵犯的或在组织发展历史中形成的特征。
    - 独特性。该组织有别于其他类似组织的特征。

62. 【答案】C
    【解析】1.7.1 产品平台战略
    产品平台战略是大多数公司开发新产品的基础。产品平台战略是将产品中的一些子系统及接口组成一个共用架构，继而在该共用架构上高效地开发和制造一系列衍生产品的战略。

63. 【答案】C
    【解析】1.9.4 可持续产品创新
    循环经济（Circular Economy）的目标是在产品生命周期中形成闭环。循环经济基于以下三个原则。
    原则一：通过控制有限的存量和对可再生资源的流动进行平衡，从而保护并增加自然资源。
    原则二：通过循环利用产品、零部件和原材料，优化资源产出，并在技术和生物周期中保持资源利用率最大化。
    原则三：通过发现并消除外部负面影响提升系统效率。

64. 【答案】A
    【解析】1.7.3 知识产权战略
    知识产权类型
    - 专利（Patent）：在一定时间阶段内生效并由政府授权或许可的权利，尤其指禁止他人制造、使用或销售一个发明的独有权利。
    - 版权（Copyright）：在一定年限内，给予原创者独有的、指定的法律权利，包括印刷、出版、表演、放映、录制的文学艺术或音乐成果。
    - 商标（Trademarks）：用于代表公司或者产品并经法定注册或许可的符号、单词或词组。
    - 植物品种权（Plant Variety Rights）：给予种植和销售某种可繁殖植物的独有权利。
    - 商业秘密（Trade Secrets）：在组织内保持秘密状态并与知识产权相关的信息。

65. 【答案】D
　　【解析】图 1.27 开放式创新的关键成功因素与管理风格

66. 【答案】A
　　【解析】1.8 开放式创新

67. 【答案】B
　　【解析】1.6.1 波特竞争战略
　　成本领先战略的特点：
　　● 通过吸引价格敏感型客户提升公司的市场份额。
　　● 一些大众消费品公司经常采用该战略。
　　● 可以通过以下途径实现成本领先：
　　　——规模经济，即通过提高产量来降低单位制造成本。
　　　——提供"不花哨"或"有价值"的产品，并降低整体制造成本。
　　　——优化供应链，将零部件、原材料、包装进行标准化，并采用准时制（Just-In-Time，JIT）交付。

68. 【答案】C
　　【解析】1.6.1 波特竞争战略
　　在价格竞争激烈的市场中，成本领先通常是进入市场或者保持市场地位的唯一方法。在这类市场上，因为竞争激烈，所以客户对产品的差异化并不敏感。

69. 【答案】D
　　【解析】图 1.20 产品的三个层次
　　● 核心利益（Core Benefits）：目标市场从产品中获得的收益。
　　● 有形特性（Tangible Features）：产品的外观美学特性和物理功能特性。
　　● 增强特性（Augmented Features）：额外提供的收益，可以是免费的，也可以让产品价格更高。

70. 【答案】A
　　【解析】1.6.2 迈尔斯和斯诺战略框架
　　图 1.10 迈尔斯和斯诺战略框架

71. 【答案】A
　　【解析】1.6.2 迈尔斯和斯诺战略框架
　　采取探索者战略的组织
　　● 敢冒风险，渴望寻求新机会。
　　● 开发和应用新技术的灵活度高。

- 通过较快的上市速度，获得更大的市场份额。

72. 【答案】D

   【解析】1.1 什么是战略

   战略的广义定义是实现未来理想的方法或计划，如实现目标的路径或解决问题的方案。在商业中，战略是"定义并体现组织的独特定位，说明组织如何通过整合资源、技能与能力以获得竞争优势"（波特，2008）或"根据行业定位、机遇和资源，组织为实现长远目标而制订的计划"（科特勒，2012）。

# 第 2 章

组合管理练习题参考答案及解析

1. 【答案】B
   【解析】图 2.4 评分法示例

2. 【答案】A
   【解析】2.4.2 将产品组合可视化
   图 2.7 组合气泡图：风险、回报与投资额

3. 【答案】A
   【解析】2.1.1 什么是组合管理
   库珀等（2015）提出了组合管理要实现的五个目标。
   价值最大（Value Maximization）：通过配置资源实现组合价值最大化（各个项目的商业价值总和）。

4. 【答案】A
   【解析】2.3.2 定量评估方法
   通过一些具体的财务指标可以明确项目成本（资本支出）和累计净收入（收入减去成本）之间的关系。这些指标有：
   - 净现值（Net Present Value，NPV）。
   - 内部收益率（Internal Rate of Return，IRR）。
   - 投资回报率（Return on Investment，ROI）。
   - 投资回收期（Payback Period，PBP）。

5. 【答案】B
   【解析】2.1.3 组合中的项目类型

6. 【答案】D
   【解析】2.6.2 组合管理准则
   运用敏捷方法管理项目的组织（如软件业），需要更频繁地进行项目组合评审，因为敏捷项目范围会快速频繁地变化，即使在开发后期也是如此。因此，不但项目优先级会因战略变化而变化，而且项目本身的定义和范围也会变化，变得不再像之前一样与经

营战略保持一致。

7. 【答案】A

【解析】2.3.1 定性评估方法

大多数成功因素都是众所周知的，也是很好理解的，特别是对传统行业而言。如果直接将这些成功因素作为标准评估新产品机会，得出的结论就会有相当高的置信度。
其他一些评估标准：
- 战略一致性。
- 技术可行性。
- 风险水平。
- 监管影响。
- 短期财务回报。
- 长期财务回报。
- 研发费用。
- 达到盈亏平衡点或实现盈利所需时间。
- 产品或产品线的收益范围。
- 投资资金来源。

8. 【答案】C

【解析】图 2.6 产品组合示例

9. 【答案】C

【解析】项目发起人（Project Sponsor）：项目的授权者、资金提供者和项目目标的制定者，同时也需要向其展示最终结果。通常为资深的管理者。

10. 【答案】C

【解析】2.1.3 组合中的项目类型

11. 【答案】C

【解析】2.4.1 实现平衡组合

12. 【答案】A

【解析】图 2.14 组合管理复杂度变化

13. 【答案】D

【解析】2.1.1 什么是组合管理

库珀等（2015）提出了组合管理要实现的五个目标。

（1）价值最大（Value Maximization）：通过配置资源实现组合价值最大化（各个项目的商业价值总和）。
（2）项目平衡（Balance）：根据预设的标准选择不同类型的项目，并实现项目平衡。标准包括长期与短期、高风险与低风险、产品或市场类型等。
（3）战略一致（Business Strategic Alignment）：确保整体组合与组织经营战略及创新战略保持一致，也确保组合中的投资与组织的战略优先级保持一致。
（4）管道平衡（Pipeline Balance）：大多数公司在产品组合中囊括太多的项目，因此要确保资源和聚焦领域不至于太过分散。应确保项目数量合理，以达到管道中资源需求和可用资源供给之间的最佳平衡。
（5）盈利充分（Sufficiency）：确保在产品组合中选定的项目能够实现产品创新战略中设定的财务目标。

14. 【答案】D
【解析】2.3.2 定量评估方法
在早期的评估产品创意阶段，数据来源有限，此时可用较为主观的财务评分法或基于主观估算的财务分析法（如销售潜力估算）对创意进行评估。随着开发流程进入资金技术密集期，财务分析就变得越来越有价值、越来越重要。基于可靠信息和数据的详细财务分析就成为组合分析中必不可少的工具。

15. 【答案】C
【解析】2.3 新产品机会评估与选择
组织应持续不断地寻找新产品机会。新产品机会来自：
- 分析当前产品组合，找出可以进行产品改进或产品线延伸的领域。
- 创意生成工具或创造性思维技术。

16. 【答案】A
【解析】2.6.2 组合管理准则

17. 【答案】D
【解析】2.4 平衡组合

18. 【答案】A
【解析】2.7 组合绩效度量指标

19. 【答案】A
【解析】2.2.1 组合与战略的连接方法
库珀等（2001）提出了在组合管理中实现战略一致的三个目标：
- 战略匹配——项目与所制定的战略是否一致？例如，如果将某些技术或市场定为战略重点领域,那么这些项目是否在这些领域中?
- 战略贡献——在经营战略中定义了哪些具体目标?例如,"在现有市场中获得更多的份额"或"进入一个新的产品类别",这些项目在多大程度上促成了这些目标的实现?
- 战略优先级——组合中分配在项目上的资金是否体现了战略优先级?例如,如果该组织将重点放在技术领先上,那么组合中对项目的投资额度及比例就应体现该重点。

20. 【答案】B
【解析】2.2.1 组合与战略的连接方法
自上而下法
如果由组织中的最高权力拥有者(如首席执行官)决定所有项目,那么就是"自上而下法",但这么做无法利用组织中其他人员的知识和经验。这里介绍的自上而下法平衡了组织高层级的方向和较低层级的输入,该方法也被称为"战略桶"。用不同的"战略桶"代表项目类型,用"战略桶"的大小代表完成项目所需的资源数量。

21. 【答案】B
【解析】2.5.1 资源配置方法
基于新经营目标的资源配置方法和步骤
(1) 始于新产品目标,先问:"希望从新产品中获得多少回报或利润?"
(2) 使用财务分析方法计算组合中每个新产品的潜在回报或利润,如经济附加值(Economic Value Added,EVA)或现金流折现。
(3) 基于经营目标,对项目及其潜在回报进行排序,选择出累计财务回报能满足经营目标的项目。
(4) 对每个项目进行规划,根据资源可用性和时间段确定资源需求。

22. 【答案】D
【解析】2.1.1 什么是组合管理

23. 【答案】C
【解析】2.3.2 定量评估方法
图2.5 描述了对新产品机会进行财务分析的框架,该框架清楚地表明了财务量化分析所需的信息。
- 收入:基于销量和价格。
- 成本:基于制造和营销成本。
- 资本支出:在建筑物、厂房及设备上投入的资金。

24. 【答案】D
【解析】图2.14 组合管理复杂度变化

25. 【答案】A
    【解析】2.3 新产品机会评估与选择

26. 【答案】A
    【解析】2.6.2 组合管理准则
    意外结果：在采用评分标准给项目打分时，会出现项目最被看好但分数最低的意外结果，这种情况屡见不鲜。此时应该考虑标准是否完整，或者被看好的项目是否已经失去了原有价值。

27. 【答案】D
    【解析】2.4.2 将产品组合可视化
    在向高级管理层进行报告时，使用气泡图特别有效，汇报者可以相对简单又一目了然地报告组合总体状况，也很容易发现组合中的空白或与经营战略及目标不一致之处。

28. 【答案】C
    【解析】2.1.1 什么是组合管理
    库珀等（2015）提出了组合管理要实现的五个目标。

29. 【答案】D
    【解析】2.5 资源配置

第3章
产品创新流程练习题参考答案及解析

1. 【答案】D
   【解析】3.1.3 管理新产品失败风险
   在产品创新流程中,随着时间的推移,累积成本会逐渐增加。产品开发者面临的挑战是在不断增加成本的过程中降低产品失败的概率(不确定性水平)(图3.1和图3.2)。
   图3.1说明了在产品创新项目的开发阶段,产品创新成本如资源、人力、材料和时间消耗的增长趋势。
   随着项目不断推进,对产品的定义会越来越明确(项目管理协会称之为"渐进明细"),项目、产品、市场和其他关键因素的不确定性也会越来越少,也更易于预测,产品成功率也会随之增加。
   产品创新团队要在项目成功和累积成本两者之间进行平衡。在项目早期阶段,产品创新失败率最高。

2. 【答案】D
   【解析】图3.12 设计思维框架

3. 【答案】D
   【解析】3.3.1 门径流程
   开发(Development):产品设计、原型制作、可制造性设计、制造准备和上市规划。

4. 【答案】B
   【解析】3.3.2 集成产品开发
   并行工程的基本前提建立在两个概念之上。其一,产品生命周期中的所有要素,从功能、制造、装配、测试、维护、环境影响到最终的退市和回收,都应在早期设计阶段被逐一考虑。其二,考虑到并行流程能显著提高生产率和产品质量,这些设计活动都应同时进行,即并行。这样一来,就可以在早期设计阶段,即项目仍具灵活性时,发现错误并优化设计。尽早识别和解决问题可以避免因后期错误造成的高昂代价,尤其当项目推进至更复杂的测试阶段和硬件生产阶段时更是如此。

5. 【答案】D

【解析】3.3.2 集成产品开发

并行工程取代了传统的瀑布模型（Waterfall Model）。瀑布模型的推出首先要归功于温斯顿·罗伊斯（1970）。在21世纪初，瀑布模型被广泛应用于软件行业。

6. 【答案】A

【解析】3.3.4 敏捷产品创新方法

产品待办列表

产品待办列表包含系统的需求，其中的产品待办项（Product Backlog Items）按照优先级进行排序。需求包括客户提出的功能性和非功能性需求，以及由技术团队提出的需求。产品待办列表有多种来源。产品负责人负责对产品待办列表进行优先级排序。一个产品待办项是团队在一次冲刺迭代周期中要完成的最小工作单元。

7. 【答案】D

【解析】3.3.2 集成产品开发

瀑布模型的五个典型阶段

- 需求：了解用户需求和产品所需的功能、目的等。
- 设计：设计产品的特性和功能，确保能够在实施阶段满足客户需求，包括可行性分析和规划。
- 实施：按照产品设计方案进行开发。
- 验证：确保产品符合客户期望。
- 维护：通过客户确定产品设计中的不足或错误，开展优化工作。

8. 【答案】C

【解析】3.3.1 门径流程

门径流程的主要阶段

- 发现（Discovery）：寻找新机会和新创意。
- 筛选（Scoping）：初步评估市场机会、技术需求及能力的可获得性。
- 商业论证（Business Case）：筛选阶段之后的一个关键阶段。在该阶段要进行更为深入的技术、市场及商业可行性分析。
- 开发（Development）：产品设计、原型制作、可制造性设计、制造准备和上市规划。
- 测试与确认（Testing and Validation）：测试产品及其商业化计划的所有方面，以确认所有假设和结论。
- 上市（Launch）：产品的完整商业化，包括规模化制造及商业化上市。

9. 【答案】B

3.4.2 敏捷方法与门径流程

库珀很好地澄清了门径流程和敏捷方法的特点，如图3.17所示。他提出了一个得到大众认可的观点：门径流程适用于开发硬件产品，而敏捷方法适用于开发软件产品。他继而得出结论：这两种方法是相对独立的。库珀认为："敏捷方法和门径流程不是互相取代的关系。相反，敏捷方法是一种有效的微观规划工具或项目管理工具，可以用于门径流程中以加快某些阶段，如阶段 3 和阶段 4。"（库珀，2015）

在可以加速门径流程的某些阶段，如果没有门径流程可选，就选产品创新流程。

10. 【答案】A
【解析】3.1.2 产品创新是"风险与回报"过程
2012 年，产品开发与管理协会的一项调查显示，新产品成功率为 61%（Markham 和 Lee，2013）。新产品成功率在很大程度上取决于企业采用的产品创新实践和流程的质量。
- 最佳公司的新产品成功率为 82%。
- 其他公司的新产品成功率为 59%。

显而易见，提升新产品的成功率是完全可能的，也有一些创新实践和流程可以帮助提升新产品的成功率。

11. 【答案】B
【解析】3.3.2 集成产品开发
集成产品开发的定义为："系统地运用由多功能学科集成而得的团队成果，有效果、有效率地开发新产品，以满足客户需求的一种理念。"（卡恩，2013）

12. 【答案】A
【解析】3.3.2 集成产品开发
瀑布模型的五个典型阶段是：
- 需求：了解用户需求和产品所需的功能、目的等。
- 设计：设计产品的特性和功能，确保能够在实施阶段满足客户需求，包括可行性分析和规划。
- 实施：按照产品设计方案进行开发。
- 验证：确保产品符合客户期望。
- 维护：通过客户确定产品设计中的不足或错误，开展优化工作。

13. 【答案】B
【解析】3.4.1 敏捷方法与精益方法
敏捷方法和精益方法有显著不同。很多人觉得它们在某种程度上是一样的，实际上并非如此。

精益方法旨在减少浪费，提高运营效率，尤其适用于制造过程中常见的重复性任务。在产品创新中，精益方法的真正价值在于它聚焦于一整套核心原则或指导方针，这些都是产品创新流程的根基。精益方法并不是专注于成功开发新产品所要开展具体活动和任务的明确流程。3.3.3 总结了 13 条精益产品创新原则,丰田公司率先运用了这些原则。

创建敏捷方法的初衷是希望在一个较短的时间周期内执行任务,与客户进行频繁互动,并能够对变化做出迅速响应。

14. 【答案】A
 【解析】3.3.3 精益产品创新方法
 潜在的浪费来源包括:
 - 混乱的工作环境。
 - 资源、短缺。
 - 没有明确的优先级。
 ……

15. 【答案】C
 【解析】敏捷三角色:PO,SM,Team

16. 【答案】A
 【解析】3.3.4 敏捷产品创新方法
 敏捷团队
 敏捷团队通常由 7 人组成,也可在此基础上增减 2 人。为了实现冲刺目标,团队成员通常由多个职能部门(跨职能团队)的人员组成。软件开发团队成员包括软件工程师、架构师、程序员、分析员、质量专家、测试员及用户界面设计师等。在冲刺期间,团队通过自组织的方式实现冲刺目标。团队在实现目标的方法上享有自主权,并对这些目标负责。

17. 【答案】D
 【解析】3.3.5 系统工程
 不同地区的人会采用不同的产品创新流程。例如,在亚太地区,集成产品开发很受欢迎;在一些地区,系统工程就很流行;非洲地区则会采用各种流程。系统工程将系统思维与系统流程模型结合起来,通过系统、集成化的设计流程及项目管理方法、工具开发出解决方案。所有系统都由具有属性或功能的部件或元素[基础模块(Building Block)]组成,这些元素通过特定关系相互链接。多系统由一个系统与另一个系统相关的多个元素组成,也称为大系统或环境。系统的复杂度由系统或子系统的动态性、可变性、种类、多样性和规模所决定。

18. 【答案】B

【解析】图 3.13 开发—测量—学习循环

19. 【答案】A
    【解析】3.2 产品创新章程

20. 【答案】D
    【解析】3.2 产品创新章程

21. 【答案】C
    【解析】3.3.5 系统工程
    系统工程的特点
    - 预先、有目的和深入的设计思考。
    - 通过从一般分析到具体分析来界定问题。
    - 跨学科。
    - 复杂度管理。
    - 降低成本。
    - 降低风险。
    - 加快项目进度。
    - 优化。
    - 改进产品质量。

    系统工程确保综合考虑项目或系统的所有方面，并将这些方面整合到一起。

22. 【答案】D
    【解析】3.2 产品创新章程
    产自创新章程——特别准则（Special Guidelines）
    - 项目团队内的工作关系，包括召开会议的时间和方式。
    - 项目汇报，包括频率、形式和具体相关方。
    - 预算支出责任。
    - 外部机构的参与，如监管机构。
    - 与上市时间或产品质量有关的具体要求。
    - 项目治理和领导力。

23. 【答案】D
    【解析】图 3.1 产品创新成本投入水平

24. 【答案】A
    【解析】术语表把关者（Gatekeepers）：门径流程中的管理者，对项目的建议、决策和投资负责。该多职能小组运用既定的业务标准，评审新产品机会和项目进度并在每个关口相应地分配资源。该小组通常也称为"产品批准委员会"或"项目组合管理团队"。

把关者不一定非得是高级管理层。

25. 【答案】C

【解析】3.1.5 在产品创新流程中"前端"的重要性

产品创新项目的"前端"（Front-End）阶段是成功的关键，也是流程的起点。在进入正式的产品创新流程之前，组织在该阶段识别机会并生成概念。该阶段包括创意生成、初始概念开发及产品创新项目如何为整体产品创新战略做出贡献的总体策划。一些文献将其称为"模糊前端"（Fuzzy Front End，FFE），因为其是项目中定义最不明确的阶段。

在该阶段，产品或解决方案的概念还不具体也不清晰，仍在形成中，也未能完整定义价值主张。该阶段也称为创新前端（Front End of Innovation，FEI），通常会在相关文件中予以说明。

26. 【答案】D

【解析】3.3.1 门径流程

门径流程的主要阶段

- 发现（Discovery）：寻找新机会和新创意。
- 筛选（Scoping）：初步评估市场机会、技术需求及能力的可获得性。
- 商业论证（Business Case）：筛选阶段之后的一个关键阶段。在该阶段要进行更为深入的技术、市场及商业可行性分析。
- 开发（Development）：产品设计、原型制作、可制造性设计、制造准备和上市规划。
- 测试与确认（Testing and Validation）：测试产品及其商业化计划的所有方面，以确认所有假设和结论。
- 上市（Launch）：产品的完整商业化，包括规模化制造及商业化上市。

27. 【答案】A

【解析】3.2 产品创新章程

产品创新章程的内容

产品创新章程通常是一个相对简短的总括性文件，并包含一些附件，如项目计划和附录等。它包括以下部分：

- 背景。
- 聚焦领域。
- 总体目标和具体目标。
- 特别准则。
- 可持续性。

28. 【答案】B

【解析】3.3.4 敏捷产品创新方法

回顾会

在每次冲刺结束后召开回顾会，目的是识别并记录从上一次冲刺中吸取的经验教训。通过绩效评估，帮助团队持续改进。在回顾会上，通常会讨论以下问题：

- 哪些工作进展顺利及为什么（继续做有效的工作和/或将新的工作纳入）。
- 哪些工作进展不顺利及为什么。
- 如何处理进展不顺利的工作，并为冲刺规划提供依据。

29. 【答案】C

【解析】以下是敏捷产品创新方法的 12 条原则：

（1）我们的首要任务是通过尽早和持续交付有价值的软件满足客户。
（2）即使在开发后期，我们也欢迎需求变更。敏捷方法将这些变更转化为客户的竞争优势。
（3）频繁地交付可运行的软件，数周或者数月交付一次，时间间隔越短越好。
（4）项目期间，业务人员与开发者共同工作。
（5）招募积极主动的人员来开发项目，为他们提供所需的环境和支持，相信他们能做好自己的工作。
（6）开发团队里最省时有效的信息传递方式是面对面交流。
（7）可运行的软件是衡量进展的主要标准。
（8）敏捷方法有利于可持续开发。发起人、开发者和用户应始终保持固定的前进步伐。
（9）持续关注先进的技术和优秀的设计，提高敏捷性。
（10）简洁——令待办工作最少化的艺术是一切的基础。
（11）只有自组织团队才能做出最好的架构和设计。
（12）团队定期反思如何提高效率并调整工作流程。

30. 【答案】C

【解析】3.3.6 设计思维

图 3.12 设计思维框架

图 3.12　设计思维框架

31. 【答案】B

【解析】3.3.1 门径流程

图3.4 门径流程的基本框架

32. 【答案】B

【解析】激进式创新（Radical Innovation）。该类创新主要聚焦于技术创新。例如，基因工程和生物医药技术对制药企业有重大影响。

33. 【答案】C

【解析】当项目进入执行阶段时，执行者会将创意转化为行动。他们以细节为导向，专注于交付项目计划设定的里程碑。

34. 【答案】C

【解析】产品创新项目的"前端"（Front-End）阶段是成功的关键，也是流程的起点。在进入正式的产品创新流程之前，组织在该阶段识别机会并生成概念。该阶段包括创意生成、初始概念开发及产品创新项目如何为整体产品创新战略做出贡献的总体策划。在产品创新项目的早期阶段，要寻求并评估组织项目和产品组合管理流程结果之间的一致性（第2章），其中包括项目选择和评审。为了减少不确定性，在早期阶段就要进行严格评估（Due Diligence），尽可能定义项目或产品，并为下一阶段设定适当的计划详细程度。如果不这么做，就会影响项目，项目组合管理管道流程也会给产品创新或项目带来一些意想不到的后果。

35. 【答案】D

【解析】敏捷门径混合型流程将门径流程和敏捷方法两者的优点进行结合，即门径流程的聚焦、结构化和控制，以及敏捷方法的速度、灵敏性和生产率（库珀等，2018）。以下内容摘自库珀等于2018年发表的研究报告。

优点

- 产品设计更为灵活。
- 产品上市速度更快。
- 生产率更高。
- 应对市场变化的能力更强。
- 主动响应客户需求的能力更高。
- 沟通和协同更好，团队士气更高。
- 更为聚焦，项目成果更多。

36. 【答案】D

【解析】3.3.7 精益创业

5. 最小可行产品

37. 【答案】C
【解析】3.3.7 精益创业
要正确运用精益创业，就要考虑六个关键因素。
1. 开发—测量—学习循环（Build-Measure-Learn）
2. 商业模式画布
3. 学习计划——螺旋式提升
4. 创业三阶段：问题和解决方案匹配、产品与市场匹配及规模化
5. 最小可行产品
6. 转型

38. 【答案】B
【解析】3.3.5 系统工程
优点
- 多系统优势明显且极具价值。
- 与设计相关的决策非常详细，并可在客户深度参与下提前做出决策。
- 在项目早期就有学习机会（随着项目进展而逐渐增加专业知识），可将知识传播给所有相关方。
- 容易识别和管理即将发生的变化。

39. 【答案】D
【解析】3.3.7 精益创业
6. 转型
放大式转型。将产品中的某一功能转为整个产品。该转型突出了聚焦和最小可行产品的价值，能够快速高效地交付产品。

40. 【答案】C
【解析】3.3.3 精益产品创新方法

41. 【答案】D
【解析】3.3.2 集成产品开发
并行工程的基本前提建立在两个概念之上。其一，产品生命周期中的所有要素，从功能、制造、装配、测试、维护、环境影响到最终的退市和回收，都应在早期设计阶段被逐一考虑；其二，考虑到并行流程能显著提高生产率和产品质量，这些设计活动都应同时进行，即并行。这样一来，就可以在早期设计阶段，即项目仍具灵活性时，发现错误并优化设计。尽早识别和解决问题可以避免因后期错误造成的高昂代价，尤其

当项目推进至更复杂的测试阶段和硬件生产阶段时更是如此。

42. 【答案】A

    【解析】3.3.3 精益产品创新方法
    潜在的浪费来源。包括：
    - 混乱的工作环境。
    - 资源短缺。
    - 没有明确的优先级。
    - 跨职能沟通障碍。
    - 糟糕的产品需求定义。
    - 早期没有考虑可制造性。
    - 过度设计。
    - 过多的无效会议。
    - 过多的电子邮件。

43. 【答案】D

    【解析】3.3.7 精益创业
    开发—测量—学习循环（Build-Measure-Learn）

44. 【答案】A

    【解析】3.3.4 敏捷产品创新方法
    Scrum 是最常用的敏捷框架。团队以 Scrum 为框架，在一系列固定周期的迭代中开发产品，并以固定的节奏发布软件。

45. 【答案】A

    【解析】3.3.4 敏捷产品创新方法
    敏捷团队

46. 【答案】D

    【解析】3.3 产品创新流程模型

47. 【答案】A

    【解析】3.1.3 管理新产品失败风险

48. 【答案】C

    【解析】3.3.1 门径流程
    门径流程的主要阶段

- 发现（Discovery）：寻找新机会和新创意。
- 筛选（Scoping）：初步评估市场机会、技术需求及能力的可获得性。
- 商业论证（Business Case）：筛选阶段之后的一个关键阶段。在该阶段要进行更为深入的技术、市场及商业可行性分析。
- 开发（Development）：产品设计、原型制作、可制造性设计、制造准备和上市规划。
- 测试与确认（Testing and Validation）：测试产品及其商业化计划的所有方面，以确认所有假设和结论。
- 上市（Launch）：产品的完整商业化，包括规模化制造及商业化上市。

49. 【答案】A
    【解析】3.3.1 门径流程

50. 【答案】C
    【解析】图 3.8 集成产品开发体系的组织实践等级

51. 【答案】A
    【解析】3.3.3 精益产品创新方法

52. 【答案】A
    【解析】3.4.1 敏捷方法与精益方法

53. 【答案】B
    【解析】3.2 产品创新章程
    产品创新章程通常是一个相对简短的总括性文件，并包含一些附件，如项目计划和附录等。它包括以下部分：
    - 背景。
    - 聚焦领域。
    - 总体目标和具体目标。
    - 特别准则。
    - 可持续性。

54. 【答案】B
    【解析】3.3.7 精益创业
    5. 最小可行产品

55. 【答案】B

【解析】3.2 产品创新章程

产品创新章程的内容

产品创新章程通常是一个相对简短的总括性文件，并包含一些附件，如项目计划和附录等。它包括以下五部分：
- 背景。
- 聚焦领域。
- 总体目标和具体目标。
- 特别准则。
- 可持续性。

56. 【答案】D

【解析】3.3.1 门径流程

在门径流程中，阶段数量应根据具体情况进行调整，这取决于：
- 新产品上市的紧迫性。时间紧迫就要缩短流程，减少阶段数量。
- 与新产品不确定性或风险水平相关的技术和市场领域的知识储备。储备的知识越多，风险越小，阶段数量也就越少。
- 不确定性水平。不确定性越多，所需的信息越多，就要采取相应的风险应对策略，这会导致流程变长。

57. 【答案】A

【解析】3.3.6 设计思维

"设计思维是一种创造性的问题解决方法，或者更全面地说，是一种系统化、协作式的方法，用来识别问题并创造性地解决问题。"（卢更斯等，2015）

58. 【答案】C

【解析】3.3.5 系统工程

59. 【答案】A

【解析】3.3.7 精益创业

学习计划——螺旋式提升

60. 【答案】A

【解析】敏捷软件开发宣言
- 个体和互动高于流程和工具。
- 可工作的软件高于详尽的文档。
- 客户合作高于合同谈判。
- 响应变化高于遵循计划。

61. 【答案】A
    【解析】图 3.2 在产品创新生命周期中管理不确定性和成本

62. 【答案】A
    【解析】产品创新章程通常是一个相对简短的总括性文件，并包含一些附件，如项目计划和附录等。它包括以下五部分：
    - 背景。
    - 聚焦领域。
    - 总体目标和具体目标。
    - 特别准则。
    - 可持续性。

第 4 章
产品设计与开发工具练习题参考答案及解析

1. 【答案】D
   【解析】4.5.2 可生产性设计（Design for Production，DFP）
   可生产性设计的目的是在确保质量标准的同时，尽量减少产品成本和生产时间。

2. 【答案】B
   【解析】4.6.2 稳健设计（Robust Design）
   进入原型阶段后，产品设计中的每个属性和功能都要按照质量屋生成的技术规格及目标值展开。日本质量大师田口玄一博士提出了稳健设计这一概念。它强调在不消除变异原因的情况下减少产品质量的波动。换句话说，就是使产品或流程对变异不敏感。变异（有时称为噪声）来自多个方面，有三种主要类型的变异：内部变异（内噪声）、外部变异（外噪声）和部件间变异（部件间噪声）。内部变异是由于诸如机器磨损或材料老化等因素引起的。外部变异来自与环境有关的因素，如温度、湿度和灰尘。田口玄一的这种方法主要应用在产品概念选择和设计参数优化上，目的是将变异的影响降至最低。
   田口玄一博士提出了质量损失函数，将每个设计参数偏离目标值的程度与质量损失及其相关成本联系起来。信噪比是稳健性的度量指标，通过实验设计优化流程确定最佳的设计参数。

3. 【答案】C
   【解析】图 4.11 关键因素：如何满足客户需求
   Ⅱ、Ⅲ可以排除，故只能选 C。

4. 【答案】B
   【解析】4.2.2 创意生成工具
   故事板（Storyboaring）
   讲述消费者使用产品和体验的故事，目的是更好地理解有关具体产品设计属性或新需求的问题或话题。

5. 【答案】B
   【解析】4.4.4 逆向工程

逆向工程是价值分析中的拆解（Tear-Down）过程，可为产品改进提供思路。该方法的目的是通过对产品、系统、部件和数据进行拆解，来识别其中的功能，从而与竞争对手的产品和生产工艺进行比较。

逆向工程通过识别系统的组成部分，对其进行深层次的了解，着重识别功能，从而激发创新。通过逆向工程来开发新概念是完全可能的。模仿型逆向工程不做任何改变，只通过复制零部件实现预期性能。研究型逆向工程则是通过收集实体化设计中的信息对设计语言进行解码，同时发挥创造力，将这些信息进行重组，从而开发新的部件或概念。

6. 【答案】D

【解析】术语表

Scenario Analysis 情景分析：预想未来情景以制定策略来应对未来机会和挑战的一种工具。参见《PDMA 新产品开发工具手册1》第 16 章。

7. 【答案】A

【解析】4.6.3 情感化设计（Emotional Design）

感性工学（也称为感性工程学或感性工程）（Kansei Engineering）

该方法用于识别产品中的相关设计要素（如颜色、大小和形状等），这些要素决定了用户偏好。该方法需要识别感性词语。所使用的方法包括有声思维梯度法（Think-Aloud Laddering）、数量化理论 I（Quantification Theory I，QTI）、偏最小二乘法（PLS Analysis）及用于估算目的的遗传算法（Genetic）和模糊逻辑（Fuzzy Logic）。

8. 【答案】C

【解析】4.3.5 TRIZ

还有一些更为规范化的方法，例如：
- 40 个发明原理。
- 分离原理。
- 技术进化法则和进化趋势。
- 76 个标准解。

9. 【答案】A

【解析】4.2.1 什么是创意生成

在创意生成中有两种思维方式。

- 发散思维（Divergent Thinking）：不加判断、不加分析、不加讨论地提出创意和可能性的过程。它是允许自由联想和"打破边界"的思维方式，也是解决没有单一、正确或已知答案的重大问题的创新方法。
- 收敛思维（Convergent Thinking）：通过分析、判断和决策，对大量创意进行分类、评估和利弊分析，然后做出决策的过程，也称为"聚合思维"。

10. 【答案】A

【解析】4.2.1 什么是创意生成

在创意生成中有两种思维方式。

- 发散思维（Divergent Thinking）：不加判断、不加分析、不加讨论地提出创意和可能性的过程。它是允许自由联想和"打破边界"的思维方式，也是解决没有单一、正确或已知答案的重大问题的创新方法。
- 收敛思维（Convergent Thinking）：通过分析、判断和决策，对大量创意进行分类、评估和利弊分析，然后做出决策的过程，也称为"聚合思维"。

11. 【答案】D

【解析】4.6.3 情感化设计（Emotional Design）

情感分析（Sentiment Analysis）

该方法用于了解人们在博客或社交网络中对产品的评论和观点，并对这些评论进行分类。可以运用自动化技术来识别评论者在产品特性上表达的意见（正面、中性或负面）。

该方法运用了基本贝叶斯和深度学习算法。

12. 【答案】A

【解析】4.7.3 可持续性设计（Design for Sustainability，DFS）

SPSD 框架

SPSD（Sustainable Product and Service Development）意为可持续产品和服务开发。该方法旨在通过在产品生命周期中实现产品和服务的可持续开发，将提供产品转化为提供服务，以减少制造。

13. 【答案】D

【解析】评分法（Scoring）

评分法则更为详细一些，通常用于通过/失败法筛选之后。运用评分法时，需要更多信息才能做出较好的评估。

14. 【答案】B

【解析】衍生型项目（Derivative Projects）：由现有产品或平台衍生出来的项目，其可弥补现有产品线的空白。常常通过提高制造成本优势，或运用组织的核心技术等方式来提升性能或增加新特性。

15. 【答案】B

【解析】4.3 概念设计阶段

16. 【答案】B

【解析】4.3.1 概念工程（Concept Engineering Method）

该方法由质量管理中心（Center for Quality Management，CQM）、CQM会员企业和麻省理工学院合作开发。概念工程是以客户为中心的流程，明确了产品创新流程的"模糊前端"，目的是开发产品概念。该方法可以明确客户在设计中的关键需求，并提出几种满足这些需求的产品概念方案。该方法的步骤和具体活动如下：

第一阶段：了解客户环境

了解项目范围并制定路线图，用路线图来指导探索活动，收集客户之声并形成客户环境和产品应用的共同画像。通过客户访问和环境调查深度了解客户使用环境。将收集到的客户之声转化为需求，并纳入产品设计所包含的预期特性。该阶段要求设计团队用三角互证法（Triangulation of Perspectives）开发客户环境的共同画像。

……

17. 【答案】A

【解析】对标（Benchmarking）：收集一些优秀组织的过程绩效数据，将其与自身组织对照，从而单独或整体地评估自身组织绩效。收集信息的方式通常是保密和双盲的。

18. 【答案】D

【解析】支配型（Dominance，D）：具有"D"型工作风格的团队成员喜欢快节奏的工作。他们做决策很快，也会被认为要求过高。该类团队成员以行动为导向。

19. 【答案】D

【解析】感官检验是一种定量调研方法。它通过人类对被测产品的感官反应（视觉、味觉、嗅觉、触觉和听觉）评估产品。

20. 【答案】A

【解析】4.7.1 原型法（Prototyping）

21. 【答案】D

【解析】制订营销计划——设计具体的任务和活动，以实现营销战略和经营目标。

22. 【答案】C

【解析】4.7.1 原型法（Prototyping）

23. 【答案】A

【解析】4.3.3 形态分析（Morphological analysis）

典型的形态分析包括以下步骤：

- 以用户为中心，明确对产品设计而言至关重要的产品要素或维度。
- 将这些要素转化为概念或创意，创意可来源于每个要素的分支。

- 创建形态图，水平方向为要素或维度，在每个要素下有一连串的概念或创意。
- 将每个要素下的创意组合起来，形成解决方案，然后进入产品设计阶段。
- 制定具体标准，用其对解决方案进行优选。
- 新产品开发团队讨论可行的解决方案，并进行最终评估。

24.【答案】B
【解析】4.2.2 创意生成工具
用户画像（Personas）
用户画像是对用户群体进行客观和直接观察后所设计的虚构角色。这些角色被称为"典型用户"或"用户原型"。开发者通过这些角色能够预测客户对产品特性的态度和行为。开发者通常运用人口统计、行为、态度、生活方式和偏好等信息勾勒用户画像，然后用这些特征来识别细分人群或目标人群。根据用户画像，开发者可以了解用户使用产品时的场景，从而对设计进行分析和优化。

25.【答案】D
【解析】4.3 概念设计阶段

26.【答案】B
【解析】六顶思考帽（Six Thinking Hats）
- 白色：象征客观，聚焦在事实上。
- 黄色：象征积极，寻找价值和收益。
- 黑色：象征消极，寻找问题或缺陷。
- 红色：象征情绪，喜欢、不喜欢或害怕。
- 绿色：象征创造力，寻找新的创意、可能性和解决方案。
- 蓝色：象征控制，确保遵循正确的流程。

27.【答案】D
【解析】4.3.2 卡诺模型（Kano Method）

28.【答案】C
【解析】4.2.2 创意生成工具
六顶思考帽（Six Thinking Hats）
爱德华·德·博诺（Edward de Bono）开发的一种工具，它鼓励团队成员将思维方式分成六种明确的功能和角色，每种角色都有一项具有象征性颜色的"思考帽"。
- 白色：象征客观，聚焦在事实上。
- 黄色：象征积极，寻找价值和收益。
- 黑色：象征消极，寻找问题或缺陷。
- 红色：象征情绪，喜欢、不喜欢或害怕。

- 绿色：象征创造力，寻找新的创意、可能性和解决方案。
- 蓝色：象征控制，确保遵循正确的流程。

29. 【答案】D

    【解析】4.3.1 概念工程（Concept Engineering Method）

    第一阶段：了解客户环境。

    第二阶段：将对客户的了解转化为需求。

    第三阶段：用专业方法进行落实。

    第四阶段：生成概念。

    第五阶段：选择最终概念。

30. 【答案】C

    【解析】4.3.4 概念场景（Concept Scenarios）

31. 【答案】D

    【解析】4.4.4 逆向工程

32. 【答案】A

    【解析】4.2.2 创意生成工具

33. 【答案】C

    【解析】4.5.3 可装配性设计（Design for Assembly，DFA）

    业界有三种常用方法，分别为日立装配评估法、卢卡斯法和 BD（Boothroyd-Dewhurst）法。

34. 【答案】A

    【解析】4.6.3 情感化设计（Emotional Design）

    突发情绪法（Emergent Emotions）

    该方法认为情绪是动态、突发和递归的过程。用户对设计的反应模式是由评估结果所驱动的。情绪反应和对产品特性的期望会受到情绪影响，也会由差异化要求而引发。该方法利用人工智能环境下的神经网络和非线性动态建模来解释消费者的情绪过程，日内瓦情绪专家系统（Geneva Expert System on Emotions，GENESE）中描述了该情绪过程。

35. 【答案】B

    【解析】4.2.2 创意生成工具

    生命中的一天（A day in the life）

    该方法通过观察用户在一天中所从事的个人活动、遭遇的问题和产生的情绪，了解用户在体验产品或服务时的举动、行为和环境。

第4章 | 产品设计与开发工具练习题参考答案及解析

36. 【答案】A
【解析】4.6.2 稳健设计（Robust Design）
日本质量大师田口玄一博士提出了稳健设计这一概念。

37. 【答案】B
【解析】4.6.3 情感化设计（Emotional Design）

38. 【答案】C
【解析】4.7.1 原型法（Prototyping）
可体验原型法适用于产品或服务体验设计。该方法要求用结构化的方式描述不同交付阶段的产品或服务，以及产品和用户间的互动。在服务行业中，创建服务地图（Service Maps）或蓝图（Blueprints）是为了识别"关键时刻"（Critical Moments）或可能造成价值交付不足或遗漏的时刻。以产品为例，该方法用于研究用户与产生功能、情绪的产品使用设置之间的互动关系。该方法可以让用户、设计者和其他参与创造、创新和设计流程的人在"体验环境"和社会环境中成为积极的参与者，因为他们能够发现并生成丰富的产品解读。

39. 【答案】B
【解析】4.6.1 质量功能展开

40. 【答案】C
【解析】4.7.2 六西格玛设计

41. 【答案】D
【解析】4.7.2 六西格玛设计

42. 【答案】C
【解析】4.7.2 六西格玛设计
六西格玛方法旨在通过对各种流程的专项改进，来减少业务流程和制造流程中的变异。该方法需要团队所有成员的持续承诺。六西格玛设计是将六西格玛方法应用于产品、服务及其支持流程的设计或重新设计中，以满足客户的需求和期望。

43. 【答案】A
【解析】4.7.2 六西格玛设计
DMAIC 是数据驱动的质量战略，用于流程改进。

44. 【答案】B
【解析】4.3.5 TRIZ

TRIZ 是基于逻辑、数据而非直觉的问题解决方法。该方法能够快速提升项目团队创造性解决问题的能力。TRIZ 的结构和算法特点使其成为一种可重复、可预测，也很可靠的方法。

45. 【答案】A

    【解析】4.3.5 TRIZ

    应用 TRIZ 的重点在于学习解决问题的通用模式，并将 TRIZ 通用模式用于解决具体问题。图 4.3 TRIZ 问题解决矩阵。

46. 【答案】C

    【解析】4.4.3 FAST 技术图

    FAST 技术图按照"如何-为什么"（How-Why）的逻辑构建，将功能从左到右进行排列。当从左到右进行分析时，要回答一个问题：该功能是如何实现的。对该问题的回答通常会引出几个功能。当从右到左进行分析时，则要回答另一个问题：为什么需要该功能。该方法采用双向分析，即从左到右（如何）和从右到左（为什么）进行稳健设计和功能配置，并通过强化后验分析重新设计和改进产品。

47. 【答案】D

    【解析】4.3.5 TRIZ

    TRIZ 方法

48. 【答案】D

    【解析】4.2.2 创意生成工具

    用户体验地图是消费者使用产品或服务时的行动和行为流程图。用户接触到产品或服务的那一刻被称为"触点"。用户体验地图包括用户进一步体验时产生的情绪。通过用户体验地图可以识别差距，进而带来创造价值的机会。

49. 【答案】D

    【解析】4.7.1 原型法（Prototyping）

    快速原型法（Rapid Prototyping）

50. 【答案】D

    【解析】4.7.4 可持续性分析工具

    生命周期成本（Life Cycle Costing，LCC）

    传统的生命周期成本方法忽略了外部成本和生命周期结束成本。

51. 【答案】A

    【解析】4.5.5 可回收性设计（Design for Recycling，DFR）

可回收性设计是可持续性设计的一部分。可回收性设计指采用可回收再利用或可再加工的材料、零部件和产品。可回收性设计方法主要集中在产品再利用和再加工上。在可回收性设计流程中，应遵循一些指导原则，如易拆卸、材料兼容性好、材料易分离及零部件可回收再加工等。

52. 【答案】C
【解析】4.2.2 创意生成工具
SCAMPER 法
采用一系列行为动词激发创意的方法，特别适用于改进现有产品或开发新产品，有助于产生创意。SCAMPER 由以下词语的首字母组合而成：
- S（Substitute）——替代。
- C（Combine）——合并。
- A（Adapt）——改造。
- M（Modify）——调整。
- P（Put to another use）——改变用途。
- E（Eliminate）——去除。
- R（Reverse）——逆向操作。

53. 【答案】D
【解析】4.3 概念设计阶段

54. 【答案】B
【解析】4.4.2 功能分析
另一种分类方法是将功能分为使用功能和美学功能。使用功能是产品需要实现的功能，而美学功能要通过五种感觉——视觉、嗅觉、味觉、触觉和听觉中的一种来实现。

55. 【答案】C
【解析】4.7.2 六西格玛设计
IDOV 是用于新产品和服务设计的六西格玛设计方法，由四个阶段构成。
- 识别（Identify）：识别客户需求和战略意图。
- 设计（Design）：评估各种设计方案，生成详细的设计方案。
- 优化（Optimize）：从生产率（业务需求）和质量（客户需求）角度优化设计并实施。
- 验证（Validate）：对设计进行试验，根据需要进行优化，准备发布。

56. 【答案】B
【解析】DMAIC 是数据驱动的质量战略，用于流程改进。DMAIC 是六西格玛的重要组成部分，也可以作为独立的质量流程改进方法或其他流程改进方法（如精益方法）的一部分。DMAIC 由该流程中五个阶段名称的首字母组成（图4.17）。
- 定义（Define）问题、改进活动、改进机会、项目目标和客户（内部和外部）需求。
- 测量（Measure）流程绩效。
- 分析（Analyze）流程，确定导致变异和绩效不良（缺陷）的根本原因。
- 改进（Improve）流程绩效，识别根本原因并解决问题。
- 控制（Control）改进后的流程和未来流程的绩效。

57. 【答案】A

【解析】4.7.4 可持续性分析工具

环境质量功能展开（Quality Function Deployment for Environment，QFDE）
该方法综合了质量功能展开、对标和生命周期评估，研究产品及其组成部分对环境产生的影响。

58. 【答案】C

【解析】4.2.2 创意生成工具

思维导图（Mind-mapping）
用于在各种信息、创意和概念之间建立联系的一种图形化技术。参与者从页面中心区的一个关键词或短句开始，然后以该关键词或短句为中心进行发散，从多个方向生成新创意，最后将这些创意联系起来，构建创意关系图。

59. 【答案】D

【解析】4.2.2 创意生成工具

六顶思考帽（Six Thinking Hats）
爱德华·德·博诺（Edward de Bono）开发的一种工具，它鼓励团队成员将思维方式分成六种明确的功能和角色，每种角色都有一顶具有象征性颜色的"思考帽"。
- 白色：象征客观，聚焦在事实上。
- 黄色：象征积极，寻找价值和收益。
- 黑色：象征消极，寻找问题或缺陷。
- 红色：象征情绪，喜欢、不喜欢或害怕。
- 绿色：象征创造力，寻找新的创意、可能性和解决方案。
- 蓝色：象征控制，确保遵循正确的流程。

60. 【答案】D

【解析】4.3 概念设计阶段

61. 【答案】A

【解析】纸质原型法是用来体现概念和创意的最常见形式，目的是评估所设计的外观、感觉、功能和界面是否满足消费者需求。纸质原型不具备设计的技术特征，只是通过图形和纸质外形来生成创意，促进头脑风暴并生成解决方案。纸质原型法有几种，包括用一系列框架图来描述用户界面的故事板。此外，将纸张和塑料界面结合可用于识别产品特性和交互顺序。除用纸张作为原型制作材料，还可用泡沫芯、聚苯乙烯泡沫、木材、热塑性片材、聚氨酯和塑料等材料。

62. 【答案】B

【解析】面向环境的设计（Design for the Environment，DFE）：在设计与开发流程中，对产品生命周期内的环境安全和健康问题进行系统考虑的设计方式。

63. 【答案】C

【解析】质量功能展开（Quality Function Deployment，QFD）是一种结构化方法，运用矩阵分析的方式将"市场需求"与"如何通过开发满足需求"联系起来。当多功能团队希望将客户需求转化为满足这些需求的产品规格和功能，并期望达成一致意见时，该方法最有效。

第 5 章
产品创新中的市场调研练习题参考答案及解析

1. 【答案】D
   【解析】5.4.1 焦点小组（Focus Groups）
   焦点小组的优点和缺点
   优点
   - 小组人员间的互动能引发讨论，也能提供新的洞察并促进深度了解。
   - 可以获得直接来自市场代表的意见——未经调查问卷或分析筛选。
   - 可以根据参与者的意见快速更新问题。
   - 可以观察参与者的行为，尤其在对参与者进行产品使用调研时。

2. 【答案】A
   【解析】5.2.1 一级市场调研（Primary Research）
   一级市场调研（也称为直接调研）是为了满足自身需求，组织通过直接和专门的方法收集第一手信息，在这些信息基础上进行的市场调研。焦点小组、问卷调查、个人访谈和观察等都是一级市场调研方法。根据调研结果的统计置信度，又将一级市场调研分为定性和定量两种方法。在很大程度上，统计置信度决定了在产品创新流程具体阶段中应采用哪种市场调研方法，尤其是随着产品创新流程的推进，因为决策失误会导致项目成本和风险急剧上升，所以对信息可靠性的要求也越来越高。

3. 【答案】C
   【解析】5.2.2 二级市场调研（Secondary Research）
   二级市场调研（也称为次级调研或间接调研）是在其他个人、群体或机构已经开展的研究和公布的信息基础上进行的市场调研。

4. 【答案】D
   【解析】5.1 市场调研引论
   对开发成功的新产品和改进现有产品而言，了解并满足相关方和客户需求至关重要。在产品创新流程的各个阶段，都要有相应的市场调研技术为决策提供信息。通过市场调研获得关键信息，有助于减少在整个产品创新流程中的不确定性，从而提高新产品成功率。

5. 【答案】D

【解析】5.2.2 二级市场调研（Secondary Research）

二级市场调研（也称为次级调研或间接调研）是在其他个人、群体或机构已经开展的研究和公布的信息基础上进行的市场调研。

6. 【答案】B

【解析】5.4.4 客户现场访问（Customer Site Visits）

客户现场访问是发现客户需求的一种定性市场调研方法。该方法要到客户工作现场，观察客户如何使用产品来满足需求或解决问题，并记录下客户做了什么、为什么做、客户使用该产品时遇到了哪些问题、解决效果如何等信息。参见《PDMA 新产品开发手册（第2版）》第15章和第16章。

与深度访谈一样，客户现场访问是 B2B 企业用得最多的市场调研方法，由供方一人或多人对一个或多个客户（或潜在客户）进行采访、观察或互动。

7. 【答案】D

【解析】5.4.1 焦点小组（Focus Groups）

焦点小组是一种定性市场调研方法。在训练有素的主持人引导下，8~12 名参与者聚集在一个房间里进行讨论，讨论的重点是产品、消费者的问题或潜在解决方案。这些讨论的结果未必适用于整体市场。

8. 【答案】B

【解析】5.1.2 市场调研中的六个关键步骤

开展市场调研工作，要采取六个关键步骤（Naresh，2009）：

（1）定义问题。明确说明要获得什么信息，回答什么问题。

（2）定义结果的准确度。总体可靠性要达到什么水平，统计置信度和实验误差的可接受水平为多少。

（3）收集数据。选择并应用适当的方法收集数据，以达到所需的准确度。

（4）分析与解读数据。应用相应方法对数据进行分析，并对所提出问题进行归纳和总结。

（5）得出结论。用调研结果对问题进行解读，并得出具体结论。

（6）实施。按照调研结果和结论，解决所定义的问题。

9. 【答案】B

【解析】5.8 试销与市场测试

广义上的市场测试涵盖对所有产品进行调研的方法，无论是新产品还是现有产品，都需要在市场条件下进行测试，目的是降低上市或市场拓展失败的风险，包括试销方法。如果试销的重点是降低新产品上市的风险，那么可将市场测试狭义地定义为对现有产品推向新市场进行测试，以降低市场拓展战略失败的风险。

狭义上的市场测试是在现有产品进入新市场、新的细分市场或用于新的场合时，调研受控的市场拓展方法，包括但不限于测试新的目标用户、地理位置、人口统计或在产品上市初期的新市场属性。市场测试用于测量和检查产品在新的或不同市场中的市场潜力，包括产品接受度、销售和营销计划的有效性、信息传递及产品定位等。

总之，市场测试用于降低市场拓展的风险，该方法旨在通过关注不同的消费者群体来扩大产品的市场规模。市场测试与试销类似，包括销售波调研、模拟试销和受控试销。

10. 【答案】B

【解析】5.3.3 抽样方法

随机抽样：在定量调研中，最简单的抽样方法就是随机抽样。随机样本是总体的一个子集，其中每个子集被抽中的概率都相等。一个简单的随机样本是一个群体的无偏代表。

随机抽样能确保目标群体的代表性并消除抽样偏差，但缺点是在现实中很难实现，且存在成本和时间上的问题。

为了克服简单随机抽样的缺点，可以应用其他抽样方法，在确保精确度的同时显著节约时间和成本。

11. 【答案】B

【解析】5.1 市场调研引论

在产品创新中，由于失误或错误决策而造成的失败成本会随着产品创新流程的推进而显著上升。因此，随着项目在产品创新流程的进一步发展，对高质量、高可靠性信息的需求也越来越高。因此，在产品创新流程各阶段应选择与之相对应的市场调研方法。市场调研是获取产品创新决策所需信息的方法，包括：

- 现在和未来有哪些机会？
- 客户想要或需要什么，有哪些明确的需求和未明确的需求？
- 是什么驱动客户购买和再次购买产品？
- 新产品中应包含哪些价值主张？
- 应对产品进行哪些改进，使其成为更易于接受和更可行的解决方案？
- 客户是否会购买产品？客户购买产品的频度、地点和价格如何？
- 市场上是否有其他产品解决方案？
- 我们的产品解决方案有何优势？
- 能否通过知识产权来保护产品解决方案并确保优势？
- 产品解决方案是否可持续？

12. 【答案】A

【解析】5.1 市场调研引论

对开发成功的新产品和改进现有产品而言，了解并满足相关方和客户需求至关重要。在产品创新流程的各阶段，都要有相应的市场调研技术为决策提供信息。通过市场调研获得关键信息，有助于减少在整个产品创新流程中的不确定性，从而提高新产品成功率。

13. 【答案】D
【解析】5.5.5 DR 动追踪（Eye Tracking）
眼动追踪是一种特殊的感官检验，要通过专门的工具，包括耳机或眼镜，来度量人们的观看位置和观看时长。研究者用专门的装置跟踪和报告参与者第一眼、第二眼和第三眼所看之处，并生成参与者眼睛停留在被测对象上的痕迹图。通过它可以了解消费者对各种刺激、线上产品或服务、网站、应用程序、产品图像、包装和信息的反应。该方法广泛应用在软件产品、零售产品包装、营销和广告上。

14. 【答案】A
【解析】5.4 定性市场调研方法

15. 【答案】D
【解析】5.4.4 客户现场访问（Customer Site Visits）

16. 【答案】C
【解析】5.10 市场调研中的度量指标与关键绩效指标

17. 【答案】C
【解析】5.7.1 阿尔法测试、贝塔测试与伽马测试

18. 【答案】D
【解析】5.6.4 A/B 测试（A/B Testing）

19. 【答案】A
【解析】机会识别与评估
该阶段通常被称为模糊前端或发现阶段。机会以各种形式呈现，包括全新产品、现有产品调整或改进、现有产品线或平台延伸等。该阶段的重点是识别机会并在早期阶段评估潜力。此阶段适合采用各种一级和二级定性市场调研方法。

20. 【答案】D
【解析】5.5.4 感官检验（Sensory Testing）
感官检验是一种定量调研方法。它通过人类对被测产品的感官反应（视觉、味觉、嗅觉、触觉和听觉）评估产品。感官检验广泛应用于消费品中，也可以用于整个新产品创新流程，包括用于早期探索阶段的产品概念，以及用于在产品上市前测试原型或验证产品性能。众所周知的感官检验是味觉检验。差异检验中的三点检验（Triangle

Tests）三个样本中的两个是相同的，要找出不同的那一个。二三点检验（Duo-TrioTest）则是将两个样本与一个对照样本进行比较，找出与对照样本相同的那一个。成对比较检验（Paired Comparisons）、成对偏爱检验（Paired Preference）和异同检验（Same/Different）也是常见的差异检验方法。感官检验的定性内容包括收集对每个样本的描述性反馈和样本之间明确的差异，包括"哪种样品不同""有什么不同"等。

21. 【答案】D
【解析】5.4.3 人种学方法（Ethnography）

22. 【答案】D
【解析】5.5.5 眼动追踪（Eye Tracking）

23. 【答案】B
【解析】5.10 市场调研中的度量指标与关键绩效指标

24. 【答案】C
【解析】5.5.3 概念测试与概念分类（Concept Tests and Concept Sorts）

25. 【答案】B
【解析】5.5.7 大数据（Big Data）与众包（Crowdsourcing）
众包是针对某一特定任务或项目，应用一系列工具，从一个庞大且相对开放的群体中获取信息、商品、服务、创意和资金的方法。该服务可以是有偿的，也可以是无偿的，主要通过技术平台、社交媒体或互联网实现。许多公司和组织都将自己的网站作为众包渠道，从中获得新产品创意。

26. 【答案】C
【解析】5.5.7 大数据（Big Data）与众包（Crowdsourcing）
大数据应用在市场调研中的优点
- 大数据具有成本效益性，提高了客户的间接参与度。
- 大数据使管理者能够获取客户的显性和隐性需求。
- 可应用于产品创新的所有阶段。
- 数据采集是实时的，生成数据的速度要比传统调研方法快得多。
- 可以将重心从以产品为中心的内部创新转移到围绕客户体验的创新上。

27. 【答案】A
【解析】5.7.1 阿尔法测试、贝塔测试与伽马测试

28. 【答案】D

【解析】5.8 试销与市场测试

29. 【答案】C
    【解析】5.7 产品使用测试

30. 【答案】A
    【解析】5.4.5 社交媒体（Social Media）

31. 【答案】B
    【解析】5.6 多变量研究方法

32. 【答案】C
    【解析】5.6.3 联合分析（Conjoint Analysis）

33. 【答案】A
    【解析】5.5.7 大数据（Big Data）与众包（Crowdsourcing）

34. 【答案】D
    【解析】5.2.2 二级市场调研（Secondary Research）
    二级市场调研的优点如下：
    - 收集信息所需的时间短，成本低。
    - 数据来源广泛。
    - 可为深入和聚焦的一级市场调研打下良好的基础。

35. 【答案】B
    【解析】5.2.2 二级市场调研（Secondary Research）

36. 【答案】D
    【解析】一般来说，定量方法是以某种形式的统计抽样为基础，能够提高信息可靠性和置信度的方法。虽然定性方法主要是提供描述性信息，但不能达到所要求的统计可靠性水平的技术。

37. 【答案】B
    【解析】5.3.2 样本量与定量方法的统计学基础

38. 【答案】B
    【解析】运用焦点小组时的注意事项
    - 避免只有一个焦点小组，最好有三个或者更多的焦点小组。虽然在统计意义上说仍不可靠，但确实可以增加调查结果的可信度。
- 主持人要有必要的背景，受过专业训练，能够驾驭主题。
- 进行周密的计划和管理，避免将一群人随意聚集在一起进行漫谈。
- 要筛除焦点小组的常客——那些经常参加焦点小组的人。
- 非定量方法，因此不能得出统计结论。

39. 【答案】A
【解析】人种学方法是研究客户及其所处环境的一种描述性的定性市场调研方法。人种学方法有助于组织了解消费者的多个方面，包括文化趋势、生活方式、态度及社会环境对其选择和使用产品的影响等。调研者在现场观察客户和所处环境，深入了解他们的生活方式或文化，从而更好地了解他们的需求和问题。

40. 【答案】D
【解析】消费者测评组的优点
- 未经训练的测评组可以给出消费者偏好和建议，从而为产品改进提供有价值的洞察。
- 在一些行业，如食品和化妆品行业，因为无法用仪器测量或用仪器无法提供所需信息，所以训练有素的测评组就很有价值。

41. 【答案】B
【解析】5.7.1 阿尔法测试、贝塔测试与伽马测试

42. 【答案】A
【解析】5.8 试销与市场测试

43. 【答案】B
【解析】5.6.2 多维尺度分析（Multidimensional Scaling）

44. 【答案】B
【解析】Alpha Test 阿尔法测试：生产前的产品测试，目的是发现和消除明显的设计缺陷或不足，通常在开发公司的实验环境或常规环境下进行。在某些情况下，也可以在受控环境中邀请领先客户进行测试。

第 6 章
文化、团队与领导力练习题
参考答案及解析

1. 【答案】C
【解析】6.6 虚拟团队
当组织采用敏捷方法时，虽然集中办公对产品创新团队而言有好处，但是将团队全部集中在一个地方办公通常是不切实际的，也是不可行的。虚拟团队主要通过电子化的手段进行沟通。团队成员在不同的工作地点办公，团队的分散度会因工作地点间的距离和每个地点的团队成员数量而异。

虚拟团队或分散式团队是当今开展创新项目工作的主要形式。虚拟团队具备传统集中办公团队所没有的优点。例如，虚拟团队成员可以获得遍布全球各地的本地市场信息，从而能够带来更好的创新成果。

然而，虚拟团队并非没有缺点，尤其在沟通中会出现文化、种族或语言障碍（Hardenbrook & Jurgens-Kowal，2018）。可以通过虚拟团队模式（Virtual Team Model，VTM）中的五个要素和十六个实践活动克服虚拟团队所固有的沟通劣势（图 6.12）。

2. 【答案】D
【解析】6.5.3 情商
图 6.11 创新领导者的情商要素

3. 【答案】B
【解析】6.2.1 产品创新战略中的角色
如第 1 章所述，公司高级管理层负责制定公司的愿景和使命。一个典型的高级管理层包括公司核心职能部门的负责人，如财务、营销、制造和技术等部门。公司董事会可以直接或间接地与高级管理层联系，并由首席执行官将董事会和高级管理层联系起来。

事业部的高级管理层负责制定经营战略，其职务可以是"运营副总裁"或"负责某业务的副总裁"。

由跨职能高级管理者组成的团队负责制定创新战略，通常由一名高级管理者领导，如首席执行官、首席技术官、首席创新官或创新副总裁。高级管理层确保创新战略与总体经营战略保持一致，并与相关职能战略协同。通过该方式，创新被融入组织目标中。如第 2 章所述，只有当项目目标与组织战略一致，并有足够的资源来实施项目时，才能将产品创新项目安排给产品创新团队。

4. 【答案】B

    【解析】6.7 团队与领导力中的可持续性

5. 【答案】A

    【解析】6.6.1 启动与组建团队

6. 【答案】A

    【解析】多学科领域即跨职能。

7. 【答案】C

    【解析】6.2.1 产品创新战略中的角色
    如第1章所述，公司高级管理层负责制定公司的愿景和使命。一个典型的高级管理层包括公司核心职能部门的负责人，如财务、营销、制造和技术等部门。公司董事会可以直接或间接地与高级管理层联系，并由首席执行官将董事会和高级管理层联系起来。事业部的高级管理层负责制定经营战略，其职务可以是"运营副总裁"或"负责某业务的副总裁"。
    由跨职能高级管理者组成的团队负责制定创新战略，通常由一名高级管理者领导，如首席执行官、首席技术官、首席创新官或创新副总裁。高级管理层确保创新战略与总体经营战略保持一致，并与相关职能战略协同。通过该方式，创新被融入组织目标中。如第2章所述，只有当项目目标与组织战略一致，并有足够的资源来实施项目时，才能将产品创新项目安排给产品创新团队。

8. 【答案】C

    【解析】6.2.2 产品创新流程中的角色
    流程经理与产品创新流程的成功实施息息相关。通常，流程经理是负责确保产品组合决策有序实施的职能领导者。除确保经批准的进度、预算和资源得到落实，流程经理还经常促进创新培训、头脑风暴、创意生成和上市后评审等工作。流程经理还会收集和分析数据，为组织创新系统的度量工作提供依据。

9. 【答案】B

    【解析】6.3.3 重量型团队
    虽然在重量型团队中，沟通、协调和合作都紧紧围绕产品创新项目展开，但这种团队结构并不适合每个项目。当技术或市场开发较为复杂，涉及新的应用、客户和市场时，就可以采用重量型团队。重量型团队规模可以很大，每个核心团队成员可以管理一个职能小组。与职能型团队和轻量型团队相比，重量型团队的资源集中度更高，需要具备娴熟的领导力才能够凝聚资源，也才能激励团队成员进行跨职能和跨学科合作。在多数情况下，重量型团队成员会分散在不同的地理位置工作，团队领导者会采用其他一些工具和技术来管理虚拟团队。

10. 【答案】D

【解析】6.3 产品创新团队结构

高绩效、多学科的团队能够提高产品质量,并缩短产品开发时间。跨职能沟通也能更快地发现问题并促进协作。通常,职能团队会在里程碑阶段进行交接,这么做会导致知识转移变少,因此应尽可能减少这种做法。在整个开发项目中,产品创新团队整合了研发、技术、运营和营销技能,从而确保创新成功。理想的跨职能团队具有以下特征:

- 包含全部应有的职能代表者。
- 在项目启动到产品上市全流程中,确保团队成员任务的连贯性。
- 提供适当的沟通工具。
- 树立清晰的项目和团队目标及预期绩效结果。
- 体现职能工作、项目工作与职业发展的一致性。

11. 【答案】C

【解析】6.8 团队与领导力中的度量指标

为了使团队能够有效地合作,成功的度量必须聚焦在团队行为而不是个人绩效上。因存在试验性和风险等诸多因素,对创新绩效成功的度量就变得较为复杂。标准的经营度量通常不适用于创新团队。

Ⅳ排除,选 C。

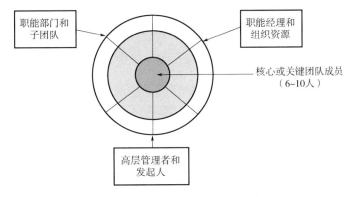

图 6.10 新产品团队的沟通网络

12. 【答案】B

【解析】6.4.2 团队发展阶段

震荡阶段(Storming):该阶段的特点就是冲突。团队领导者的主要责任是用稳妥的方式管理这些冲突。团队成员可能对团队的开发进展感到失望,或者被交叠的角色搞糊涂。通常,此时尚未对问题进行明确的定义,所以震荡阶段以明确团队目的和目标为主。许多团队,尤其是监管不力或缺乏经验的团队在该阶段会陷入僵局。

13. 【答案】A

【解析】6.6.2 沟通

14. 【答案】B
    【解析】6.6.3 会议

15. 【答案】B
    【解析】6.2.1 产品创新战略中的角色

16. 【答案】D
    【解析】支配型（Dominance，D）：具有"D"型工作风格的团队成员喜欢快节奏的工作。他们做决策很快，也会被认为要求过高。该类团队成员以行动为导向。
    影响型（Influence，I）：具有"I"型工作风格的团队成员精力充沛且非常健谈。他们很容易建立社会关系，并喜欢接触新人。有些团队成员会把"I"型的人看成"只说不做"的人。然而，这些团队成员会给工作增添激情。
    稳健型（Steady，S）：当产品创新工作处于混乱或无组织状态时，"S"型工作风格的创新团队成员就站了出来，他们具有平和、冷静、有价值的特质。这些团队成员比其他许多人更容易适应环境，也更容易表现出对他人的理解。虽然团队其他成员会认为他们不温不火，但这些人在不确定的项目活动中能起到稳定军心的作用。
    谨慎型（Conscientious，C）：DISC 工作风格中的最后一种类型是分析型或谨慎型。这些团队成员要在评估完整数据的基础上才会做出理性决策。他们通常被认为是非感性的，只热衷于精确和细致的工作。一些人认为他们对细节的过度关注会给项目工作带来障碍。

17. 【答案】D
    【解析】6.3.4 自治型团队

18. 【答案】A
    【解析】6.3.1 职能型团队

19. 【答案】C
    【解析】6.3.3 重量型团队

20. 【答案】C
    【解析】6.2.1 产品创新战略中的角色
    如第 1 章所述，公司高级管理层负责制定公司的愿景和使命。一个典型的高级管理层包括公司核心职能部门的负责人，如财务、营销、制造和技术等部门。公司董事会可以直接或间接地与高级管理层联系，并由首席执行官将董事会和高级管理层联系起来。事业部的高级管理层负责制定经营战略，其职务可以是"运营副总裁"或"负责

第6章 | 文化、团队与领导力练习题参考答案及解析

某业务的副总裁"。

由跨职能高级管理者组成的团队负责制定创新战略，通常由一名高级管理者领导，如首席执行官、首席技术官、首席创新官或创新副总裁。高级管理层确保创新战略与总体经营战略保持一致，并与相关职能战略协同。通过该方式，创新被融入组织目标中。如第2章所述，只有当项目目标与组织战略一致，并有足够的资源来实施项目时，才能将产品创新项目安排给产品创新团队。

21. 【答案】C
    【解析】6.2.1 产品创新战略中的角色

22. 【答案】C
    【解析】6.6 虚拟团队
    图 6.12 虚拟团队模式

23. 【答案】D
    【解析】图 6.8 创新 Z 模型

24. 【答案】B
    【解析】6.2.1 产品创新战略中的角色
    事业部的高级管理层负责制定经营战略，其职务可以是"运营副总裁"或"负责某业务的副总裁"。
    由跨职能高级管理者组成的团队负责制定创新战略，通常由一名高级管理者领导，如首席执行官、首席技术官、首席创新官或创新副总裁。高级管理层确保创新战略与总体经营战略保持一致，并与相关职能战略协同。

25. 【答案】D
    【解析】6.3.5 各种团队结构的优点和缺点
    图 6.6 团队结构比较

26. 【答案】B
    【解析】6.8.3 创新健康状况评估

27. 【答案】D
    【解析】6.3.1 职能型团队，6.3.2 轻量型团队

28. 【答案】B
    【解析】6.3 产品创新团队结构
    这个与 PMP 的矩阵型项目组织结构是一个意思，轻量和重量基本都对应矩阵结构。矩

阵型结构最大的特点是双头领导，也就是团队成员有两个领导，项目或产品上的领导是 PM，其他方面的领导是职能经理。

29. 【答案】D
    【解析】6.3.1 职能型团队
    职能型团队适用于下述产品创新情境：
    - 开展基础研究，以便在一系列产品线中进行部署，其中职能专长和知识对开发而言至关重要。
    - 在资源较少的创业型企业和小企业中，同时开展的项目较少。
    - 在采用防御者战略进行产品增量改进的组织中，对职能能力的要求多过对多学科活动的要求。

30. 【答案】C
    【解析】6.8.1 创新激励

31. 【答案】D
    【解析】6.4.1 什么是高绩效团队

32. 【答案】A
    【解析】6.4.1 什么是高绩效团队

33. 【答案】D
    【解析】图 6.8 创新 Z 模型

34. 【答案】C
    【解析】6.3.5 各种团队结构的优点和缺点
    图 6.6 团队结构比较

35. 【答案】B
    【解析】6.3.5 各种团队结构的优点和缺点
    图 6.6 团队结构比较

36. 【答案】C
    【解析】6.3.5 各种团队结构的优点和缺点
    图 6.6 团队结构比较

37. 【答案】A
    【解析】6.4.5 冲突管理

38. 【答案】B
　　【解析】6.4.3 工作风格

39. 【答案】B
　　【解析】图 6.8 创新 Z 模型

40. 【答案】C
　　【解析】战略。组织各层级团队成员要明确创新战略对新产品开发成功起着至关重要的作用，有效地培养和建立与战略目标相一致的理念。作为创新学习与成长的一部分，建议采用以下度量指标：
　　（1）在定期召开的管理大会上讨论战略目标。
　　（2）对所有"建议箱"中的创意做出书面回应。
　　（3）建立与企业和创新战略相吻合的创意和新产品商业化的激励制度。

第 7 章
产品创新管理练习题参考答案及解析

1. 【答案】C
   【解析】7.3.3 产品管理战略
   实施（产品开发）：产品创新通常涉及多个阶段，包括创意生成、筛选、商业论证、开发、测试和上市。有时，会有不同的阶段，也会有一些额外的阶段，如创意筛选、营销战略制定、概念开发和其他阶段。但万变不离其宗，其主要任务都是生成并选择创意，明确所需开发的工作和范围，通过商业论证来证明所做的努力是正确的，投入资源开发、测试和评估产品，最终将其商业化。本书第 3 章详细介绍了产品创新流程。

2. 【答案】B
   【解析】7.3.1 产品管理的作用

3. 【答案】B
   【解析】7.7 可行性分析
   可行性分析是分析项目或新产品成功可能性的流程。在产品创新项目和产品生命周期中，会开展不同详细程度的可行性分析。在门径流程的关口评审（第 3 章中介绍）处要做可行性分析，在系统工程方法中也要做可行性分析，尤其要对用户需求进行早期可行性分析。随着项目的进展，成本也会逐渐增加，基于可靠信息做出最佳决策从而降低项目失败风险的重要性也越来越高。因此，详细的可行性分析就变得越来越重要。

4. 【答案】C
   【解析】7.4.3 管理产品生命周期
   引入阶段
   - 产品：建立品牌与质量标准，并对专利和商标等知识产权进行保护。
   - 价格：可采取低价位的渗透定价法（Penetration Pricing）以获取市场份额，或采取高价位的撇脂定价法（Skim Pricing）以尽快回收开发成本。
   - 分销：对销售渠道进行选择，直到客户接受并认可该产品。
   - 促销：应瞄准早期采用者，通过有效沟通让客户了解产品，需要教育早期潜在客户。

5. 【答案】C
   【解析】7.4.4 产品生命周期对产品组合的影响

在产品生命周期不同阶段的管理战略，强调了产品改进、增加新特性、延伸产品线和降低成本的重要性，这些也应在新产品组合中得到体现。正如第 2 章所述，总体经营战略和创新战略为产品组合管理提供了方向和框架。这些战略决定了各类新产品的优先级，包括：
- 世界级新产品或公司级新产品。
- 产品线延伸型新产品。
- 降低成本型新产品。
- 改进型新产品。

公司级新产品及产品线延伸型新产品可为公司带来新产品，而降低成本型新产品和改进型新产品则可作为产品生命周期管理中的基本工具，用来更新产品并延长产品的生命周期。

6. 【答案】D
【解析】图 7.6 产品生命周期各阶段主要特点

7. 【答案】C
【解析】7.4.3 管理产品生命周期
成熟阶段
- 产品：增加产品特性，通过产品差异化与对手开展竞争。
- 价格：由于出现了新的竞争者，价格会有所下降。
- 分销：加强销售渠道，给分销商更多激励，从而扩大客户购买产品的机会。
- 促销：强调产品差异化和增加产品新特性。

8. 【答案】D
【解析】7.4.3 管理产品生命周期
衰退阶段
- 维持产品，通过增加新特性和发现新用途重新激活产品。
- 通过降低成本进行收割。持续提供产品，但要面向具有忠诚度的利基市场。
- 产品退市，清理存货或者将该产品卖给其他公司。

9. 【答案】B
【解析】7.4.4 产品生命周期对产品组合的影响
在产品生命周期不同阶段的管理战略，强调了产品改进、增加新特性、延伸产品线和降低成本的重要性，这些也应在新产品组合中得到体现。正如第 2 章所述，总体经营战略和创新战略为产品组合管理提供了方向和框架。
图 7.7 产品生命周期中的产品组合平衡

10. 【答案】D

【解析】用排除法，选 D。
7.9.5 净现值

11. 【答案】C
    【解析】附录 7B 产品创新方法在不同类型产品中的应用
    总体来说，软件创新基于在强大的技术基础上对特性和功能的迭代改进。

12. 【答案】C
    7.5.2 "走向市场"流程
    【解析】抢滩战略（Beachhead Strategy）
    抢滩战略是一种杠杆式的市场推广方法。先选出最具潜力的细分市场作为产品首次上市地点，在该市场获得成功后，再陆续将产品投放到其他细分市场（图 7.20）。

13. 【答案】A
    【解析】图 7.36 三重约束

14. 【答案】B
    【解析】7.8 需求与销售预测
    7.8.2 ATAR 模型
    克劳福德（Crawford）和迪贝内代托（DiBenedetto）于 2003 年提出了一个预测销售潜力的模型，即 ATAR［知晓（Awareness）—试用（Trial）—购买（Availability）—复购（Repeat）］模型。它是一个对创新或新产品扩散进行数学建模的预测工具。如果某人或某公司要成为一款新型产品或服务的正式购买者或者用户，必须首先知道市场上有该产品，接着才会试用，当发现产品中有他们想要的功能，并对产品满意时才会购买，然后才能成为重复购买者（图 7.28）。

15. 【答案】A
    【解析】7.9 财务分析
    在可行性分析中，财务分析可以说是最重要的部分。在项目早期阶段，财务分析非常重要。随着项目推进，就应进行更为详细和准确的财务分析。

16. 【答案】B
    【解析】7.10.7 预算（Budget）
    项目预算是准时完成项目范围所需的预计成本。下面介绍四种制定预算的方法。
    - 自下而上法（Bottom-Up）：先估算底层活动的成本，然后从下到上逐级汇总，最终得出整个项目总成本的方法。
    - 参数法（Parametric）：基于历史数据和项目参数，使用某种算法计算当前项目成本的方法。

- 历史数据法（Historical Data）：基于过往项目数据制定项目预算的方法。这些数据可以通过原型或市场调研方法获得。
- 自有方法（Company-Specific Methods）：采用公司专有的模型和方法制定预算，大型公司通常这么做。

17. 【答案】D
    【解析】7.9 财务分析

18. 【答案】A
    【解析】7.4.3 管理产品生命周期

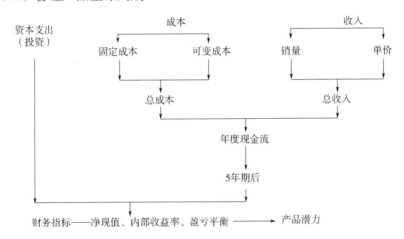

图 7.29 新产品财务分析框架

19. 【答案】C
    【解析】图 7.6 产品生命周期各阶段主要特点

20. 【答案】D
    【解析】7.4.3 管理产品生命周期

21. 【答案】C
    【解析】7.11 风险管理

22. 【答案】D
    【解析】快速跟进。将任务由串行改为并行。

23. 【答案】C
    【解析】7.8.2 ATAR 模型
    克劳福德（Crawford）和迪贝内代托（DiBenedetto）于 2003 年提出了一个预测销售潜

力的模型，即 ATAR［知晓（Awareness）—试用（Trial）—购买（Availability）—复购（Repeat）］模型。

24. 【答案】B
【解析】7.2 产品创新关键成功因素

25. 【答案】A
【解析】图 7.42 创新关键绩效指标和度量指标示例

26. 【答案】C
【解析】7.4.5 产品经理在产品生命周期中的角色
在成熟阶段，大多数关于定位和价值主张不确定性的问题都得以解决。但在该阶段，销售增长也大大放缓，大多数想购买产品的客户已经购买了你的产品。进入市场的新买家越来越少，因此抓住现有客户变得非常重要。对产品经理来说，就要开始关注经营数据了。通过精心管理产品成本、营销和销售成本等，往往可以延长成熟产品的寿命。该阶段也是将成长阶段中的客户反馈用于产品延伸或改进以延长产品生命周期的阶段。

27. 【答案】A
【解析】图 7.40 平衡计分卡四个维度的度量指标示例

平衡计分卡			
财务	客户	内部流程	学习与成长
• 收入 • 净利润 • 毛利率 • 销量 • 息税前利润 • 投资回报率	• 客户留存率 • 市场份额 • 客户投诉 • 品牌资产	• 六西格玛水平 • 单位成本 • 机器停机时间 • 能源消耗 • 新产品上市时间	• 员工流失率 • 员工核心能力 • 员工满意度

图 7.40　平衡计分卡四个维度的度量指标示例

28. 【答案】D
【解析】7.3.1 产品管理的作用
产品经理对市场成功负责。产品经理制定产品战略，从零开始，参与产品创意生成和开发，直至产品完全退市。也就是说，产品经理在产品生命周期的各个阶段都要提供支持。作为制定战略的责任者，产品经理与其他部门（如市场或销售部门）进行沟通，向他们传达完整的愿景并制定产品路线图。

29. 【答案】B

【解析】平衡计分卡的四个维度

30. 【答案】A
【解析】7.3.3 产品管理战略
产品经理要想成功，必须专注在以下四个关键方面：
- 树立愿景。
- 制订计划，实现愿景。
- 指导产品开发（产品创新）。
- 将产品商业化（营销和销售）。

31. 【答案】B
【解析】7.3.1 产品管理的作用
项目经理负责产品开发。在整个开发阶段，项目经理应确保项目符合预算和进度要求。项目经理的主要角色是跟踪进度，组织协调资源并按时完成项目。

32. 【答案】B
【解析】7.11.4 决策树（Decision Trees）

33. 【答案】A
【解析】7.10.7 预算（Budget）
参数法（Parametric）：基于历史数据和项目参数，使用某种算法计算当前项目成本的方法。

34. 【答案】D
【解析】7.11.2 风险管理过程

35. 【答案】A
【解析】7.11.1 什么是风险管理
- 规避（Avoid）：应对高概率、高影响风险。
- 转移（Transfer）：应对低概率、高影响风险，如购买保险。
- 减轻（Mitigate）：应对高概率、低影响风险。
- 接受（Accept）：应对低概率、低影响风险。

36. 【答案】D
【解析】7.9.1 成本
可变成本是与业务活动成比例变化的费用，如生产人员工资、电费、清洁材料成本和制造材料成本。

37. 【答案】A

    【解析】7.9.4 投资回收期

    投资回收期指需要多长时间才能收回投入的资金。

38. 【答案】D

    【解析】7.12.2 产品创新度量指标

39. 【答案】A

    【解析】7.8.2 ATAR 模型

    克劳福德（Crawford）和迪贝内代托（DiBenedetto）于 2003 年提出了一个预测销售潜力的模型，即 ATAR［知晓（Awareness）—试用（Trial）—购买（Availability）—复购（Repeat）］模型。

40. 【答案】A

    【解析】7.9.3 投资回报率

    衡量投资回报率指标

    投资中最常用的三个指标是：

    - 投资回收期。
    - 净现值。
    - 内部收益率。

41. 【答案】C

    【解析】7.9.5 净现值

    将产品整个生命周期每年的现值进行累加，就是累计净现值。

42. 【答案】B

    【解析】7.11.1 什么是风险管理

    有四种应对风险的措施，采取何种措施取决于风险发生概率的高低，以及对财务影响的高低。

    - 规避（Avoid）：应对高概率、高影响风险。
    - 转移（Transfer）：应对低概率、高影响风险，如购买保险。
    - 减轻（Mitigate）：应对高概率、低影响风险。
    - 接受（Accept）：应对低概率、低影响风险。

43. 【答案】C

    【解析】7.11.3 产品创新项目风险管理

    （1）项目风险（Project-Based Risks），包括：

    - 资源可用性：在正确的时间和正确的地点获得正确的资源。

- 资金可得性：足以满足项目资金需求。
- 技术能力：具备相关知识和技能人员的数量和类型。
- 信息可靠性：决策所需信息的可得性和可信度。
- 范围定义：范围清晰程度，以及就范围进行沟通，确保所有项目人员达成共识。

（2）产品风险（Product-Based Risks），包括在产品商业化后：
- 对客户造成了损害。
- 未提供承诺的收益。
- 不符合法律法规。
- 未满足客户期望，如外观、特性、功能或价格。

44. 【答案】B
【解析】7.9 财务分析
在可行性分析中，财务分析可以说是最重要的部分。在项目早期阶段，财务分析非常重要。随着项目推进，就应进行更为详细和准确的财务分析。

45. 【答案】D
【解析】图 7.8 产品经理在产品生命周期中的角色

46. 【答案】B
【解析】附录 7A《组织产品创新管理实践与流程评估问卷》
2.3 在早期就将营销组合中的所有要素（产品、价格、促销和地点）整合到产品创新流程中。

47. 【答案】C
【解析】图 7.9 跨越鸿沟

48. 【答案】B
【解析】图 7.24 描述了制定走向市场战略的八个步骤。

49. 【答案】C
【解析】成长阶段
价格：保持定价，此时的市场竞争较少，公司持续满足不断增长的需求。

50. 【答案】D
【解析】7.5 产品生命周期中的鸿沟

51. 【答案】D
【解析】产品生命周期正变得越来越短，因为：

- 客户要求越来越多。
- 竞争加剧。
- 技术持续进步和变化。
- 全球化交流增多。

52. 【答案】D

    【解析】衰退阶段
    - 维持产品，通过增加新特性和发现新用途重新激活产品。
    - 通过降低成本进行收割。持续提供产品，但要面向具有忠诚度的利基市场。
    - 产品退市，清理存货或者将该产品卖给其他公司。

53. 【答案】C

    【解析】成熟阶段
    - 产品：增加产品特性，通过产品差异化与对手展开竞争。
    - 价格：由于出现了新的竞争者，价格会有下降。
    - 分销：加强销售渠道，给分销商更多激励，从而扩大客户购买产品的机会。
    - 促销：强调产品差异化和增加产品新特性。

54. 【答案】B

    【解析】成长阶段
    - 产品：保持产品质量并增加产品特性和服务支持。
    - 价格：保持定价，此时的市场竞争较少，公司持续满足不断增长的需求。
    - 分销：销售渠道要随着需求及购买产品的客户数量增长而增加。
    - 促销：向为数更多的客户群进行推广。

55. 【答案】D

    【解析】有四种应对风险的措施，采取何种措施取决于风险发生概率的高低，以及对财务影响的高低。
    - 规避（Avoid）：应对高概率、高影响风险。
    - 转移（Transfer）：应对低概率、高影响风险，如购买保险。
    - 减轻（Mitigate）：应对高概率、低影响风险。
    - 接受（Accept）：应对低概率、低影响风险。

56. 【答案】A

    【解析】抢滩战略是一种杠杆式的市场推广方法。先选出最具潜力的细分市场作为产品首次上市地点，在该市场获得成功后，再将产品投放到其他细分市场（图7.20）。

57. 【答案】A

【解析】图 7.24 制定走向市场战略的八个步骤

58. 【答案】C
【解析】7.4.2 产品生命周期阶段介绍
成长阶段（Growth）：组织继续建设品牌并增加市场份额。这些努力提高了销量，从而使得现金流显著增加。为了支持品牌建设和营销工作，仍要进行投资。

59. 【答案】B
【解析】7.12.1 平衡计分卡
图 7.40 平衡计分卡四个维度的度量指标示例

60. 【答案】C
【解析】7.4.1 产品生命周期引论
产品生命周期正变得越来越短，因为：
- 客户要求越来越多。
- 竞争加剧。
- 技术持续进步和变化。
- 全球化交流增多。

61. 【答案】A
【解析】7.5.2 "走向市场"流程
给你要出售的产品定出一个"价值主张"。价值主张是一份简短、清晰且简单的说明，说明一个产品概念将如何及在哪些方面为潜在客户提供价值。价值的本质是客户在新产品带来的收益与所需支付的价格两者之间的权衡。

62. 【答案】C
【解析】图 7.22 渠道选择

63. 【答案】C
【解析】7.12 度量指标与关键绩效指标

64. 【答案】A
【解析】7.4.2 产品生命周期阶段介绍
- 开发阶段（Development）：组织识别机会、规划项目并配置资源，开发能够商业化并带来收入的产品。该阶段为投资阶段，现金流为负数。
- 引入阶段（Introduction）：组织开始建立品牌知名度并进行市场开发。将产品销售出去后，就会达到收支平衡并逐步产生正的现金流。
- 成长阶段（Growth）：组织继续建设品牌并增加市场份额。这些努力提高了销量，从而使得现金流显著增加。为了支持品牌建设和营销工作，仍要进行投资。
- 成熟阶段（Maturity）：竞争加剧。组织在追求利润最大化的同时保持市场份额。该阶段实现了投资回报，现金流也趋于平稳。提升品牌知名度也无法实现与之对等的销量增加。此阶段，投资趋于平稳以维持收入。
- 衰退阶段（Decline）：销量开始下降。该如何处置产品，组织要对此做出艰难的决策。该阶段现金流下降，任何额外的投资也无法推动销量增长。要么不再投资，要么在其他产品上进行投资。

65. 【答案】C
【解析】7.9.5 净现值
净现值等于回报（或收益）的累积现值减去成本的累积现值。
7.9.3 投资回报率
投资回报率是投资回报与投资成本之比。它可用于评估单个投资的价值，也可用作对多个投资方案进行比较的工具。

66. 【答案】D
【解析】7.4.3 管理产品生命周期
衰退阶段
- 维持产品，通过增加新特性和发现新用途重新激活产品。
- 通过降低成本进行收割。持续提供产品，但要面向具有忠诚度的利基市场。
- 产品退市，清理存货或者将该产品卖给其他公司。

67. 【答案】A
【解析】7.7 可行性分析

68. 【答案】D
【解析】7.12.2 产品创新度量指标
用于汇报和持续改进的度量指标
在许多组织中，度量指标是管理层在汇报产品创新投资回报并证明未来投资合理性时所用到的关键工具。用于向高级管理层汇报的常用度量指标有：
- 活力指数：过去几年中，新产品销售额占总销售额之比。
- 研发费用占比：研发费用占总收入之比。
- 盈亏平衡时间或盈利所需时间。
- 专利数量，包括申请的专利和授予专利。
- 上市的新产品数量。

虽然这些度量指标证明了对产品创新进行了投资，但并不一定会促成学习和持续改进。

第四篇

NPDP综合模拟试题参考答案及解析

NPDP 综合模拟试题（一）参考答案及解析

1. 【答案】C
   【解析】4.3.2 卡诺模型（Kano Method）
   满足兴奋需求时，客户会满意；不满足该需求时，客户满意度也不会下降。

2. 【答案】D
   【解析】5.2.2 二级市场调研
   在现有数据基础上（已开的第一家餐厅的市场数据）进行的市场调研为二级市场调研。

3. 【答案】D
   【解析】1.4.4 商业模式画布（Business Model Canvas，BMC）
   商业模式画布的内容包含客户细分、价值主张、渠道通路、客户关系、收入来源、关键业务、核心资源、重要合作和成本结构等。商业模式画布的一个重要特征是可视化，如图1.8所示。该图将整个商业模式呈现在一页纸上。其右侧聚焦在客户上，左侧则聚焦在业务上。通过提出和回答关键问题的方式，在画布上写出相关信息。

重要合作	关键业务	价值主张	客户关系	客户细分
谁是重要合作方？ 谁是重要供应商？ 从合作方那里可以获得哪些关键资源？ 合作方开展了哪些关键业务？	价值主张需要哪些关键业务？ 有哪些销售渠道？ 客户关系是什么？ 收入来源在哪里？	我们能为客户带来什么价值？ 要解决哪些客户问题？ 为每个客户群体提供哪些产品和服务？ 满足哪些客户的需求？	期望与每个客户群体建立什么样的关系？ 哪些是明确的？ 如何将这些关系整合到我们的整体商业模式中？ 需要多少花费？	为谁创造价值？ 谁是我们最重要的客户？ ● 大众市场 ● 利基市场 ● 细分市场 ● 多样化
	核心资源 价值主张、分销渠道、客户关系、收入需要哪些关键资源？ ● 实物资源 ● 智力资源 ● 人力资源 ● 资金		渠道通路 客户希望通过哪些渠道通路联系我们？ 我们现在如何联系他们？ 如何整合渠道通路？ 哪些渠道通路最具成本效益性？	
成本结构 商业模式中最主要的成本有哪些？ 哪些核心资源最贵？ 哪些关键业务最贵？			收入来源 客户真正愿意为之付多少钱？ 他们现在付多少钱？ 他们愿意付多少钱？ 每种收入来源对总收入的贡献是多少？	

图1.8 商业模式画布框架

4. 【答案】B

   【解析】扩展知识

   支持团队的高级管理层

   有一条细微的界限——宏观管理和微观管理之间——可以区分开高级管理层的支持和干扰行为。只有掌握了这条界限的管理层，才能提供适当的辅助和支持。下图显示了高级管理层在参与项目时的典型趋势——在项目的开始阶段参与度很小，在最终交付阶段参与度增加。高级管理层必须在项目的早期阶段就认识到支持和指导项目的重要性，这是因为此时高层管理者的行为对项目结果的影响极为深远。

   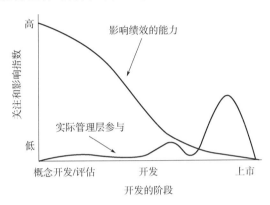

5. 【答案】D

   【解析】P226 关于社交媒体的优点和价值的描述

6. 【答案】C

   【解析】7.4.2 产品生命周期阶段介绍

   - 开发阶段（Development）：组织识别机会、规划项目并配置资源，开发能够商业化并带来收入的产品。该阶段为投资阶段，现金流为负数。
   - 引入阶段（Introduction）：组织开始建立品牌知名度并进行市场开发。将产品销售出去后，就会达到收支平衡并逐步产生正的现金流。
   - 成长阶段（Growth）：组织继续建设品牌并增加市场份额。这些努力提高了销量，从而使得现金流显著增加。为了支持品牌建设和营销工作，仍要进行投资。
   - 成熟阶段（Maturity）：竞争加剧。组织在追求利润最大化的同时保持市场份额。该阶段实现了投资回报，现金流也趋于平稳。提升品牌知名度也无法实现与之对等的销量增加。此阶段，投资趋于平稳以维持收入。
   - 衰退阶段（Decline）：销量开始下降。该如何处置产品，组织要对此做出艰难的决策。该阶段现金流下降，任何额外的投资都无法推动销量增长。要么不再投资，要么在其他产品上进行投资。

7. 【答案】B

   【解析】7.5.2"走向市场"流程

   抢滩战略是一种杠杆式的市场推广方法。先选出最具潜力的细分市场作为产品首次上市地点，在该市场获得成功后，再陆续将产品投放到其他细分市场。

8. 【答案】D

   【解析】净现值是绝对值，不是百分比。相对价值的比较，是百分比，不是绝对值。

9. 【答案】D

   【解析】图 7.42 创新关键绩效指标和度量指标示例

   活力指数：过去 3~5 年产品创新的收入或利润百分比，最佳目标值为 20%~25%。

10. 【答案】C

    【解析】图 1.26 开放式创新类型

11. 【答案】D

    【解析】2.6.2 组合管理准则

    使用敏捷方法管理的项目团队往往是自组织的，团队通过简短、频繁、面对面会议进行沟通。虽然这样做有许多好处，但是很难从敏捷团队中获得资源信息，也会存在资源数据丢失或提供资源数据迟缓的问题，这些问题都会阻碍项目组合管理的进程。

12. 【答案】B

    【解析】6 + 15 + 35 + 44 = 100，所以是 4 年。

13. 【答案】B

    【解析】5.6.3 联合分析（Conjoint Analysis）

    联合分析是用于产品创新的一种多元化统计分析方法，可以明确人们对某一产品或服务的不同属性（特性、功能或收益）的重视程度。联合分析的目的是明确最能影响客户选择或决策的属性组合。组合中的属性数量是有限的。

14. 【答案】D

    【解析】净现值的算法，每年收益除以折现率相应的次方相加。

15. 【答案】A

    【解析】7.10.6 进度压缩。赶工和快速跟进。

16. 【答案】B

    【解析】7.4.3 管理产品生命周期

    成长阶段
    - 产品：保持产品质量并增加产品特性和服务支持。
    - 价格：保持定价，此时的市场竞争较少，公司持续满足不断增长的需求。

- 分销：销售渠道要随着需求及购买产品的客户数量增长而增加。
- 促销：向为数更多的客户群推广。

17. 【答案】B

【解析】1.9.2 可持续性与战略

"三重底线"

在传统会计中，"底线"（Bottom Line）指利润表中底层的损益情况。它是衡量企业业绩的关键指标。近年来，一些企业谋求从更广泛的视角评估其绩效，包括考虑对社会和环境的贡献或影响。

"三重底线"要求从三个维度评估绩效，分别是：
- 财务。
- 社会。
- 环境。

这三个维度也被称为3P，分别是：
- 利润（Profit）。
- 人类（People）。
- 地球（Planet）。

18. 【答案】C

【解析】2.1.3 组合中的项目类型

为了实现组合管理中的项目平衡，会用到一些项目或产品分类方法。通过运用分类方法，可以确保项目与战略保持一致，并对项目优先级进行合理排序。常见的项目或产品类型如下所述：

- 突破型项目（Breakthrough Projects，有时也称为激进型或颠覆型项目）：向市场推出具有新技术的新产品。此类项目与组织的现有项目有显著差异，风险很高。
- 平台型项目（Platform Projects）：开发一组子系统及接口，将其组成一个共用架构，继而在该共用架构上高效地开发和制造一系列衍生产品。此类项目提供了开发衍生产品或项目的平台（见下文），风险比衍生型项目或支持型项目大，但比突破型项目小。
- 衍生型项目（Derivative Projects）：由现有产品或平台衍生出来的项目，其可弥补现有产品线的空白。常常通过提高制造成本优势或运用组织的核心技术等方式提升性能或增加新特性，风险相对较低。
- 支持型项目（Support Projects）：对现有产品进行增量改进，或提升现有产品的制造效率。风险很低。

19. 【答案】D

【解析】2.4 平衡组合

大多数组织都会寻找各种各样的新产品机会，并将其纳入产品组合。这样做有助于平衡风险和收益。此外，多元化的组合能够抵御市场变化造成的影响。新产品机会的范围和比例应取决于公司战略或经营战略，并与创新战略保持一致。有很多对新产品机会进行分类的方法，如按照事业部、产品类别或目标市场分类，或按照项目特征分类，例如：
- 突破型项目、平台型项目、衍生型项目和支持型项目。
- 降低研发成本或商业化成本。
- 潜在的回报或收益。
- 开发阶段或商业化阶段的风险水平。
- 开发或维护的技术难度。
- 从开发到进入市场获得商业回报所需的时间。
- 在厂房和设备上的投资。
- 通过知识产权实现价值的潜力。

20. 【答案】A
【解析】3.3.5 系统工程
以下是系统工程设计框架中的步骤（Pahl 等，2007）：
（1）规划产品和选择任务。
（2）明确任务，编写需求清单。
（3）识别要解决的基本问题。
（4）构建功能结构。
（5）研讨和采用工作原则。
（6）选择合理的解决方案组合。
（7）确定原理解（Principle Solution）。
（8）评估原理解。

21. 【答案】C
【解析】迭代—敏捷。

22. 【答案】D
【解析】3.3.7 精益创业
3. 学习计划——螺旋式提升
《精益创业》（Lean Startup）一书的作者莱斯（2012）说："有效学习是用经验证明团队已经发现了当前创业和未来商业前景的有价值真相的过程。"学习计划描述了如何验证关键假设。完成一项学习计划就是"螺旋式提升"一次，如图 3.14 所示。学习计划分为四个象限，分别为：
- 市场——例如，患者和消费者。
- 组织——例如，人员配置、预算编制和组织结构。
- 商业——例如，投资和盈利能力。
- 技术——例如，技术、创新和平台。

23. 【答案】B
【解析】1.2.1 组织身份（Organizational Identity）
组织身份的主要特征是：
- 核心性。如果一个特征发生变化，组织性质就会相应发生变化。
- 持久性。在组织中根深蒂固的特征，通常是神圣不可侵犯的或在组织发展历史中形成的特征。
- 独特性。该组织有别于其他类似组织的特征。

24. 【答案】C
【解析】1.6.2 迈尔斯和斯诺战略框架
2. 采用防御者战略的组织
- 规避风险，聚焦于某一较窄、稳定的市场和产品类别。
- 聚焦于核心能力甚至某个单一技术。
- 不做激进式创新。
- 对竞争威胁反应敏捷。
- 在其聚焦的产品类别中拥有全系列产品。
- 产品创新仅限于产品改进。
- 通常在技术上不够进取。

25. 【答案】A
【解析】经营战略为创新战略和产品开发提供了环境和方向。B沟通计划是项目管理计划里面的内容，不是经营战略的内容。C是营销战略。

26. 【答案】C

27. 【答案】D
【解析】1.5.1 良好创新战略的特征
创新战略应当与具体组织相吻合，不存在一个教科书般的标准来定义何为良好创新战略。创新战略要做到如下三点：必须为公司整体协同提供良好基础，必须明确创新项目的优先级，必须做到合理的权衡取舍。

28. 【答案】A
【解析】投资回收期的定义

29. 【答案】C
【解析】4.7.4 可持续性分析工具
生命周期评估（Life Cycle Assessment，LCA）
该方法用于生态设计，已经在行业中应用了30多年。生命周期评估提供产品从摇篮

（材料提取）到坟墓（退市）的整个阶段对环境影响的定量数据。该方法分为四个阶段：明确生命周期评估的目标与范围，对产品生命周期所有阶段的能源和材料投入进行检查，对生命周期中与输入和输出相关的环境影响进行评估，对结果进行说明并采取纠正措施。

30. 【答案】B

    【解析】加权汇总 $8 \times 8 + 5 \times 9 + 10 \times 7$ 最大，所以选 B。

    评分法（Scoring）

    评分法则更为详细，通常用于通过/失败法筛选之后。运用评分法时，需要更多信息才能做出较好的评估。

31. 【答案】A

    【解析】ID 设计师和软件工程师供给小于需求，需要补充。

32. 【答案】D

33. 【答案】B

    【解析】3.3.7 精益创业

    创业三阶段

    （1）问题和解决方案匹配：客户是否有明显的痛点（或收益）值得我们去解决？对于目标客户来说，有真正的"痛点或收益"是最紧要的。太多早期创意的失败是因为项目团队或领导者热衷华而不实的新技术或解决方案。

    （2）产品与市场匹配：产品是否符合市场需求？该阶段不仅对验证产品特性及市场吸引力而言至关重要，而且对走向市场的商业模式也很重要。

    （3）规模化：快速增长，实现规模效益。生产、销售、服务和支持是否到位？商业模式是否能够真正带来收益？

34. 【答案】C

    【解析】延伸知识

    （1）螺旋模型是一个演化软件过程模型，将原型实现的迭代特征与线性顺序（瀑布）模型中控制的和系统化的方面结合起来。

    （2）螺旋模型中，软件开发是一系列的增量发布。在早期的迭代中，发布的增量可能是一个纸上的模型或原型；在以后的迭代中，被开发系统的更加完善的版本逐步产生。

    （3）螺旋模型的四个阶段：制订计划，风险分析，实施工程，客户评估。

35. 【答案】B

    【解析】阿尔法测试和贝塔测试

    阿尔法测试（Alpha Testing）：阿尔法测试类似于可用性测试，通常由开发者在内部完成。

贝塔测试（Beta Testing）：在产品交付前由一部分最终用户完成。若用户给出了反馈或报告了缺陷，开发者就会在产品全面发布之前对其进行修复和更新。贝塔测试后发布的产品被称为贝塔版产品。贝塔测试可以说是"预发布测试"。将贝塔版软件提供给一些用户使用，在真实的使用情境中对软件进行测试，以便为下一版本产品更新提供参考。贝塔测试的主要目的是获得不同用户群体的反馈，并检查产品对不同类型网络和硬件的兼容性。

试销的缺点有：
- 耗时且昂贵。
- 延长了产品上市时间。

题干强调快速上市，故排除。

36. 【答案】D
【解析】6.3.4 自治型团队
自治型团队的一个核心优势就是能够像激光一样聚焦在项目目标和任务上。通常，这些团队使用颠覆性技术开发世界级新产品，这些技术将打开（或创造）全新的市场。通常来说，这样的团队结构和工作会给团队成员带来活力。此外，团队也要对新产品线的后续生命周期进行维护和拓展，包括开发下一代产品或服务。

37. 【答案】A
【解析】1.6.1 波特竞争战略
差异化战略的特点有：
- 应用于"宽市场范围"。
- 通过交付独特、优质的产品和建立客户忠诚度获取市场份额。
- 客户通常更关注产品质量和特性。

38. 【答案】D
【解析】3.3.3 精益产品创新方法
精益产品创新方法（简称"精益方法"或"精益"）建立在丰田首创的精益生产系统（Toyota Production System，TPS）的基础上。精益生产系统是基于消除浪费（Muda）的。在日语里 Muda 的含义是无用，即无效、闲置或浪费。精益生产系统的主要目的是从制造流程中消除浪费。这个原理被应用到产品创新流程中。

39. 【答案】D
【解析】4.3.6 概念说明示例
好的产品概念说明要包含产品的核心利益、有形特性和增强特性。
4.5 初始设计与规格阶段
概念说明是对产品概念收益和特性的定性化说明，产品设计规格则是定量化说明。例如，概念说明可以将产品的大小描述为"能够装入男士外衣口袋中"，产品设计规格则要描述产品的具体物理尺寸。

产品设计规格使得产品设计更为清晰和具体，也更为量化和客观。通过产品设计规格可以将产品设计需求传达给设计团队中的其他成员，产品开发也得以从设计阶段进入制造阶段。

40. 【答案】C
【解析】延伸知识，见下图。

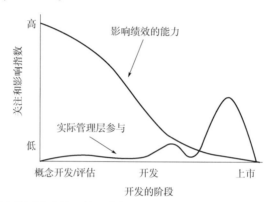

组织中的团队支持：管理参与度（改编自惠尔赖特和克拉克，1995）

41. 【答案】B
【解析】1.7.3 知识产权战略
知识产权类型

- 专利（Patent）：在一定时间阶段内生效并由政府授权或许可的权利，尤其指禁止他人制造、使用或销售一个发明的独有权利。
- 版权（Copyright）：在一定年限内，给予原创者独有的、指定的法律权利，包括印刷、出版、表演、放映、录制的文学艺术或音乐成果。
- 商标（Trademarks）：用于代表公司或者产品并经法定注册或许可的符号、单词或词组。
- 植物品种权（Plant Variety Rights）：给予种植和销售某种可繁殖植物的独有权利。
- 商业秘密（Trade Secrets）：在组织内保持秘密状态并与知识产权相关的信息。

42. 【答案】B
【解析】管理层认为上市延迟的原因是关键阶段缺乏合适人员，最紧急的任务应该是补充团队成员，此时应该聚焦于人力资源战略。1.1.2 战略层级曾提到人力资源战略。

43. 【答案】D
【解析】5.7.1 阿尔法测试、贝塔测试与伽马测试
阿尔法测试（Alpha Testing）：阿尔法测试类似于可用性测试，通常由开发者在内部完

成,在极少数情况下才由客户或外部人员完成。阿尔法测试后发布的产品被称为阿尔法版产品。

44. 【答案】D
【解析】第5章前言
市场调研为战略制定、组合管理、产品创新与生命周期管理中的决策提供市场数据和信息。

45. 【答案】D
【解析】7.4.4 产品生命周期对产品组合的影响
在产品生命周期不同阶段的管理战略,强调了产品改进、增加新特性、延伸产品线和降低成本的重要性,这些也应在新产品组合中得到体现。正如第2章所述,总体经营战略和创新战略为产品组合管理提供了方向和框架。

46. 【答案】D
【解析】1.7.4 营销战略
营销战略是将组织中有限资源集中于最佳机会的一种流程或模型,目的是增加销售额,并获得独特的竞争优势。营销战略必须基于经营目标并与经营目标保持一致。经营目标是根据总体经营战略制定的。因此,营销战略是确保创新战略制定和实施成功的一个重要因素。

47. 【答案】A
【解析】1.8 开放式创新
开放式创新的定义是,通过有目的的知识流入和流出加速内部创新,并利用外部创新扩展市场的一种创新范式。陈述1正确,陈述2错误,开放式创新的兴起是因为知识广泛分散,需要广泛合作,并非不存在知识产权及保护。

48. 【答案】C
【解析】3.2 产品创新章程
通过制定创新战略来明确目标和方向是产品创新项目成功的基础。产品创新章程（Product Innovation Charter,PIC）提供了更为明确的定义。
产品创新章程是一份关键的战略文件,也是组织对新产品进行商业化的核心。它涵盖项目的立项原因、总体目标、具体目标、准则和范围,回答了产品开发项目中"谁、什么、哪里、何时、为什么"等问题。

49. 【答案】A
【解析】3.1.4 运用知识提升决策水平并减少不确定性
做出正确的决策需要知识、信息和数据,包括:

- 组织中的历史记录。
- 组织中的员工。
- 外部顾问。
- 公开文献。
- 专利。
- 竞争对手。
- 客户。

50. 【答案】C

    【解析】第 4 章前言
    详细设计与规格阶段：哪些工具可将初始设计规格更为详细化？

51. 【答案】A

    【解析】关口审查决定是否进入下一个阶段
    对于门径管理流程来说，是否进入下一个阶段，在关口处决策，阶段包括活动、综合分析、可交付成果；对于集成产品开发来说，决策点包含在阶段中。而本题未说明是何种流程，因此选择 A 较恰当，不一定能进入下一阶段。

52. 【答案】A

    【解析】3.2 产品创新章程
    产品创新章程的内容
    产品创新章程通常是一个相对简短的总括性文件，并包含一些附件，如项目计划和附录等。它包括以下部分：
    - 背景。
    - 聚焦领域。
    - 总体目标和具体目标。
    - 特别准则。
    - 可持续性。

53. 【答案】A

    【解析】3.1.1 什么是产品创新
    可以将产品创新流程定义为一系列的活动、工具和技术，包括产品线规划、战略制定、概念生成、概念筛选和研究，最终为客户交付成功的成果——产品。（库珀，2001）
    卡恩将产品创新流程定义为："一组经过严格定义的任务和步骤，通过运用规范且适用的方法，组织可以不断地将创意转化为可销售的产品或服务。"（卡恩，2013）

54. 【答案】C

【解析】主要就是考组合管理的定义，理解组合管理是相当于一个漏斗选择项目。考试有可能完全考书上的内容，也有可能考理解的题。

55. 【答案】D
【解析】术语表周期时间（CycleTime）
从开始到结束的运行时间。从新产品开发角度来讲，它指从最初创意产生到新产品上市销售的时间。不同的公司或同一公司的不同项目，对起始时间的准确定义是不同的。分析题干，从探索阶段2010年3月算起，到产品上市2013年3月结束，共计36个月。

56. 【答案】A
【解析】3.3.3 精益产品创新方法
精益产品创新方法建立在丰田首创的精益生产系统（Toyota Production System，TPS）的基础上。精益生产系统是基于消除浪费（Muda）的。在日语里 Muda 的含义是无用，即无效、闲置或浪费。精益生产系统的主要目的是从制造流程中消除浪费。这个原理被应用到产品创新流程中。

57. 【答案】A
【解析】图 1.21 波士顿矩阵

58. 【答案】A
【解析】2.3 新产品机会评估与选择

59. 【答案】B
【解析】敏捷的定义

60. 【答案】C
【解析】4.2.2 创意生成工具
六顶思考帽（Six Thinking Hats）
爱德华·德·博诺（Edward de Bono）开发的一种工具，它鼓励团队成员将思维方式分成六种明确的功能和角色，每种角色都有一项具有象征性颜色的"思考帽"。
- 白色：象征客观，聚焦在事实上。
- 黄色：象征积极，寻找价值和收益。
- 黑色：象征消极，寻找问题或缺陷。
- 红色：象征情绪，喜欢、不喜欢或害怕。
- 绿色：象征创造力，寻找新的创意、可能性和解决方案。
- 蓝色：象征控制，确保遵循正确的流程。

61. 【答案】A

【解析】5.4.4 客户现场访问（Customer Site Visits）

客户现场访问是发现客户需求的一种定性市场调研方法。该方法要到客户工作现场，观察客户如何使用产品来满足需求或解决问题，并记录客户做了什么、为什么做、客户使用该产品时遇到了哪些问题、解决效果如何等信息。

62. 【答案】A

【解析】1.3.1 经营战略（Business Strategy，也称为业务战略）

63. 【答案】B

【解析】5.4.5 社交媒体（Social Media）

社交媒体在产品创新决策中的价值在于：能够方便、快捷地接触到大量目标客户，因此是产品创新中非常出色的市场调研工具。

64. 【答案】B

【解析】5.7 产品使用测试

产品使用测试通过实际消费、使用、操作或处置产品的方式测试产品性能。

65. 【答案】B

【解析】4.3.1 概念工程（Concept Engineering Method）

第一阶段：了解客户环境。

第二阶段：将对客户的了解转化为需求。

第三阶段：用专业方法进行落实。

第四阶段：生成概念。

第五阶段：选择最终概念。

66. 【答案】B

【解析】4.4.4 逆向工程

逆向工程是价值分析中的拆解（Tear-Down）过程，可为产品改进提供思路。该方法的目的是通过对产品、系统、部件和数据进行拆解，来识别其中的功能，从而与竞争对手的产品和生产工艺进行比较。

逆向工程通过识别系统的组成部分，对其进行深层次的了解，着重识别功能，从而激发创新。通过逆向工程开发新概念是完全可能的。模仿型逆向工程不做任何改变，只通过复制零部件实现预期性能。研究型逆向工程是通过收集实体化设计中的信息对设计语言进行解码，同时发挥创造力，将这些信息进行重组，从而开发新的部件或概念。

67. 【答案】C

【解析】1.7.3 知识产权战略

68. 【答案】B
    【解析】4.7.1 原型法
    原型法是将产品概念转为实物模型的一种设计方法，其主要目的是评估产品特性是如何满足用户期望的。

69. 【答案】D
    【解析】图1.12 创新景观图

70. 【答案】D
    【解析】技术好，市场失败，说明营销战略有问题。

71. 【答案】C
    【解析】6.3 产品创新团队结构
    设计和制造团队在项目早期缺乏协调，需要跨职能沟通和团队。
    高绩效、多学科的团队能够提高产品质量，并缩短产品开发时间。跨职能沟通也能更快地发现问题并促进协作。通常，职能团队会在里程碑阶段进行交接，这么做会导致知识转移变少，因此应尽可能减少这种做法。在整个开发项目中，产品创新团队整合了研发、技术、运营和营销技能，从而确保创新成功。

72. 【答案】C
    【解析】关于NPV和IRR，看完以下这篇文章应该就会了
    https://zhuanlan.zhihu.com/p/33458825

73. 【答案】B
    【解析】4.7.3 可持续性设计（Design for Sustainability，DFS）
    ARPI 框架
    ARPI（Analysis，Report，Prioritize，Improve）意为分析、报告、排序和改进。该方法提倡开展生态设计，包括对环境进行评估、分析和报告，对相关因素进行排序并提出改进措施。

74. 【答案】D
    【解析】3.3.6 设计思维
    IDEO公司的首席执行官蒂姆·布朗（Tim Brown）给设计思维下了一个定义："设计思维是一种以人为中心的创新方法，从设计者的工具库中汲取灵感，将人的需求、技术的可能性和商业成功的要求结合起来。"
    设计思维是一种解决问题的非线性方法。设计者通过生成解决方案、制作简易原型、获得客户反馈、重新设计、再制作原型等多次迭代，找到最终的解决方案。设计思维也被称为D-thinking（斯坦福大学设计学院），它是基于IDEO公司提出的"深潜"

（Deep Dive）方法。

75. 【答案】B

【解析】7.9.3 投资回报率

投资回报率是投资回报与投资成本之比。它可用于评估单个投资的价值，也可用作对多个投资方案进行比较的工具。

大多数公司或组织都设定了"最低收益率"（Hurdle Rate），通常为10%或15%。

76. 【答案】A

【解析】6.8.3 创新健康状况评估

常言说，度量什么就能做好什么。研究表明，在创新中采用跨职能团队是成功的领先指标，也是有效领导、培训投入和吸引员工的重要因素。创新健康评估是一种工具，它允许创新团队根据行业基准衡量绩效，并在团队内部构建创新改进领域。个人、产品创新团队、项目负责人和高级管理者都能从评估中受益，因为评估提供了组织创新生态系统的衡量标准，并凸显了具有改进机会的优势领域。

77. 【答案】C

【解析】1.6 创新战略与战略框架 1.6.1 波特竞争战略

78. 【答案】B

【解析】1.6.2 迈尔斯和斯诺战略框架

79. 【答案】D

【解析】a）领导力

高级管理者通过战略和组合决策制定创新方向。

80. 【答案】D

【解析】4.7.4 可持续性分析工具

生命周期成本（Life Cycle Costing，LCC）

运用该方法分析产品生命周期中所有相关方（供应商、制造商和消费者），以及在产品生命周期内产生的与产品、流程和/或活动相关的所有成本。传统的生命周期成本方法忽略了外部成本和生命周期结束成本。该方法则是从摇篮到坟墓全阶段的成本分析。所有成本都通过折现现金流计算为净现值。

81. 【答案】C

【解析】3.3.4 敏捷产品创新方法

82. 【答案】B

【解析】6.5.2 组织沟通

团队选择、团队发展和持续管理会受到一系列内部和外部因素的显著影响。有效沟通对团队绩效及与团队领导者的互动起着重要作用。

团队绩效受下述沟通因素的影响：

（1）组织的文化和环境，包含鼓励高绩效的价值观和行为。
（2）组织结构，包括各职能间的角色和关系。
（3）制定了促进和提高团队绩效的流程，例如在团队章程中明确了对团队成员的期望。
（4）团队成员充分展现其技能和能力，并获得认可和激励。
（5）各级领导者，包括高级管理层在内，都参与并提供指导和支持。
（6）如图 6.10 所示，核心团队内部的协同和合作至关重要，必要时应扩展到其他职能部门和子团队。

83. 【答案】A
【解析】净现值更看长期回报，投资回收期看短期回报。

84. 【答案】B
【解析】6.2.2 产品创新流程中的角色

85. 【答案】B
【解析】5.5.4 感官检验（Sensory Testing）

86. 【答案】B
【解析】3.2 产品创新章程

87. 【答案】D
【解析】风险管理的定义

88. 【答案】D

89. 【答案】A
【解析】5.3.1 定性与定量数据及方法

定量市场调研是一种消费者调研方法，通常使用调查问卷对足够大的消费者样本进行调查，得出可靠的统计结果。可用于对一般消费者群体进行结果预测，也可用于明确客户不同需求的重要度、当前产品的性能等级、满意度、试用率、复购率和产品偏好。这些技术可用于减少与产品创新相关方面的不确定性。

90. 【答案】D
【解析】5.6.4 A/B 测试（A/B Testing）

A/B 测试是多变量研究方法中的一种，旨在测试和比较两个版本或变量。其他多变量研究，如联合分析会研究两个或更多变量。大多数 A/B 测试都是线上实施的，广泛应用于互联网产品创新和数字化营销，用于确定哪个方案更优。其他多变量测试方法不对具有相同目标的单变量依次进行 A/B 测试。在 A/B 测试中，会平均分配每个变量的测试样本。对多变量测试而言，则需要更大的样本，这取决于被测试变量的数量。对软件和互联网产品创新而言，在多变量测试中使用 A/B 测试的考虑因素是所需时间和流量、洞察深度及产品或概念的成熟度。A/B 测试不适用于对世界级新产品的概念进行深入洞察。

91.【答案】A
【解析】7.9.4 投资回收期
关于资金时间价值：今天投资 1 美元，明天你得到的将多于 1 美元。这意味着，现在的钱具有投资机会。

92.【答案】D
【解析】6.1 创新文化与氛围

93.【答案】A
【解析】3.2 产品创新章程

94.【答案】A
【解析】常识，瀑布缺点不易应对变化。

95.【答案】A
【解析】4.7.1 原型法（Prototyping）

96.【答案】D
【解析】5.1 市场调研引论
对开发成功的新产品和改进现有产品而言，了解并满足相关方和客户需求至关重要。在产品创新流程的各阶段，都要有相应的市场调研技术为决策提供信息。通过市场调研获得关键信息，有助于减少在整个产品创新流程中的不确定性，从而提高新产品成功率。

97.【答案】A
【解析】5.5.3 概念测试与概念分类（Concept Tests and Concept Sorts）
概念测试与概念分类是定量调研方法，用来评估客户对新产品或服务创意（也称为概念）的接受程度。概念测试通常用于产品创新流程中的开发阶段之前。概念分类有助于对各种开发方案进行排序并明确哪些产品概念最优。通过运用一些技术可以让参与者更容易、更方便地参与测试和调查。通过灵活的日程安排，参与者可以在全球任何地方通过线上完成概念测试和调查。在开发阶段之前进行概念测试与分类更具成本效益性，并且能够降低风险和成本，避免造成开发流程后期成本剧增的情况。概念测试的结果可以是经批准的概念。

98. 【答案】C
【解析】7.2 产面创新关键成功因素

99. 【答案】D
【解析】1.6.3 延续式与颠覆式产品创新

100. 【答案】C
【解析】5.4 定性市场调研方法 5.4.1 焦点小组（Focus Groups）

101. 【答案】D
【解析】5.6.6 累计不重复触达率与频度（Total Unduplicated Reach and Frequency，TURF）分析
累计不重复触达率与频度分析源自传媒行业常用的排期方法，也用于产品创新和产品管理，尤其是在产品生命周期涉及多个方案和重复购买时，可通过其了解并最大限度地发挥产品线和产品平台的市场潜力。该分析也用于评估和优化产品组合，吸引数量最多和重复购买意愿最高的客户。

102. 【答案】A
【解析】3.3.3 精益产品创新方法 精益产品创新方法的优点和缺点

103. 【答案】D
【解析】5.7.2 虚拟现实（Virtual Reality-VR）与增强现实（Augmented Reality-AR）
虚拟现实测试是市场调研领域中越来越受重视的方法。它使用专用设备，包括带有跟踪传感器的耳机和/或手套。通过这些传感器可以创建三维模型，使参与者能够在模拟真实的环境中进行交互。虚拟现实技术可与其他市场调研工具结合，如眼动追踪及模拟市场环境进行消费者行为分析。通过虚拟现实，公司无须开发实际原型就可以进行产品使用测试，从而最大限度地降低财务风险。调研人员也无须在市场上进行昂贵的测试就能观察和了解消费者行为。

104. 【答案】A
【解析】4.4.3 FAST 技术图
FAST 技术图是建立在功能分析结果基础上的一种技术。其目的是说明并提供产品系统如何工作的信息，以便识别故障、运行顺序不一致之处或运行中的缺陷。该技术将产品功能之间的因果关系可视化，从而加深对产品工作原理的理解。

FAST技术图按照"如何-为什么"（How-Why）的逻辑构建，将功能从左到右进行排列。当从左到右进行分析时，要回答一个问题：该功能是如何实现的。对该问题的回答通常会引出几个功能。当从右到左进行分析时，则要回答另一个问题：为什么需要该功能。该方法采用双向分析，即从左到右（如何）和从右到左（为什么）进行稳健设计和功能配置，并通过强化后验分析重新设计和改进产品。

在应用FAST技术图时，可以在左侧边界外定义一个最高阶（Highest-Order）功能。该功能只有一个，是对基本功能存在原因的更抽象定义。一般来说，通过识别最高阶功能可以获得更深层、更具创造性解决方案的来源。无论是结构化问题还是需要明确识别的问题，功能分析和FAST技术图都非常适用，因为它们可以促进产品开发团队内外沟通并找出相应的理论依据。

105. 【答案】D
【解析】1.1.2 战略层级
对于一家资源管理公司来说，提升信息系统基础设施的安全性，属于公司信息部门的职能责任，是对公司主营业务的经营管理与创新发展的支撑，因此属于职能战略。

106. 【答案】D
【解析】4.4.2 功能分析

107. 【答案】A
【解析】5.9 产品创新各阶段的市场调研
创意评估与早期商业分析
该阶段所需的关键市场信息有市场规模和销售潜力、竞争对手、竞争产品、目标市场特征及客户愿意支付的价格等。这些信息为早期财务分析提供了基础（第7章）。

108. 【答案】C
【解析】面向环境的设计（Design Forthe Environment，DFE）
在产品生命周期的设计和开发流程中，系统考虑环境安全和健康问题的设计方式。
4.5 提到了很多DFX，其中最后术语表里有DFE。

109. 【答案】A
【解析】3.3.1 门径流程
什么是关口（Gate）
关口是产品创新流程中的预定节点。在关口处要做出项目下一阶段的关键决策，包括：在门径流程中，前一个阶段输出的可交付成果将作为下一个阶段的输入。如上所述，每个关口都预先设定了关口评审标准。关口评审标准可以是技术、财务和/或定性标准。关口输出是做出的决策（通过/否决/搁置/重做）和下一阶段计划，计划中包含要交付的成果、进度表和阶段性工作成果。关口是产品创新控制和管理（治理）

流程的组成部分,只有满足某些条件才能通过关口,从而进入下一阶段。

110. 【答案】A
【解析】5.10 市场调研中的度量指标与关键绩效指标

111. 【答案】C
【解析】6.2.1 产品创新战略中的角色

112. 【答案】B
【解析】用排除法,选 B（组合管理）。

113. 【答案】A
【解析】5.2.1 一级市场调研（Primary Research）

114. 【答案】C
【解析】2.1.1 什么是组合管理

115. 【答案】D
【解析】6.4.3 工作风格

116. 【答案】A
【解析】1.7.3 知识产权战略

117. 【答案】A
【解析】1.7.2 技术战略

118. 【答案】C
【解析】延伸知识,见下图。

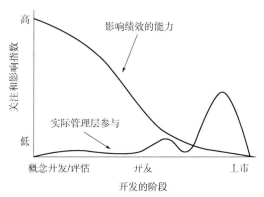

组织中的团队支持:管理参与度（改编自惠尔赖特和克拉克,1995）

119. 【答案】B
【解析】设计规格将参数量化。图 4.1 设计流程示意图。

120. 【答案】B
【解析】6.4.4 项目团队生命周期
在项目生命周期中，随着创新项目不断完善，会进入对新产品概念和现实进行权衡的阶段，此时要制订经营和项目计划。由规划者开展这类工作十分合适，他们会对工作的方方面面进行分析和协同。该阶段的成果是用于指导新产品设计与开发的详细计划。

121. 【答案】B
【解析】3.3.2 集成产品开发
瀑布模型的五个典型阶段是：
- 需求：了解用户需求和产品所需的功能、目的等。
- 设计：设计产品的特性和功能，确保能够在实施阶段满足客户需求，包括可行性分析和规划。
- 实施：按照产品设计方案进行开发。
- 验证：确保产品符合客户期望。
- 维护：通过客户确定产品设计中的不足或错误，开展优化工作。

122. 【答案】D
【解析】1.7.2 技术战略

123. 【答案】A
【解析】6.3 产品创新团队结构
理想的跨职能团队具有以下特征：
- 包含全部应有的职能代表者。
- 在项目启动到产品上市全流程中，确保团队成员任务的连贯性。
- 提供适当的沟通工具。
- 树立清晰的项目和团队目标及预期绩效结果。
- 体现职能工作、项目工作与职业发展的一致性。

124. 【答案】B
【解析】3.6 本章小结
产品创新本质上是一个风险与回报的过程。应用流程和实践旨在降低不确定性程度并提高产品成功概率。

125. 【答案】B

【解析】1.7.3 知识产权战略

126. 【答案】B
【解析】7.11.4 决策树（Decision Trees）

127. 【答案】A
【解析】5.3.3 抽样方法

128. 【答案】D
【解析】6.4.5 冲突管理 图6.9 托马斯模型

129. 【答案】C
【解析】7.5.2 "走向市场"流程
价值主张：说明一个产品概念在哪些维度上如何向潜在客户提供价值。价值主张首先着眼于确定产品的收益。

130. 【答案】D
【解析】与公司战略保持一致，更多的描述在偏战略型。将答案比较一下。

131. 【答案】C
【解析】6.6.4 知识管理

132. 【答案】B
【解析】3.3.4 敏捷产品创新方法
增量改进，快速上市，对于敏捷的特点。

133. 【答案】D
【解析】1.3.1 经营战略（Business Strategy，也称为业务战略）

134. 【答案】B
【解析】2.2.1 组合与战略的连接方法 二者结合法

135. 【答案】B
【解析】1.6.3 延续式与颠覆式产品创新

136. 【答案】C
【解析】5.7.1 阿尔法测试、贝塔测试与伽马测试

137. 【答案】A
   【解析】3.5 产品创新流程控制 第 3 章课本习题 10 题原题
   项目管理协会将项目集治理定义为（粗体字表示在产品创新中的重点和应用）："涵盖由发起组织对项目集和战略进行定义、授权、监督和支持的体系与方法。项目集治理指发起组织用于确保项目集（在可行的范围内）被有效和持续管理而执行的实践和流程。由评审和决策机构实施项目集治理，该机构负责批准或签署其授权范围内的项目集建议。"（《项目集管理标准（第 3 版)》,2013）

138. 【答案】C
   【解析】4.2.2 创意生成工具

139. 【答案】A
   【解析】6.4.2 团队发展阶段

140. 【答案】C
   【解析】6.8.1 创新激励
   失败。在开发新产品和服务时，失败是可预见的。特别是在漫长的开发周期中，市场和技术会发生变化。来自客户和潜在最终用户的反馈也会引起在开发流程中产品设计中的重大变更。因此，试验会失败。产品创新流程（第 3 章）旨在将公司文化与创新系统方法结合起来，从而降低早期探索成本，并在商业论证的同时进行试验，以降低总的财务风险。除产品创新流程，领导者还应鼓励创新团队在开发中接受风险。这意味着不仅可以容忍错误和失败，而且要主动设计一些试验，以便能够在失败中学习，并将其纳入整个创新流程。

141. 【答案】D
   【解析】6.2.2 产品创新流程中的角色
   试题详解题干关键词是"流程"，与项目和团队不直接相关，排除 A、C。流程经理负责按流程要求落实和执行（执行层）。流程倡导者负责对流程进行调整、创新和持续改进（管理层），可以提高流程管理效果和效率。

   - 流程倡导者是负责建立产品创新流程的高级管理者。流程倡导者致力于确保产品创新流程实施的质量和一致性。培训新员工和培养创新人才以支持创新也属于流程倡导者的职责范围。注意，可将产品创新流程的促进和培训工作授权给流程负责人或其他职能经理负责。
   - 流程负责人通常是负责组织创新战略成果的高级管理者，其职责包括与创新战略保持一致、产品创新流程的产出量、流程输出的质量及组织内各级人员的积极参与。
   - 流程经理与产品创新流程的成功实施息息相关。通常，流程经理是负责确保产品组合决策有序实施的职能领导者。除确保经批准的进度、预算和资源得到落实，流程经理还经常促进创新培训、头脑风暴、创意生成和上市后评审等工作。流程经理还会收集和分析数据，为组织创新系统的度量工作提供依据。

142. 【答案】D

    【解析】6.8.2 平衡计分卡
    - 文化。如前所述，文化和氛围都会影响创新的有效性。改进创新文化的一个指标包括评审和实施适当的激励制度，包括股票期权、长期合同和容忍失败。
    - 战略。组织各层级团队成员要明确创新战略对新产品开发成功起着至关重要的作用，有效地培养和建立与战略目标相一致的理念。作为创新学习与成长的一部分，建议采用以下度量指标：
      （1）在定期召开的管理大会上讨论战略目标。
      （2）对所有"建议箱"中的创意做出书面回应。
      （3）建立与企业和创新战略相吻合的创意和新产品商业化的激励制度。
    - 客户。客户是新产品或服务的最终接受者，而财务回报往往反映了客户满意度的高低。无论公司采用门径流程还是敏捷方法（如 Scrum），成功的创新团队都要将客户反馈作为产品创新流程的一部分。在"学习与成长"方面，对客户洞察进行度量的指标包括在开发生命周期内与潜在客户进行测试的数量、类型和范围。此外，还有与客户对新产品的满意度相关的质量措施，如退货和保修。

143. 【答案】B

    【解析】7.12.2 产品创新度量指标
    用排除法，选 B。

144. 【答案】B

    【解析】组合管理的定义

145. 【答案】C

    【解析】5.4.3 人种学方法（Ethnography）

146. 【答案】D

    【解析】3.3.4 敏捷产品创新方法
    敏捷教练是团队和产品负责人之间的促进者。
    SM（Scrum Master，敏捷教练）是管流程的，相当于 PM（Project Manager，项目经理），PO（Product Owner，产品负责人）只管需求，所以需要选 SM。

147. 【答案】A

    【解析】7.4.4 产品生命周期对产品组合的影响
    除实现产品种类平衡，应用组合管理确保产品生命周期中的产品数量平衡同样重要。

148. 【答案】C

【解析】1.6.1 波特竞争战略

差异化战略的特点：
- 应用于"宽市场范围"。
- 通过交付独特、优质的产品和建立客户忠诚度获取市场份额。
- 客户通常更关注产品质量和特性。

149. 【答案】B

【解析】$120 \times (1+x)^5 = 120 \times 1.1$

$x = 1.1$ 开 5 次方 -1。

150. 【答案】C

【解析】1.9.4 可持续产品创新

情景题分析题干"促进鞋类回收或使用耐克磨砂材料创造新产品"可以定位到可持续性创新这一考点，循环经济的产品案例，包括原材料、设计和商业模式三个方面，耐克的例子符合原材料的案例。从 4 个选项可以通过排除法，抢滩战略、蓝海战略、低价低成本战略与可持续性无直接相关性，直接排除。

151. 【答案】C

【解析】术语表：Autonomous Team 自治型团队

完全自主自立的项目团队，很少与投资方联系。为了给市场带来突破性创新，通常采用这种组织模式。有时也称为"老虎团队"。

152. 【答案】A

【解析】1.6.2 迈尔斯和斯诺战略框架

1. 采取探索者战略的组织
- 敢冒风险，渴望寻求新机会。
- 开发和应用新技术的灵活度高。
- 通过较快的上市速度，获得更大的市场份额。

153. 【答案】A

【解析】图 7.6 产品生命周期各阶段主要特点

154. 【答案】C

【解析】6.4.2 团队发展阶段

155. 【答案】B

【解析】3.3.2 集成产品开发

集成产品开发的定义为："系统地运用由多功能学科集成而得的团队成果，有效果、有效率地开发新产品，以满足客户需求的一种理念。"（卡恩，2013）

集成产品开发由 20 世纪 90 年代中被广泛应用于航空航天行业中的并行工程（Concurrent Engineering）发展而来。"并行工程是一种集成、并行设计产品及其相关过程的系统方法，包括制造和支持。该方法要求开发者从一开始就要考虑产品生命周期中的所有要素，从概念到退市，从质量、成本、进度到用户需求。"（Winner 等，1988）并行工程的基本前提建立在两个概念之上。其一，产品生命周期中的所有要素，从功能、制造、装配、测试、维护、环境影响到最终的退市和回收，都应在早期设计阶段被逐一考虑。其二，考虑到并行流程能显著提高生产率和产品质量，这些设计活动都应同时进行，即并行。这样一来，就可以在早期设计阶段，即项目仍具灵活性时，发现错误并优化设计。尽早识别和解决问题可以避免因后期错误造成的高昂代价，尤其当项目推进至更复杂的测试阶段和硬件生产阶段时更是如此。

156. 【答案】B
【解析】图 7.9 跨越鸿沟

157. 【答案】D
【解析】7.2 产品创新关键成功因素

158. 【答案】D

159. 【答案】C
【解析】3.3.7 精益创业

160. 【答案】A
【解析】7.8.1 巴斯模型（Bass Model）

161. 【答案】C

162. 【答案】D

163. 【答案】D
【解析】图 7.8 产品经理在产品生命周期中的角色

164. 【答案】B
【解析】组合管理首要考虑的是战略一致性

165. 【答案】C

【解析】6.1 创新文化与氛围

166. 【答案】D
【解析】6.8.3 创新健康状况评估

167. 【答案】C
【解析】6.3.2 轻量型团队
衍生型或支持型项目风险低，可以考虑用轻量型团队进行开发。

168. 【答案】A
【解析】5.2.2 二级市场调研（Secondary Research）
二级市场调研的优点
- 收集信息所需的时间短，成本低。
- 数据来源广泛。
- 可为深入和聚焦的一级市场调研打下良好的基础。

169. 【答案】C
【解析】1.6.1 波特竞争战略

170. 【答案】A
【解析】1.9.2 可持续性与战略

171. 【答案】A
【解析】7.3.1 产品管理的作用
经营：首先也是最重要的是，产品经理负责通过向客户销售产品，获得收入并向其组织提供价值。实现经营目标是最重要的，因为只有在该方面取得成功才能确保公司成功和繁荣，并将价值回报给公司所有者和股东等。

172. 【答案】C
【解析】术语表审计的定义，P374。
Audit 审计：在产品创新流程中，针对新产品开发和产品上市流程有效性的评价。参见《PDMA 新产品开发工具手册》第 14 章。

173. 【答案】B
【解析】决策树分析：
方案 A：EMV = 40% × 1.5 + 30% × 0.6 + 30% × 1 = $ 1.08 亿
方案 B：EMV = 50% × 1.3 + 20% × 0.8 + 30% × 1 = $ 1.11 亿
考点：7.11.4 决策树（Decision Trees）

174. 【答案】C

【解析】2.2.1 组合与战略的连接方法

自下而上战略法的步骤：

（1）确定潜在的项目。

（2）定义评估项目的战略标准。

（3）依照选择标准对每个潜在项目进行评估。

项目的选择决策主要取决于该项目是否满足选择标准，而不考虑业务单元或产品类别的优先性，并且也不刻意追求在项目组合中达成某种意义的平衡。

A、B 是自下而上策略的特征，自下而上的单个项目也需要排列优先级，涉及组合管理的都会排列优先级。C 是自上而下策略的特征。

175. 【答案】B

【解析】4.5.4 可维护性设计（Design for Maintenance，DFM）

产品维护就是通过监控产品的实际使用状况，对其进行维护，当产品遇到变化（如磨损、腐蚀、老化及在产品生命周期内的其他变化）时将其复原。维护不足会影响产品的功能、经济性和安全性。总之，可维护性设计专注于产品安全性、人机工程和装配等方面。

176. 【答案】C

【解析】4.7.2 六西格玛设计

六西格玛——DFSS 和 DMAIC

DMAIC 由该流程中五个阶段名称的首字母组成（图 4.17）。

- 定义（Define）问题、改进活动、改进机会、项目目标和客户（内部和外部）需求。
- 测量（Measure）流程绩效。
- 分析（Analyze）流程，确定导致变异和绩效不良（缺陷）的根本原因。
- 改进（Improve）流程绩效，识别根本原因并解决问题。
- 控制（Control）改进后的流程和未来流程的绩效。

177. 【答案】C

【解析】2.1.3 组合中的项目类型

178. 【答案】B

【解析】5.5.7 大数据（Big Data）与众包（Crowdsourcing）

179. 【答案】C

【解析】7.6.1 产品路线图（Product Roadmaps）

180. 【答案】 B

【解析】5.1.2 市场调研中的六个关键步骤

开展市场调研工作，要采取六个关键步骤（Naresh，2009）：

（1）定义问题。明确说明要获得什么信息，回答什么问题。

（2）定义结果的准确度。总体可靠性要达到什么水平，统计置信度和实验误差的可接受水平为多少。

（3）收集数据。选择并应用适当的方法收集数据，以达到所需的准确度。

（4）分析与解读数据。应用相应方法对数据进行分析，并对所提出问题进行归纳和总结。

（5）得出结论。用调研结果对问题进行解读，并得出具体结论。

（6）实施。按照调研结果和结论，解决所定义的问题。

181. 【答案】 D

【解析】4.6.1 质量功能展开

质量屋的建立有以下六个步骤：

（1）标识客户属性。

（2）识别设计属性/要求。

（3）连接客户属性与设计属性。

（4）对竞争产品进行评估。

（5）评估设计属性和开发目标。

（6）确定在接下来的流程中要展开的设计属性。

分析题干"已经完成了产品可以满足的客户需求的普查"，描述的是第三步，连接客户属性与设计属性，因此下一步应该是第四步。

182. 【答案】 D

【解析】图 1.21 波士顿矩阵

183. 【答案】 A

【解析】敏捷教练是团队和产品负责人之间的促进者。敏捷教练不是管理团队，而是通过以下方式协助团队和产品负责人：

- 清除团队和产品负责人之间的障碍。
- 激发团队创造力，并给团队授权。
- 提升团队生产率。
- 改善工程工具和实践。
- 实时更新团队进展信息，确保各方都被知会。

184. 【答案】 A

【解析】7.4.2 产品生命周期阶段介绍

- 开发阶段（Development）：组织识别机会、规划项目并配置资源，开发能够商业化并带来收入的产品。该阶段为投资阶段，现金流为负数。
- 引入阶段（Introduction）：组织开始建立品牌知名度并进行市场开发。将产品销售出去后，就会达到收支平衡并逐步产生正的现金流。
- 成长阶段（Growth）：组织继续建设品牌并增加市场份额。这些努力提高了销量，从而使得现金流显著增加。为了支持品牌建设和营销工作，仍要进行投资。
- 成熟阶段（Maturity）：竞争加剧。组织在追求利润最大化的同时保持市场份额。该阶段实现了投资回报，现金流也趋于平稳。提升品牌知名度也无法实现与之对等的销量增加。此阶段，投资趋于平稳以维持收入。
- 衰退阶段（Decline）：销量开始下降。该如何处置产品，组织要对此做出艰难的决策。该阶段现金流下降，任何额外的投资都无法推动销量增长。要么不再投资，要么在其他产品上投资。

185. 【答案】B
【解析】图1.8 商业模式画布框架
客户关系包括：
- 期望与每个客户群体建立什么样的关系？
- 哪些是明确的？
- 如何将这些关系整合到我们的整体商业模式中？
- 需要多少花费？

186. 【答案】D
【解析】产品创新章程是一份关键的战略文件，也是组织对新产品进行商业化的核心。它涵盖项目的立项原因、总体目标、具体目标、准则和范围，回答了产品开发项目中"谁、什么、哪里、何时、为什么"等问题。

187. 【答案】B
【解析】开放式创新（Open Innovation，OI）指组织通过联盟、合作或签约的方式，主动地从外部寻求知识，以补充和增强其内部能力，从而改进创新成果的战略。

188. 【答案】B
【解析】设计思维框架的步骤定义
- 发现：通过洞察客户从而发现机会。设计思维的原则要求发现过程是迭代的，同时需要不断地从各种信息来源发现机会。
- 定义：进一步理解客户需求，将需求与产品关联起来。对客户洞察进行提炼，形成产品设计规格。
- 创建：创建一个得到目标市场认同的概念，经过多轮迭代，制作出原型。
- 评估：通过原型收集更多的反馈，并将这些反馈综合起来作为迭代改进的基础。

189. 【答案】D

【解析】2.1.1 什么是组合管理

库珀等（2015）提出了组合管理要实现的五个目标。

（1）价值最大（Value Maximization）：通过配置资源实现组合价值最大化（各个项目的商业价值总和）。

（2）项目平衡（Balance）：根据预设的标准选择不同类型的项目，并实现项目平衡。标准包括长期与短期、高风险与低风险、产品或市场类型等。

（3）战略一致（Business Strategic Alignment）：确保整体组合与组织经营战略及创新战略保持一致，也确保组合中的投资与组织的战略优先级保持一致。

（4）管道平衡（Pipeline Balance）：大多数公司在产品组合中囊括太多的项目，因此要确保资源和聚焦领域不至于太过分散。应确保项目数量合理，以达到管道中资源需求和可用资源供给之间的最佳平衡。

（5）盈利充分（Sufficiency）：确保在产品组合中选定的项目能够实现产品创新战略中设定的财务目标。

190. 【答案】A

【解析】用排除法，选A。

191. 【答案】A

【解析】7.3.1 产品管理的作用

192. 【答案】B

【解析】安索夫矩阵，补充知识。

193. 【答案】C

【解析】图7.7 产品生命周期中的产品组合平衡

产品生命周期中，盈亏平衡之后，就是净利润阶段，包括产品的成长、成熟等阶段。

194. 【答案】A

【解析】7.7 可行性分析

195. 【答案】C

【解析】组合管理的定义

196. 【答案】B

【解析】较高的投资风险通常会有较高的投资回报率

197. 【答案】B

【解析】2.5 资源配置

合理的资源配置会带来以下益处：

- 更有效的项目流程（更少的项目延期）。
- 更多的成果输出（更多的上市产品）。
- 更高的员工满意度。
- 更有效的组合管理。

198. 【答案】C

【解析】5.7.2 虚拟现实（Virtual Reality，VR）与增强现实（Augmented Reality，AR）

虚拟现实测试是市场调研领域中越来越受到重视的方法。它使用专用设备，包括带有跟踪传感器的耳机和/或手套。通过这些传感器可以创建三维模型，使参与者能够在模拟真实的环境中进行交互。虚拟现实技术可与其他市场调研工具结合，例如眼动追踪及模拟市场环境进行消费者行为分析。通过虚拟现实，公司无须开发实际原型就可以进行产品使用测试，从而最大限度地降低财务风险。调研人员也无须在市场上进行昂贵的测试就能观察和了解消费者行为。

199. 【答案】D

【解析】6.4.2 团队发展阶段

20世纪60年代，心理学家布鲁斯·塔克曼（Bruce Tuckman，2001）构建了一个高绩效团队成长阶段的模型。他通过研究发现，团队必须通过一系列工作和情绪上的顺序发展，才能达到最高的协作水平。由于成员关系变化而被打乱时，团队又会回到最初阶段，即重新从形成阶段开始向前发展。团队发展阶段依次是形成阶段、震荡阶段、规范阶段、成熟阶段和解散阶段。

- 形成阶段（Forming）：在该阶段，大多数团队成员都表现得较为积极和谦恭。但有些人会有些焦虑，因为他们还不完全了解团队将要做什么。还有些人对将要完成的任务感到兴奋。此时，团队成员的角色和职责还不清晰，因此领导者应起主导作用。通常，该阶段不会太长。在此期间，团队成员开始一起工作，尝试着去了解自己的新同事。在大多数情况下，会根据各自的技能或专业知识来安排团队成员工作，并期望他们担负好各自责任。
- 震荡阶段（Storming）：该阶段的特点就是冲突。团队领导者的主要责任是用稳妥的方式管理这些冲突。团队成员可能对团队的开发进展感到失望，或者被交叠的角色搞糊涂。通常，此时尚未对问题进行明确的定义，所以震荡阶段以明确团队目的和目标为主。许多团队，尤其是监管不力或缺乏经验的团队在该阶段会陷入僵局。
- 规范阶段（Norming）：当团队成员开始解决分歧、欣赏同事的长处、尊重领导权威时，团队就进入了规范阶段。在该阶段，团队成员建立各自的合作方式，并就标准实践达成一致。团队达成一致的一种方式是在团队章程中制定项目目标和流程。

- 成熟阶段（Performing）：当团队进入成熟阶段时，大家努力工作，没有人际摩擦。团队结构和流程运行良好，大家合力实现团队目标。领导者将更多的工作授权给团队成员，并集中精力提高每个团队成员及整个团队的能力。团队成员彼此相处融洽，并乐于成为团队中的一员。项目工作完成很快，团队成员学习水平也很高。
- 解散阶段（Adjourning）：在所有临时团队中，解散阶段会随着项目工作的完成而到来。在产品创新项目中，产品上市后就会移交给运营部门进行管理。团队成员可能被安排到其他项目中，也可能回到自己原来的部门中。在某些情况下，一些团队成员会被安排到运营部门，继续支持新产品的后期工作。

200.【答案】D
【解析】7.9.1 成本
固定成本指在相关时间段或生产规模内，总额与业务活动不成比例变化的费用，包括行政费用、租金、利息和管理费用。

NPDP 综合模拟试题（二）参考答案及解析

1. 【答案】D
   【解析】3.3.6 设计思维框架
   设计思维包括识别问题（发现机会、定义需求）和解决问题（创建概念、评估），见图 3.12。

   图 3.12 卢克斯的设计思维框架

2. 【答案】C
   【解析】6.4.2 团队发展阶段
   该阶段属于规范阶段，团队成员建立各自的合作方式，并就标准实践达成一致。符合题意。形成阶段的特点，团队角色职责还不清晰，不清楚团队将要做什么。震荡阶段的特点是冲突。题目中提到了冲突，但题目中的冲突最后都有解决方案，因此已经过了震荡阶段。选项 D，执行阶段（成熟阶段），特点是：大家相处融洽，合力实现团队目标。

3. 【答案】A
   【解析】1.6.1 波特竞争战略：成本领先战略、差异化战略和细分市场战略，见图 1.9。题目中宜家的特点——提供"基本服务""降低采购成本保持低价"，就是成本领先战略的特点：通过吸引价格敏感型客户从而提升公司的市场份额。选项 C 和 D 说的是"迈尔斯和斯诺战略"，特点与本题目无关，见图 1.10。

   图 1.9 波特的三种基本竞争战略

探索者	率先上市，寻求增长，承担风险
分析者	快速跟随者，产品通常更好
防御者	在稳定的市场中守住利基市场
回应者	只有在遭遇威胁时才做出反应

图 1.10 迈尔斯和斯诺战略框架

4. 【答案】D
【解析】第 5 章，市场调研方法
焦点小组属于选项 A 定性方法，问卷调查属于选项 B 定量方法。选项 C 二级市场调研是在其他个人、群体或机构已经开展的研究和公布的信息基础上进行的市场调研。本题场景属于公司自己进行的调研，也就是一级市场调研。
定性调研方法主要有：焦点小组、深度访谈、人种学方法、客户现场访问、社交媒体。
定量调研方法主要有：问卷调查、消费者测评组、概念测试与概念分类、感官检验、眼动追踪、生物特征反馈、大数据与众包。

5. 【答案】C
【解析】根据题意，规格要求是"至少 50% 的零部件需要使用二手的可回收物品"，这只影响材料选择，不影响产品生命、产品使用、营销计划。

6. 【答案】A
【解析】3.3 产品创新流程模型
题目中描述的"自组织团队""重视客户合作"符合敏捷流程。选项 B，精益的主要关键词是"消除浪费、提高效率"。选项 D，集成产品开发的定义为："系统地运用由多功能学科集成而得的团队成果，有效果、有效率地开发新产品，以满足客户需求的一种理念"，集成开发的关键词是"并行工程"。

7. 【答案】B
【解析】延伸知识点，见下图。

8.【答案】B
【解析】7.4.3 管理产品生命周期
- 引入阶段产品：建立品牌与质量标准，并对专利和商标等知识产权进行保护。
- 增长阶段产品：保持产品质量并增加产品特性和服务支持。
- 成熟阶段产品：增加产品特性，通过产品差异化与对手开展竞争。
- 衰退阶段产品：维持产品→产品退市。

9.【答案】B
【解析】3.3.4 敏捷宣言
- 个体和互动高于流程和工具。
- 可工作的软件高于详尽的文档。
- 客户合作高于合同谈判。
- 响应变化高于遵循计划。

我们认为右侧的事项有价值，但左侧的事项更重要，价值更高。

10.【答案】C
【解析】1.7.2 技术战略
技术预测是指一个洞察未来、预见技术趋势及其对公司潜在影响的过程。术语表：【技术预测】通过展望未来的方法来预测技术趋势及其对组织潜在影响的一种流程，见图1.13。

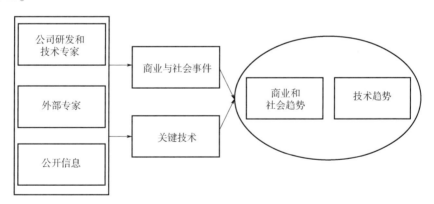

图1.13 技术预测的基本框架

11.【答案】B
【解析】5.4.4 客户现场访问是发现客户需求的一种定性市场调研方法
该方法要到客户工作现场，观察客户如何使用产品来满足需求或解决问题，并记录客户做了什么、为什么做、客户使用该产品时遇到了哪些问题、解决效果如何等信息。

12.【答案】B

【解析】A 内部流程

C、D 是资源投入，不是企业价值度量指标。平衡计分卡四个维度的度量指标示例见图 7.40。

平衡计分卡			
财务	客户	内部流程	学习与成长
• 收入 • 净利润 • 毛利率 • 销量 • 息税前利润 • 投资回报率	• 客户留存率 • 市场份额 • 客户投诉 • 品牌资产	• 六西格玛水平 • 单位成本 • 机器停机时间 • 能源消耗 • 新产品上市时间	• 员工流失率 • 员工核心能力 • 员工满意度

图 7.40 平衡计分卡四个维度的度量指标示例

13. 【答案】A

    【解析】5.2.1 市场调研

    定性方法：在数据还不足以进行统计分析的情况下，确定结果的可靠性。

    定量方法：对数据进行统计分析，从而确定结果的置信度。

    根据这两个定义说明，可以排除 B 和 C。D 也是错误的，因为定量分析不仅包括问卷调查，还包括消费者测评组、概念测试与概念分类等。

14. 【答案】C

    【解析】渠道的目的是扩大触达目标客户的可能性，所以要选择最有可能提供高水平的潜在市场的可进入性。

15. 【答案】D

    【解析】3.3.4 敏捷

    PO 的作用可以是分配工作，因此 A、B、C 都对。例如，冲刺规划会议是每次冲刺的起点。在该会议上，产品负责人（分配工作的人）和开发团队商讨并确定本次冲刺所要完成的工作。在对产品待办列表的优先级和需求进行排序时，产品负责人是代表客户利益并拥有最终决策权的人。

16. 【答案】A

    【解析】2.2.1 组合与战略的连接方法

    运用自上而下法的步骤如下：

    （1）明确定义组织战略、经营战略、创新相关的战略目标及优先级。

    （2）定义用于整个项目组合的资源水平。

    （3）按照在组织中的战略位置，从总体上对事业部或产品类别的优先级进行排序。

    （4）给"战略桶"贴上标识，而后确定各事业部或产品类别的相应比例。

示例1。按照产品类别放置：突破型项目占比为20%，平台型项目占比为50%，衍生型项目占比为20%，支持型项目占比为10%。

示例2。按照事业部放置：事业部占比为60%，事业部占比为30%，事业部占比为10%。

（5）按照优先级将项目分配到相应的"战略桶"中。

17. 【答案】C
【解析】1.6.1 波特竞争战略：成本领先战略、差异化战略和细分市场战略，见图1.9。

图1.9 波特的三种基本竞争战略

18. 【答案】A
【解析】1.4.1 SWOT分析。关键词为"矩阵""识别机会和问题"，因此是SWOT。见图1.6。

S—优势	W—劣势	O—机会	T—威胁
• 公司好的方面，例如技术开发和市场调研 • 公司与竞争对手的区别，例如品牌知名度高 • 公司资源，例如有制造或技术专业人员 • 有形资产，例如公司的知识产权或资本	• 公司缺乏的方面，例如特定技能或资金 • 竞争对手更好的方面，例如分销渠道和消费者关系 • 资源限制，例如在获取特定技能和原材料方面受到限制 • 价值主张不清楚	• 产品供给缺口很大 • 市场竞争较少 • 公司产品创新符合市场趋势 • 可以通过许可或收购的方式获得专业技术知识	• 新的竞争对手出现 • 监管环境变化 • 潜在的颠覆性技术 • 与当前产品特性相反的趋势 • 高价值技能的潜在流失 • 关键原材料可能短缺

图1.6 SWOT分析示例

19. 【答案】B
【解析】4.3 概念设计阶段。"指标"需要是在工程上能够具体量化的产品技术规格。选项A、C、D都是"需求"，不是"指标"。

20. 【答案】B
【解析】2.1.3 组合中的项目类型

- 突破型项目（Breakthrough Projects，有时也称为激进型或颠覆型项目）：向市场推出具有新技术的新产品。此类项目与组织的现有项目有着显著差异，风险很高。
- 平台型项目（Platform Projects）：开发一组子系统及接口，将其组成一个共用架构，继而在该共用架构上高效地开发和制造一系列衍生产品。此类项目提供了开发衍生产品或项目的平台。风险比衍生型项目或支持型项目要大，但比突破型项目要小。
- 衍生型项目（Derivative Projects）：由现有产品或平台衍生出来的项目，其可弥补现有产品线的空白。常常通过提高制造成本优势，或运用组织的核心技术等方式来提升性能或增加新特性。风险相对较低。
- 支持型项目（Support Projects）：对现有产品进行增量改进，或提升现有产品的制造效率。风险很低。

21. 【答案】C
【解析】3.1.4 运用知识提升决策水平并减少不确定性
做出正确的决策需要知识、信息和数据，包括：
- 组织中的历史记录。
- 组织中的员工。
- 外部顾问。
- 公开文献。
- 专利。
- 竞争对手。
- 客户。

22. 【答案】D
【解析】4.2.1 什么是创意生成
创意生成是产生、开发和交流新创意的创造性过程，也是设计流程的基本组成部分。

23. 【答案】C
【解析】6.3.5 各种团队结构的优点和缺点，见图6.6。

团队结构类型	优点	缺点
职能型	资源最大化利用，专业性强，有深度，具有规模经济；责任清晰，职业发展路径明晰	广度不够，僵化与官僚；任务非项目导向；速度慢，难以形成合力；经验驱动
轻量型	改进了沟通和协同，减少了任务间的闲置时间	项目领导力和项目聚焦度不足，团队成员会有沮丧感
重量型	更高的项目聚焦度、承诺与责任；集成化的解决方案	对员工而言有难度；要求深度合作；必须打破部门壁垒
自治型	聚焦结果，对目标负责，有开创性	独立，不与组织其他部门整合；自治是核心价值观

图6.6 团队结构比较

24. 【答案】B
【解析】6.3.5 各种团队结构的优点和缺点，见图6.6。

团队结构类型	优点	缺点
职能型	资源最大化利用，专业性强，有深度，具有规模经济；责任清晰；职业发展路径明晰	广度不够，僵化与官僚；任务非项目导向；速度慢，难以形成合力；经验驱动
轻量型	改进了沟通和协同，减少了任务间的闲置时间	项目领导力和项目聚焦度不足，团队成员会有沮丧感
重量型	更高的项目聚焦度、承诺与责任；集成化的解决方案	对员工而言有难度；要求深度合作；必须打破部门壁垒
自治型	聚焦结果，对目标负责，有开创性	独立，不与组织其他部门整合；自治是核心价值观

图 6.6　团队结构比较

25. 【答案】A
【解析】3.3.3 精益产品创新方法，13 项精益原则。
（1）明确由消费者定义的价值，将增值与浪费区分开。
（2）在产品开发流程前期充分研究可选方案，因为此时设计改动的空间最大。
（3）建立均衡的产品开发流程。
（4）利用严格的标准化减少变异，创建柔性和可预测的产出。
（5）建立自始至终领导项目开发的总工程师制度。
（6）建立适当的组织结构，找到职能部门内技术专长与跨职能整合之间的平衡。
（7）为工程人员构造尖塔型的知识结构。
（8）将供应商完全整合到产品开发体系中。
（9）建立公司内部学习和持续改进机制。
（10）建立追求卓越、锐意进取的企业文化。
（11）调整技术以适应人和流程。
（12）利用简单和可视化的沟通达成一致。
（13）运用强大的工具做好标准化和组织学习。

26. 【答案】C
【解析】7.4.3 管理产品生命周期
成熟阶段。分销：加强销售渠道，给分销商更多激励，从而扩大客户购买产品的机会。产品生命周期各阶段主要特点见图 7.6。

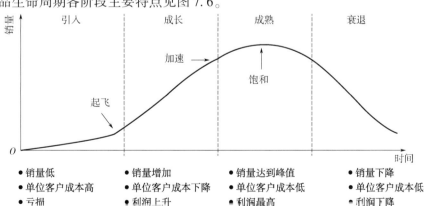

图 7.6　产品生命周期各阶段主要特点

27. 【答案】C

【解析】5.4.2 深度访谈

A、D 选项，访谈的缺点是耗时且成本高昂，参与人数少。B 选项，这是二级市场调研的价值。

28. 【答案】D

【解析】7.7 可行性分析的相关内容

29. 【答案】C

【解析】1.7.3 知识产权战略，图 1.16 知识产权管理方法。

B 是被动型，D 是主动型。

活动	方法			
	被动型	主动型	战略型	优化型
研究与产品创新	后期才考虑知识产权	运用自如	与公司战略保持一致	通过研发投入，利用知识产权形成战略优势
知识产权组合与管理	简单的组合跟踪	将组合管理与经营相结合，形成知识产权意识	将组合管理导入研发与授权中	通过组合管理赢得竞争优势
知识产权并购与货币化	临时应对知识产权授权机会	主动寻找授权伙伴	制定知识产权版税和收入目标	经营驱动，制定知识产权货币化与并购目标
竞争情报	特定或者情境驱动的情报收集	获取行业中关键竞争对手的情报	对全面的知识产权竞争情报进行持续分析	竞争情报是经营战略中的关键
风险管理与诉讼	对意外诉讼做出回应	监控风险，防止侵权	保护知识产权	将知识产品投保并转移风险

图 1.16 知识产权管理方法

30. 【答案】A

【解析】1.6.1 波特竞争战略：成本领先战略、差异化战略和细分市场战略，见图 1.9。特定产品功能，不是特定市场，通过交付独特、优质的产品和建立客户忠诚度获取市场份额。

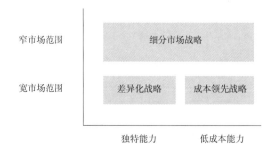

图 1.9 波特的三种基本竞争战略

31. 【答案】B

【解析】5.6 多变量研究方法，包括因子分析、多维尺度分析、联合分析、AB 测试、多元回归分析、累计不重复触达率与频度 TURF 分析等。

32. 【答案】D
   【解析】1.7.1 产品平台战略
   产品平台战略能够为组织带来以下优势：
   - 快速、连续地推出一系列产品。
   - 从长期视角制定产品战略。
   - 大幅提升运营效率。
   - 组织与市场都能清晰理解产品平台的底层要素。
   - 与竞争产品显著不同。

33. 【答案】A
   【解析】1.3.2 公司战略
   组织在规模和结构上大相径庭。大型组织往往会被划分为多个事业部（Business Unit，也称为经营单位），每个事业部专注于一系列特定产品品牌、服务、市场或区域。通常，大多数大型多元化组织会通过一个总体战略指导全局。同时，每个事业部有各自的战略，事业部的战略要与总体战略或公司战略保持一致。
   因此，公司战略是指：
   - 多元化组织的总体战略。
   - 回答两个问题，即"我们应该在哪些业务领域进行竞争"和"如何将不同的业务协同起来，从而提升整个组织的竞争优势"。

34. 【答案】C
   【解析】1.7.2 技术战略，技术 S 曲线的三个阶段，见图 1.14。

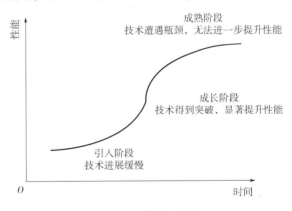

图 1.14 技术 S 曲线

35. 【答案】C
   【解析】6.2.1 产品创新战略中的角色
   高级产品管理者（如产品副总裁）和相应的事业部负责制定产品战略。

36. 【答案】D

【解析】1.6.2 迈尔斯和斯诺战略框架，见图 1.10。

探索者	率先上市，寻求增长，承担风险
分析者	快速跟随者，产品通常更好
防御者	在稳定的市场中守住利基市场
回应者	只有在遭遇威胁时才做出反应

图 1.10　迈尔斯和斯诺战略框架

37.【答案】C

【解析】7.6.1 产品路线图
在产品驱动型公司，产品路线图对落实组织战略而言至关重要。
- 产品路线图用于对产品战略进行图解，呈现产品随时间的发展过程，也即将推出的功能和产品的重要创新细节，如技术方案和资源配置。
- 产品路线图也是一种强大的沟通工具，产品经理可以通过它使不同部门保持一致，也可以通过它让销售团队与潜在客户就产品进行对话，并让营销团队根据未来的新产品和产品线延伸型新产品发布计划策划营销活动。

A 选项的后半句不对。B 选项不对，并不是每个产品都需要路线图规划。D 选项错误，产品路线图不用于传达任务，而是传达战略。

38.【答案】D

【解析】3.3.4 敏捷产品创新方法
在对产品待办列表的优先级和需求进行排序时，产品负责人是代表客户利益并拥有最终决策权的人。

39.【答案】C

【解析】6.6.3 重量型团队
根据题目的意思，由项目经理负责项目，项目成员又向职能经理汇报，因此是重量型团队。在重量型团队中，项目经理对团队成员的工作负责，而职能经理保留对团队成员职业发展及绩效考核的最终权力。

40.【答案】C

【解析】7.9.1 成本
成本的基本构成是固定成本（Fixed Costs）、可变成本（Variable Costs）和资本支出（Capital Costs）。
固定成本是在相关时间段或生产规模内，总额与业务活动不成比例变化的费用，包括行政费用、租金、利息和管理费用。
可变成本是与业务活动成比例变化的费用，如生产人员工资、电费、清洁材料成本和制造材料成本。
总成本 = 固定成本 + 可变成本
资本支出是购买土地、建筑物和设备等的支出，在生产产品或提供服务时要用到。
营运资金（Working Capital）是在准备销售时，用于产品或服务相关的直接和可变成本中的资金，包括制造和销售的所有成本及在新设备上的投资等。

NPDP综合模拟试题（二）参考答案及解析

41. 【答案】B
    【解析】1.2.4 价值观的定义，"个人或组织坚守的精神准则"。

42. 【答案】A
    【解析】7.4.3 管理产品生命周期
    引入阶段
    - 产品：建立品牌与质量标准，并对专利和商标等知识产权进行保护。
    - 价格：可采取低价位的渗透定价法（Penetration Pricing）以获取市场份额，或采取高价位的撇脂定价法（Skim Pricing）以尽快回收开发成本。
    - 分销：对销售渠道进行选择，直到客户接受并认可该产品。
    - 促销：应瞄准早期采用者，通过有效沟通让客户了解产品，需要教育早期潜在客户。

43. 【答案】A
    【解析】3.3.1 门径流程
    选项 B 说的是"开发"阶段。选项 C 说的是"筛选"和"商业论证"阶段。选项 D 的市场研究也属于"筛选"和"商业论证"阶段。A 就是复述了一下题干，属于门径流程里面的创意筛选阶段。门径流程的基本框架见图 3.4。

    图 3.4 门径流程的基本框架

44. 【答案】D
    【解析】3.1.3 管理新产品失败风险，图 3.2。

    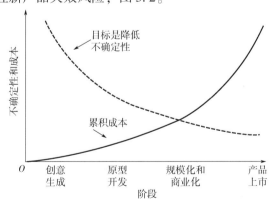

    图 3.2 在产品创新生命周期中管理不确定性和成本

45. 【答案】A
    【解析】5.2 一级与二级市场调研
    - 一级市场调研是为了满足自身需求，组织通过直接和专门的方法收集第一手信息，在这些信息基础上进行的市场调研。

- 二级市场调研是在其他个人、群体或机构已经开展的研究和公布的信息基础上进行的市场调研。

46. 【答案】B

【解析】4.3 概念设计阶段，图 4.1。

图 4.1 设计流程示意图

47. 【答案】B

【解析】1.6.4 创新景观图，图 1.12。

来源："你需要一个创新战略"，加里·皮萨诺，《哈佛商业评论》，2015年6月。版权为哈佛学院出版社所有；保留所有权利。

图 1.12 创新景观图

- 常规式创新（Routine Innovation）。将组织现有技术能力与现有商业模式进行组合的创新，产品创新专注于改进特性和发布新版本或新款产品。
- 颠覆式创新（Disruptive Innovation）。创新商业模式，但无须新技术支持。例如，谷歌的安卓操作系统就可能颠覆苹果的操作系统（参考 1.6.3 延续式创新与颠覆式创新的比较）。
- 激进式创新（Radical Innovation）。该类创新主要聚焦于技术创新。例如，基因工程和生物医药技术对制药企业有重大影响。
- 架构式创新（Architectural Innovation）。将技术创新和商业模式创新结合。典型案例之一就是数字摄影产品颠覆了柯达和宝丽莱等公司。

48. 【答案】B
【解析】1.7.4 营销战略
营销战略是将组织中有限资源集中于最佳机会的一种流程或模型，目的是增加销售额，并获得独特的竞争优势。营销战略必须基于经营目标并与经营目标保持一致。经营目标是根据总体经营战略制定的。因此，营销战略是确保创新战略制定和实施成功的一个重要因素。

49. 【答案】C
【解析】7.4.3 管理产品生命周期，图 7.6。

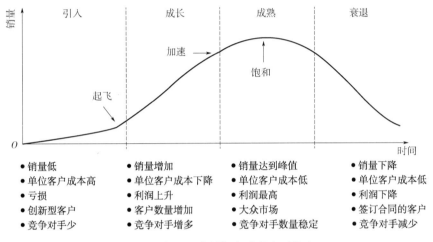

图 7.6 产品生命周期各阶段主要特点

50. 【答案】A
【解析】1.6.4 创新景观图，图 1.12。

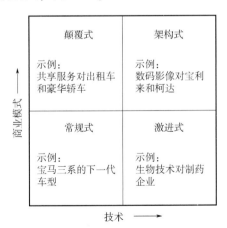

来源："你需要一个创新战略"，加里·皮萨诺，《哈佛商业评论》，2015年6月。版权为哈佛学院出版社所有；保留所有权利。

图 1.12 创新景观图

- 常规式创新（Routine Innovation）。将组织现有技术能力与现有商业模式进行组合的创新，产品创新专注于改进特性和发布新版本或新款产品。
- 颠覆式创新（Disruptive Innovation）。创新商业模式，但无须新技术支持。例如，谷歌的安卓操作系统就可能颠覆苹果的操作系统（参考1.6.3 延续式创新与颠覆式创新的比较）。
- 激进式创新（Radical Innovation）。该类创新主要聚焦于技术创新。例如，基因工程和生物医药技术对制药企业有重大影响。
- 架构式创新（Architectural Innovation）。将技术创新和商业模式创新结合。典型案例之一就是数字摄影产品颠覆了柯达和宝丽莱等公司。

51. 【答案】A
【解析】3.1.1 什么是产品创新
卡恩将产品创新流程定义为："一组经过严格定义的任务和步骤，通过运用规范且适用的方法，组织可以不断地将创意转化为可销售的产品或服务。"

52. 【答案】B
【解析】1.9.4 可持续产品创新
循环经济（Circular Economy）的目标是在产品生命周期中形成闭环。循环经济基于以下三个原则。
- 原则一：通过控制有限的存量和对可再生资源的流动进行平衡，从而保护并增加自然资源。
- 原则二：通过循环利用产品、零部件和原材料，优化资源产出，并在技术和生物周期中保持资源利用率最大化。
- 原则三：通过发现并消除外部负面影响提升系统效率。

53. 【答案】D
【解析】3.3.1 门径流程
在门径流程中，阶段数量应根据具体情况进行调整，这取决于：
- 新产品上市的紧迫性。
- 与新产品不确定性或风险水平相关的技术和市场领域的知识储备。
- 不确定性水平。

54. 【答案】D
【解析】7.11.1 什么是风险管理
项目风险是一旦发生，会对一个或多个项目目标，如范围、进度、成本或质量产生积极或消极影响的不确定事件或条件。

55. 【答案】D
【解析】3.3.1 门径流程，3.3.4 敏捷产品创新方法门径的特点是强调规划，敏捷的特点是持续改进。因此，选 D。

56. 【答案】D
   【解析】2.1.2 组合管理的关键特征
   - 组合管理是处于动态环境中的决策过程，需要持续评审。
   - 每个项目会有不同的完成期。
   - 因为是面向未来的活动，所以不能确保成功。组合管理旨在提高组合中项目或产品的总体成功率。
   - 产品创新和产品管理的资源有限，常常要与职能部门共享资源。

57. 【答案】D
   【解析】3.3 产品创新流程模型
   没有一个适用于所有组织或产品的产品创新流程。产品创新流程应当与组织及其产品或服务的具体需求相吻合。

58. 【答案】C
   【解析】7.11.3 产品创新项目风险管理
   产品风险包括：
   - 对客户造成了损害。
   - 未提供承诺的收益。
   - 不符合法律法规。
   - 未满足客户期望，如外观、特性、功能或价格。
   选项 C 说的是资源可用性，属于项目风险。

59. 【答案】C
   【解析】流程负责人（Process Owner）
   流程负责人是负责产品创新流程战略结果的执行经理，涉及流程使用量、输出质量和组织内的参与度。参见《PDMA 新产品开发工具手册》第 3 章与流程负责人有关的四种工具，以及《PDMA 新产品开发手册》（第 1 版）第 5 章。

60. 【答案】A
   【解析】3.3.4 敏捷产品创新方法
   产品负责人是代表客户利益并拥有最终决策权的人。敏捷教练是团队和产品负责人之间的促进者。

61. 【答案】B
   【解析】3.3.1 门径流程
   在门径流程中，阶段数量应根据具体情况进行调整，这取决于：
   - 新产品上市的紧迫性。

- 与新产品不确定性或风险水平相关的技术和市场领域的知识储备。
- 不确定性水平。

62. 【答案】A
    【解析】选项 B 和 D，焦点小组是定性方法，没办法得到大量数据统计结论。C 选项，焦点小组的参加人员是约定好的，地点和讨论内容都是事先规划的。

63. 【答案】C
    【解析】1.3.2 公司战略
    公司战略指：
    - 多元化组织的总体战略。
    - 回答两个问题，即"我们应该在哪些业务领域进行竞争"和"如何将不同的业务协同起来，从而提升整个组织的竞争优势"。

64. 【答案】C
    【解析】A 和 D 是架构型。
    项目盈利变成运营盈利。

65. 【答案】A
    【解析】1.5 创新战略
    在组织内，创新不只是装满好点子和好方案的"百宝箱"，而且是整个组织协同一致努力的结果。创新活动应由经营战略引领，并与经营战略紧密联系。
    创新战略明确了整个组织的创新目标、方向和范围。各个事业部及职能部门为实现具体目标会有各自的战略，但这些战略必须与组织的创新战略紧密联系。

66. 【答案】A
    【解析】4.3.6 概念说明示例
    选项 B、C、D 都是产品具体的有形特性。选项 A，服务属于产品增强特性。

67. 【答案】A
    【解析】1.5 创新战略
    "高级管理层应当制定清晰的创新战略，并说明公司的创新工作是如何支持总体经营战略的。这么做有助于进行取舍和决策，从而选择最适当的行动措施。同时对创新项目优先级进行排序，使其与所有职能保持一致。"

68. 【答案】D
    【解析】3.3.1 门径流程
    每个关口都预先设定了关口评审标准。关口评审标准可以是技术、财务和/或定性标准。关口输出是做出的决策（通过/否决/搁置/重做）和下一阶段计划，计划中包含要交付的成果、进度表和阶段性工作成果。

关口是产品创新控制和管理（治理）流程的组成部分，只有满足某些条件才能通过关口，从而进入下一阶段。

69. 【答案】D

【解析】1.2.1 组织身份

组织身份的主要特征是：

- 核心性。如果一个特征发生变化，组织性质就会相应发生变化。
- 持久性。在组织中根深蒂固的特征，通常是神圣不可侵犯的或在组织发展历史中形成的特征。
- 独特性。该组织有别于其他类似组织的特征。

70. 【答案】C

【解析】1.7.4 营销战略。

根据题目的描述，这个产品属于明星产品，因此市场份额和市场增长率都高。波士顿矩阵见图1.21。

图1.21 波士顿矩阵（NetMBA.com 授权使用）

71. 【答案】D

【解析】3.3.1 门径流程

门径流程的主要阶段如下：

- 发现（Discovery）：寻找新机会和新创意。
- 筛选（Scoping）：初步评估市场机会、技术需求及能力的可获得性。
- 商业论证（Business Case）：筛选阶段之后的一个关键阶段。在该阶段要进行更为深入的技术、市场及商业可行性分析。
- 开发（Development）：产品设计、原型制作、可制造性设计、制造准备和上市规划。
- 测试与确认（Testing and Validation）：测试产品及其商业化计划的所有方面，以确认所有假设和结论。

- 上市（Launch）：产品的完整商业化，包括规模化制造及商业化上市。

选项 A 是商业论证，选项 B 是测试，选项 C 是筛选。

72. 【答案】D

    【解析】1.6.2 迈尔斯和斯诺战略框架，图 1.10。

    | 探索者 | 率先上市，寻求增长，承担风险 |
    | 分析者 | 快速跟随者，产品通常更好 |
    | 防御者 | 在稳定的市场中守住利基市场 |
    | 回应者 | 只有在遭遇威胁时才做出反应 |

    图 1.10 迈尔斯和斯诺战略框架

73. 【答案】A

    【解析】7.10.2 三重约束

    任何项目面对的最常见挑战之一就是管理三重约束——范围、进度和成本。

74. 【答案】B

    【解析】Return on Investment（ROI）投资回报率：衡量项目盈利能力的一个标准指标，是项目在整个生命周期中的折现利润与初始投资的百分比值。

    去年成本为 100，去年投资回报率 10%，去年利润 = 100 × 10% = 10

    今年利润增长了 25%，今年利润 = 10 × 125% = 12.5

    因此今年投资回报率 = 12.5/100 = 12.5%

75. 【答案】D

    【解析】1.2.3 使命

    使命是关于组织纲领、哲学、宗旨、经营原则和公司信念的说明，它确保组织的精力和资源得以聚焦。

76. 【答案】D

    【解析】3.3.3 集成产品开发

    瀑布模型的五个典型阶段是：

    - 需求：了解用户需求和产品所需的功能、目的等。
    - 设计：设计产品的特性和功能，确保能够在实施阶段满足客户需求，包括可行性分析和规划。
    - 实施：按照产品设计方案进行开发。
    - 验证：确保产品符合客户期望。
    - 维护：通过客户确定产品设计中的不足或错误，开展优化工作。

    选项 A 是实施，选项 B 是验证，选项 C 是维护，只有选项 D 是设计。

77. 【答案】A

【解析】3.1.3 管理新产品失败风险，图 3.2。

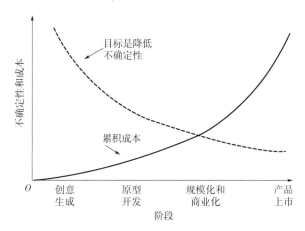

图 3.2 在产品创新生命周期中管理不确定性和成本

78. 【答案】D

【解析】3.2 产品创新章程

产品创新章程是一份关键的战略文件，也是组织对新产品进行商业化的核心。它涵盖项目的立项原因、总体目标、具体目标、准则和范围，回答了产品开发项目中"谁、什么、哪里、何时、为什么"等问题。在发现阶段，包括对市场偏好、客户需求、销售潜力和利润潜力做出的假设。

79. 【答案】B

【解析】7.10.2 三重约束

陈述 1 的前半句正确，后半句错误，进度有可能受成本等影响而发生改变。

80. 【答案】A

【解析】5.5.7 大数据与众包

大数据的定义"3V"，大量（Volume），高速（Velocity），多样（Variety）。

81. 【答案】D

【解析】5.4.1 焦点小组的缺点
- 群体动力会抑制某些个体的贡献，或出现被某人主导的情况。
- 要公开参与者的评论。
- 调查结果不适用于焦点小组之外的人群，即结果不可预测。
- 调查结果的质量在很大程度上受主持人技能的影响。
- 取决于在指定的时间和地点能否约到参与者。

283

82. 【答案】D
【解析】1.2.5 组织身份与产品创新
组织身份是组织的根基。愿景、使命与价值观不仅定义了组织要实现的目标，还定义了组织的"个性"，即组织是如何行动和如何感受的。在提高产品创新对组织的重要度、明确产品创新聚焦点和选择实施方式等方面，愿、景、使命与价值观都起到了显著作用。管理者应确保愿景、使命与价值观为产品创新提供所需的环境和方向。此外，还应确保产品创新流程的各个层面与愿景、使命与价值观之间的相关性和联系。至关重要的是，要定期和参与产品创新的职能部门及员工进行沟通，加强这种相关性和联系。

83. 【答案】B
【解析】1.7.4 营销战略，波士顿矩阵，图1.21。

图1.21 波士顿矩阵（NetMBA.com 授权使用）

84. 【答案】B
【解析】6.2.1 产品创新战略中的角色

战略类型	参与制定战略的角色
经营战略	事业部的高级管理层负责制定，其职务可以是"运营副总裁"或"事业部副总裁"
创新战略	由跨职能的高级经理组成的团队负责制定，团队通常由首席执行官、首席技术官、首席创新官或创新副总裁领导
职能战略	由职能领导者和具体职能领域的人员组成的高级团队负责制定
产品战略	由高级产品经理（如产品副总裁）和相应的事业部负责制定

- 愿景和使命：公司高级管理层负责制定。

85. 【答案】C
【解析】3.3.1 门径流程
关口是产品创新流程中的预定节点。在关口处要做出项目下一阶段的关键决策。

86. 【答案】C

【解析】5.6.3 联合分析

联合分析是用于产品创新的一种多元化统计分析方法，可以明确人们对某一产品或服务的不同属性（特性、功能或收益）的重视程度。联合分析的目的是明确最能影响客户选择或决策的属性组合。

87. 【答案】B

【解析】4.2.2 创意生成工具，六项思考帽。
- 白色：象征客观，聚焦在事实上。
- 黄色：象征积极，寻找价值和收益。
- 黑色：象征消极，寻找问题或缺陷。
- 红色：象征情绪，喜欢、不喜欢或害怕。
- 绿色：象征创造力，寻找新的创意、可能性和解决方案。
- 蓝色：象征控制，确保遵循正确的流程。

88. 【答案】B

【解析】1.7.3 知识产权战略
- 商标（Trademarks）：用于代表公司或者产品并经法定注册或许可的符号、单词或词组。
- 专利（Patent）：在一定时间阶段内生效并由政府授权或许可的权利，尤其指禁止他人制造、使用或销售一个发明的独有权利。
- 版权（Copyright）：在一定年限内，给予原创者独有的、指定的法律权利，包括印刷、出版、表演、放映、录制的文学艺术或音乐成果。
- 商业秘密（Trade Secrets）：在组织内保持秘密状态并与知识产权相关的信息。

89. 【答案】B

【解析】7.12.2 产品创新度量指标
用于向高级管理层汇报的常用度量指标有：
- 活力指数：过去几年中，新产品销售额占总销售额之比。
- 研发费用占比：研发费用占总收入之比。
- 盈亏平衡时间或盈利所需时间。
- 专利数量，包括申请的专利和授予专利。
- 上市的新产品数量。

虽然这些度量指标能证明对产品创新进行了投资，但并不一定会促成学习和持续改进。

90. 【答案】C

【解析】选项B，各种方法之间是互补关系。选项D，敏捷流程的角色主要有产品负责人、敏捷教练和敏捷团队。

91. 【答案】D

92. 【答案】A
【解析】2.1.3 组合中的项目类型
平台型项目（Platform Projects）：开发一组子系统及接口，将其组成一个共用架构，继而在该共用架构上高效地开发和制造出一系列衍生产品。此类项目提供了开发衍生产品或项目的平台。选项B，说的是突破型项目，向市场推出具有新技术的新产品。此类项目与组织的现有项目有着显著差异，风险很高。选项C和D，说的是支持型项目，对现有产品进行增量改进，或提升现有产品的制造效率。

93. 【答案】B
【解析】6.4.2 团队发展阶段
塔克曼模型的阶段：形成、震荡、规范、执行（Performing）、解散。

94. 【答案】B
【解析】2.8 本章小结
产品组合管理选择和维护"正确"的产品，并与组织的经营战略和创新战略保持一致。使用正确的方法进行产品项目开发是产品创新流程的作用。

95. 【答案】C
【解析】7.5.2 "走向市场"流程
抢滩战略是一种杠杆式的市场推广方法。先选出最具潜力的细分市场作为产品首次上市地点。在该市场获得成功后，再陆续将产品投放到其他细分市场。选项B是市场细分战略，选项D是渠道战略。

96. 【答案】C
【解析】3.3.4 敏捷产品创新方法
Scrum是最常用的敏捷框架。团队以Scrum为框架，在一系列固定周期的迭代中开发产品，并以固定的节奏发布软件。
敏捷是一种应对环境变化的项目管理方法论、理念和价值观。Scrum是敏捷的一种框架，冲刺是Scrum的一个迭代周期。敏捷有基于流程的敏捷和基于迭代的敏捷，并不一定都是固定的迭代长度，而Scrum的迭代（冲刺）长度是固定的。

97. 【答案】A
【解析】7.9.4 投资回收期
资金的时间价值。今天投资1美元，明天得到的回报会比1美元更多。这意味着，现在的钱可以给你提供投资机会。
机会成本与货币的时间价值是两个概念，不能混为一谈，货币的时间价值是今天的钱与未来的同样面值的钱价值不等，机会成本指的是另外一回事，是选择A而放弃B的成本，故不能选C。

98. 【答案】D
【解析】7.9.4 投资回收期是指需要多长时间才能收回投入的资金。不考虑净现值等因素，无法判断哪个更佳。

99. 【答案】D
【解析】7.10.3 范围
项目管理协会定义了两种不同的范围（项目范围和产品范围）。选项 A，应该是启动、规划、执行、监控、收尾。选项 B，应该是范围、进度、成本。选项 C 错误，项目管理一定要考虑 WBS 工作分解结构。

100. 【答案】A
【解析】4.7.4 可持续性分析工具
生命周期评估方法用于生态设计，已经在行业中应用了 30 多年。生命周期评估提供产品从摇篮（材料提取）到坟墓（退市）的整个阶段对环境影响的定量数据。该方法分为四个阶段：明确生命周期评估的目标与范围；对产品生命周期所有阶段的能源和材料投入进行检查；对生命周期中与输入和输出相关的环境影响进行评估；对结果进行说明并采取纠正措施。

101. 【答案】D
【解析】根据题目的描述，A 公司的产品当前属于成熟阶段，B 公司是新出现的竞争者，在成熟阶段，对竞争者应该积极应对。

102. 【答案】B
【解析】3.2 产品创新章程
选项 A 是产品创新章程中背景的内容。选项 C 是产品创新章程中总体目标和具体目标的内容。选项 D 是产品创新章程中特别准则的内容。聚焦领域主要包含：
- 目标市场（比赛场所）。
- 关键技术和营销方法（如何比赛）。
- 实现项目成功的关键技术和市场规模。
- 竞争对手（其他参赛者）的优劣势，包括技术、营销、品牌、市场占有率和制造等。
- 识别并考虑受产品影响的所有项目或产品相关方，如社群或供应链等。

103. 【答案】C
【解析】7.12.2 产品创新度量指标
活力指数：过去几年中，新产品销售额占总销售额之比。

104. 【答案】C
【解析】3.3.4 敏捷产品创新方法
为了实现冲刺目标，团队成员通常由多个职能部门（跨职能团队）的人员组成。团队通过自组织的方式实现冲刺目标。团队在实现目标的方法上享有自主权，并对这些目标负责。

105. 【答案】D
    【解析】7.4.1 产品生命周期引论
    产品生命周期正变得越来越短，因为：
    - 客户要求越来越多。
    - 竞争加剧。
    - 技术持续进步和变化。
    - 全球化交流增多。

106. 【答案】D
    【解析】6.3.3 重量型团队
    重量型团队更专注于项目工作而非职能工作。在重量型团队中，项目经理对团队成员的工作负责，而职能经理保留对团队成员职业发展及绩效考核的最终权力。

107. 【答案】A
    【解析】5.4.2 深度访谈（In-Depth Interviews）
    深度访谈是一种定性调研方法。该方法针对某一特定主题一对一地与受访者进行长时间深入探讨，收集有关问题、创意、方案、情境等方面的详细洞察、意见、态度、想法、行为和观点。

108. 【答案】D
    【解析】4.2.2 创意生成工具
    SCAMPER 采用一系列行为动词来激发创意的方法，特别适用于改进现有产品或开发新产品，有助于产生创意。SCAMPER 由以下词语的首字母组合而成。
    - S（Substitute）替代。
    - C（Combine）合并。
    - A（Adapt）改造。
    - M（Modify）调整。
    - P（Put to another use）改变用途。
    - E（Eliminat）去除。
    - R（Reverse）逆向操作。

109. 【答案】A
    【解析】4.3 概念设计阶段
    产品设计规格是将产品的定性描述转化为定量参数，因此需要具体的图样和文档。设计流程见图 4.1。

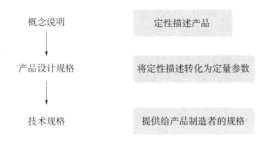

图 4.1 设计流程示意图

110. 【答案】A
【解析】4.3 概念设计阶段
产品设计规格是将产品的定性描述转化为定量参数，因此需要具体的图样和文档。设计流程见图 4.1。

图 4.1 设计流程示意图

111. 【答案】A
【解析】沉没成本是已经付出且无法收回的成本，因此选 A。其他几个选项的成本都有收回机会。

112. 【答案】B
【解析】6.2.1 产品创新战略中的角色，图 6.1。

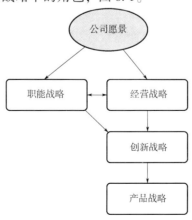

图 6.1 战略管理

- 公司高级管理层负责制定公司的愿景和使命。
- 事业部的高级管理层负责制定经营战略。
- 由跨职能高级管理者组成的团队负责制定创新战略。
- 由职能领导者和具体职能领域高级管理者组成的团队负责制定职能战略。
- 高级产品管理者（如产品副总裁）和相应的事业部负责制定产品战略。

113.【答案】B

【解析】3.1.2 产品创新是"风险与回报"过程

需要使用各种方法来进行综合决策，以平衡风险与回报，因此 B 选项最佳。

114.【答案】C

【解析】3.3.3 精益产品创新方法，图3.9。

精益产品创新方法的核心概念和原则包括消除浪费及预先收集尽可能多的信息和知识。重要的是要不断和不懈地学习，并在整个产品创新生命周期中寻找改进机会。因此，精益产品创新方法的核心内容包括：收集和增加产品知识，在产品创新流程早期就让团队充分参与。

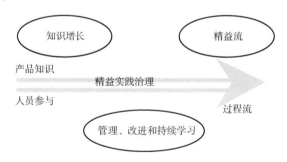

图3.9 精益产品创新方法的理念

115.【答案】C

【解析】3.3.4 敏捷产品创新方法，敏捷原则。

（1）我们的首要任务是通过尽早和持续交付有价值的软件来满足客户。

（2）即使在开发后期，我们也欢迎需求变更。敏捷方法将这些变更转化为客户的竞争优势。

（3）频繁地交付可运行的软件，数周或者数月交付一次，时间间隔越短越好。

（4）项目期间，业务人员与开发者共同工作。

（5）招募积极主动的人员来开发项目，为他们提供所需的环境和支持，相信他们能做好自己的工作。

（6）开发团队里最省时有效的信息传递方式是面对面交流。

（7）可运行的软件是衡量进展的主要标准。

（8）敏捷方法有利于可持续开发。发起人、开发者和用户应始终保持固定的前进步伐。

（9）持续关注先进的技术和优秀的设计，提高敏捷性。
（10）简洁——令待办工作最少化的艺术是一切的基础。
（11）只有自组织团队才能做出最好的架构和设计。
（12）团队定期反思如何提高效率并调整工作流程。

116. 【答案】D
【解析】5.4.3 人种学方法优点
- 提供了一个独特的机会，可以识别客户真正重视的特性、功能和状态，并发现未识别的不满意之处或隐藏的问题。
- 在传统访谈、焦点小组或问卷调查中，客户不愿意或者无法说出他们想要的产品特性或收益，这时采用人种学方法就非常有效，尤其在客户面对不熟悉的新产品、较为敏感的情境或涉及隐私时更为有用。识别出这些潜在需求，就可以为产品创新提供依据。

117. 【答案】C
【解析】7.9.1 成本
营运资金（Working Capital）是在准备销售时，用于产品或服务相关的直接成本和可变成本中的资金，包括制造和销售的所有成本及在新设备上的投资等。
D 选项，虽然要考虑运营资金，但是不是主要的考虑要素（坚实基础）。
B 选项，借债潜力主要通过销售收入表明还款能力。

118. 【答案】C
【解析】1.6.2 迈尔斯和斯诺战略框架，图 1.10。

探索者	率先上市，寻求增长，承担风险
分析者	快速跟随者，产品通常更好
防御者	在稳定的市场中守住利基市场
回应者	只有在遭遇威胁时才做出反应

图 1.10 迈尔斯和斯诺战略框架

119. 【答案】A
【解析】3.3.1 门径流程。商业论证（Business Case）：筛选阶段之后的一个关键阶段。在该阶段要进行更为深入的技术、市场及商业可行性分析。

120. 【答案】D
【解析】$(60,000 + 15,000)/(5000 \times 5) + 5 = 8$
前面 $(60,000 + 15,000)/(5000 \times 5)$ 计算的是每台产品的设计、开发和末期成本，5 是制造成本，加起来就是每台产品的生命周期总成本。

121. 【答案】A
【解析】6.4.1 什么是高绩效团队
团队是一群技能互补且彼此负责的人，他们做出承诺，一起实现共同的目的和目标。

122. 【答案】C
【解析】名义小组：召集一群人作为名义小组，先由每个人分别对主持人的提问写出自己的尽可能多的主意，再由主持人收集并公布所有主意，然后由大家对每个主意进行讨论以求得一致理解，最后通过匿名投票排列主意的优先顺序。
名义小组的排序得到真正创意（收敛）。

123. 【答案】B
【解析】6.1 创新文化与氛围
文化是组织中人们拥有的共同信念、核心价值观、行为和期望的集合。一般来说，文化：
- 反映了组织的价值观。
- 通过习俗、礼仪和仪式体现出来。
- 决定了如何完成工作。
- 决定了组织的长期可持续性。

124. 【答案】A
【解析】2.3 新产品机会评估与选择，定性评估方法，通过/失败法。
通过/失败法指产品创意能否满足一些基本标准要求，能否通过"第一关"。采用一些标准对每个创意进行评估，最后得出"通过"（Pass）或"失败"（Fail）的结论。只有符合所有标准要求的创意才能进入下一关。

125. 【答案】D
【解析】3.3.4 敏捷产品创新方法
敏捷产品创新方法是在合作环境下，由自治式团队进行产品迭代开发的一种方法。

126. 【答案】A
【解析】3.3.4 敏捷产品创新方法
冲刺指完成特定任务，由开发阶段进入评审环节的一个时间段。

127. 【答案】D
【解析】3.3.1 门径流程
关口是产品创新流程中的预定节点。在关口处要做出项目下一阶段的关键决策，如通过/否决/搁置/重做和下一阶段计划，计划中包含要交付的成果、进度表和阶段性工作成果。

128. 【答案】C

【解析】价值主张是产品能从哪些方面给潜在客户带来价值的说明，该说明应是精炼、清晰和简洁的。"价值"的本质是客户从新产品中获得的收益与所支付的价格之比。

129. 【答案】B

【解析】7.5.2 "走向市场"流程

老式走向市场战略是先做出产品，再考虑如何出售产品的线性化流程。新式走向市场战略则是迭代式流程。

130. 【答案】B

【解析】1.2.3 使命

使命是关于组织纲领、哲学、宗旨、经营原则和公司信念的说明，它确保组织的精力和资源得以聚焦。

131. 【答案】C

【解析】2.2.1 组合与战略的连接方法

自下而上法就是从具体项目清单开始，经过严格的项目评估和筛选流程，最终形成与战略保持一致的项目组合的方法。运用自下而上法的步骤如下：
（1）识别潜在项目。
（2）制定战略选择标准，用于评估项目。
（3）按照选择标准对每个潜在项目进行评估。
（4）项目是否能够入选主要取决于该项目是否满足选择标准，无须考虑事业部或产品类别的优先级，也无须刻意追求在组合中实现项目平衡。
C选项是自上而下法的步骤。

132. 【答案】B

【解析】1.7.1 产品平台战略

产品平台战略是大多数公司开发新产品的基础。产品平台战略是将产品中的一些子系统及接口组成一个共用架构，继而在该共用架构上高效地开发和制造出一系列衍生产品的战略。

133. 【答案】C

【解析】4.6.1 质量功能展开

质量功能展开的缺点如下：
- 较为烦琐（要处理大量需求并创建大型表格），并且需要很长的时间完成整个质量功能展开过程。
- 较为冗长，会让人迷失产品设计所追求的目标。

- 随着消费者需求的不断变化，需要聚焦在定义正确的设计规格上。当产品竞争激烈，需要新技术支持时，要做到这一点并非易事。

134. 【答案】D
【解析】3.1.3 管理新产品失败风险
在产品创新流程中，随着时间的推移，累积成本会逐渐增加，见图3.1。

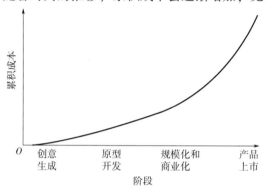

图3.1　产品创新成本投入水平

135. 【答案】C
【解析】扩展知识
支持团队的高级管理层有一条细微的界限——宏观管理和微观管理之间——可以区分开高级管理层的支持和干扰行为。只有掌握了这条界限的管理层才可能提供适当的辅助和支持。详见本书第233页第4题解析。

136. 【答案】C
【解析】2.1.3 组合中的项目类型
- 突破型项目（Breakthrough Projects，有时也称为激进型或颠覆型项目）：向市场推出具有新技术的新产品。此类项目与组织的现有项目有着显著差异，风险很高。
- 平台型项目（Platform Projects）：开发一组子系统及接口，将其组成一个共用架构，继而在该共用架构上高效地开发和制造出一系列衍生产品。此类项目提供了开发衍生产品或项目的平台。风险比衍生型项目或支持型项目要大，但比突破型项目要小。
- 衍生型项目（Derivative Projects）：由现有产品或平台衍生出来的项目，其可弥补现有产品线的空白。常常通过提高制造成本优势，或运用组织的核心技术等方式提升性能或增加新特性。风险相对较低。
- 支持型项目（Support Projects）：对现有产品进行增量改进，或提升现有产品的制造效率。风险很低。

137. 【答案】B
【解析】3.3.3 精益产品创新方法

潜在的浪费来源包括：
- 混乱的工作环境。
- 资源、短缺。
- 没有明确的优先级。
- 跨职能沟通障碍。
- 糟糕的产品需求定义。
- 早期没有考虑可制造性。
- 过度设计。
- 过多的无效会议。
- 过多的电子邮件。

138. 【答案】B
【解析】3.3.1 门径流程
什么是阶段
- 在所有阶段中，项目领导者和团队都要评估和分析项目进度及产品问题，并解决相应问题（综合分析）。
- 在阶段中获得的结果和度量能够帮助团队采取正确的行动方案（活动）。
- 所有阶段的可交付成果都应提交给决策部门或组织，以便他们根据具体的关口标准进行评估（可交付成果）。

139. 【答案】B
【解析】1.6.2 迈尔斯和斯诺战略框架
采用防御者战略的组织具有以下特点：
- 规避风险，聚焦于某一较窄、稳定的市场和产品类别。
- 聚焦于核心能力，甚至某个单一技术。
- 不做激进式创新。
- 对竞争威胁反应敏捷。
- 在其聚焦的产品类别中拥有全系列产品。
- 产品创新仅限于产品改进。
- 通常在技术上不够进取。

140. 【答案】C
【解析】1.6.2 迈尔斯和斯诺战略框架，图1.10。

探索者	率先上市，寻求增长，承担风险
分析者	快速跟随者，产品通常更好
防御者	在稳定的市场中守住利基市场
回应者	只有在遭遇威胁时才做出反应

图1.10 迈尔斯和斯诺战略框架

141. 【答案】B
【解析】6.3.4 自治型团队
自治型团队由一名高级管理者担任项目经理，并将团队成员从他们的职能部门中调离，从而形成独立的项目团队。项目领导者对团队和产品创新的成功负有完全权力和责任。

142. 【答案】D
【解析】6.1 创新文化与氛围
成功的创新文化与氛围包括以下共同要素：
- 将战略和创新目标清晰地传达到组织各个层级。
- 合理的失败被认为是学习机会，不会受到责罚。
- 个人和团队在实现创新目标方面取得的成效会得到适当的认可和奖励。
- 招聘中既要考核应聘者的专业能力，也要考核受聘者与组织创新文化的契合度。
- 内外部沟通清晰一致。
- 鼓励建设性冲突，以支持创意生成和问题解决。
- 工作富有吸引力，领导者鼓励个人成长和专业发展。

143. 【答案】D
【解析】术语表
Continuous Innovation，持续创新：在不改变消费模式或行为的情况下，改善产品的性能和收益，而产品的整体外观和基本性能没有根本变化。例如，含氟牙膏和高速运算计算机。
1.6.3 延续式与颠覆式产品创新
与颠覆式创新相比，延续式创新并不创造新市场或新价值网络，只是通过给现有市场或价值网络增加更高价值的方式，使得公司能够与市场上其他延续式创新展开竞争。

144. 【答案】C
【解析】5.9 产品创新各阶段的市场调研
根据题意，当前是在机会识别与评估阶段，此时使用多变量研究方法，可用于识别当前市场空白或识别客户重视并能够形成新产品概念的基本属性。
在概念开发与测试阶段，需要更为详细的概念说明，从而形成产品设计规格。该阶段也需要客户和其他相关方的输入，以确定产品中所需的核心利益、属性和功能。
该阶段采用的定性调研方法包括焦点小组、领先用户小组、线上论坛、客户网站访问、问卷调查、概念测试与分类、感官检验、配方配制和测试，以及多变量技术，如联合分析和累计不重复触达率与频度分析。

145. 【答案】C
【解析】2.4.2 将产品组合可视化
在开发和报告时，将产品组合可视化非常重要。气泡图（Bubble Diagram）是一种最常用的可视化工具，见图2.8。

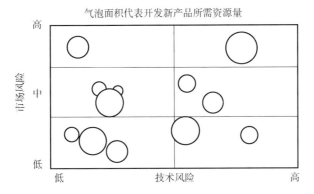

图 2.8　组合气泡图：市场风险与技术风险

146. 【答案】D
【解析】7.7 可行性分析
在可行性分析中，主要考虑以下内容：
- 市场潜力。
- 财务潜力。
- 技术能力。
- 营销能力。
- 制造能力。
- 知识产权。
- 法规影响。
- 投资需求。

147. 【答案】D
【解析】1.7.4 营销战略
波士顿矩阵见图1.21。

图 1.21　波士顿矩阵（NetMBA.com 授权使用）

148. 【答案】A
【解析】1.4.1 SWOT 分析
SWOT 由四个英文单词的首字母组合而成，分别是优势（Strngths）、劣势（Weaknesses）、机会（Opportunities）和威胁（Threats）。
- 优势：某企业或项目优于其他企业或项目的特点。
- 劣势：某企业或项目不如其他企业或项目之处。
- 机会：能利用企业或项目优势的要素。
- 威胁：会给企业或项目造成问题的环境要素。

149. 【答案】C
【解析】7.8.2 ATAR 模型
ATAR［知晓（Awareness）—试用（Trial）—购买（Availability）—复购（Repeat）］模型。它是一个对创新或新产品扩散进行数学建模的预测工具。如果某人或某公司要成为一款新型产品或服务的正式购买者或者用户，必须首先知道市场上有该产品，接着才会试用，当发现产品中有他们想要的功能，并对产品满意时才会购买，然后才能成为重复购买者。见图 7.28。
选项 A 投资回收期指需要多长时间才能收回投入的资金。选项 B 市场渗透定价策略是以一个较低的产品价格打入市场，目的是在短期内加速市场成长，牺牲高毛利以期获得较高的销售量及市场占有率。选项 D 是寻求在投资决策上如何以最小的成本获得最大的效益。

购买单位数量（Number of buying units）	3,000,000
知晓率（Percent aware）	40%
试用率（Percent trial）	20%
购买率（Percent availability）	40%
复购率（Percent repeat）	50%
年度购买次数（Annual units bought）	1.5
销量（Units sold）	72,000
销售单价（Revenue per unit）	25 美元
单位成本（Cost per unit）	12.5 美元
单位利润（Profit per unit）	12.5 美元
利润 = 销量 × 单位利润（Profit = Units sold × Profit per unit）	900,000 美元

图 7.28 ATAR 模型示例

150. 【答案】C
【解析】3.3.2 集成产品开发
集成产品开发的定义为："系统地运用由多功能学科集成而得的团队成果，有效果、有效率地开发新产品，以满足客户需求的一种理念。"

151. 【答案】C

【解析】4.7.4 可持续性分析工具
生命周期评估提供产品从摇篮（材料提取）到坟墓（退市）的整个阶段对环境影响的定量数据。

152. 【答案】D
【解析】5.6.3 联合分析（Conjoint Analysis）
联合分析是用于产品创新的一种多元化统计分析方法，可以明确人们对某一产品或服务的不同属性（特性、功能或收益）的重视程度。联合分析的目的是明确最能影响客户选择或决策的属性组合。
选项A 因子分析技术的主要应用就是减少变量的数量，再找出变量之间关系的结构。在产品创新中，因子分析可用于对关键变量进行优先级排序和分组。
选项B 聚类分析指将物理或抽象对象的集合分组为由类似的对象组成的多个类的分析过程。
选项C 多元回归分析对调查所得数据进行分析。当有多个因素、关键驱动因素和产品属性影响产品价值主张时，应用该方法可以获得新产品、产品或服务改进所需的深入洞察。

153. 【答案】B
【解析】6.2.1 产品创新战略中的角色
高级产品管理者（如产品副总裁）和相应的事业部负责制定产品战略。

154. 【答案】B
【解析】1.3.2 公司战略（Corporate Strategy）
公司战略指：
- 多元化组织的总体战略。
- 回答两个问题，即"我们应该在哪些业务领域进行竞争"和"如何将不同的业务协同起来，从而提升整个组织的竞争优势"。

155. 【答案】B
【解析】5.5.7 大数据（Big Data）与众包（Crowdsourcing）
众包是针对某一特定任务或项目，应用一系列工具，从一个庞大且相对开放的群体中获取信息、商品、服务、创意和资金的方法。

156. 【答案】B
【解析】5.3.3 抽样方法
随机抽样、系统抽样、分层抽样、整群抽样。分层抽样：首先将总体按照某个变量分成若干层，然后从每层中抽取样本。

157. 【答案】A

【解析】6.1 创新文化与氛围

虽然文化无法用语言来表述，但是可以从组织的日常活动和行为中体现出来。

158. 【答案】D

【解析】5.4.5 社交媒体（Social Media）

社交媒体在产品创新决策中的价值在于：能够方便、快捷地接触到大量目标客户，因此是产品创新中非常出色的市场调研工具。

- 发掘市场机会方面：社交媒体提供了很好的实时信息来源，包括个人和组织。通过它可以了解人们的想法和行为，也可以直接或通过推断发掘新的机会。
- 了解客户需求方面：社交媒体为产品开发者提供了与整体市场相关的广泛信息。在某些情况下，也可提供细分市场的具体信息。
- 应进行哪些改进以使产品更易于接受。

159. 【答案】D

【解析】6.2.1 产品创新战略中的角色

- 公司高级管理层负责制定公司的愿景和使命。
- 事业部的高级管理层负责制定经营战略。
- 由跨职能高级管理者组成的团队负责制定创新战略。
- 由职能领导者和具体职能领域高级管理者组成的团队负责制定职能战略。
- 高级产品管理者（如产品副总裁）和相应的事业部负责制定产品战略。

160. 【答案】D

【解析】3.3.1 门径流程

阶段数量应根据具体情况进行调整，这取决于：

- 新产品上市的紧迫性。时间紧迫就要缩短流程，减少阶段数量。
- 与新产品不确定性或风险水平相关的技术和市场领域的知识储备。储备的知识越多，风险就越小，阶段数量也就越少。
- 不确定性水平。不确定性越多，所需的信息越多，就要采取相应的风险应对策略，这会导致流程变长。

161. 【答案】C

【解析】7.9.1 成本

成本的基本构成是固定成本（Fixed Costs）、可变成本（Variable Costs）和资本支出（Capital Costs）。

162. 【答案】B

【解析】3.1.2 产品创新是"风险与回报"过程

新产品成功率在很大程度上取决于企业采用的产品创新实践和流程的质量。
- 最佳公司的新产品成功率为82%。
- 其他公司的新产品成功率为59%。

显而易见，提升新产品成功率是完全可能的，也有一些创新实践和流程可以帮助提升新产品成功率。

163.【答案】A

【解析】陈述2错误，在不同阶段，可以有不同的跨职能团队代表参与。

164.【答案】C

【解析】3.3.3 精益产品创新方法

精益产品创新方法的核心概念和原则包括消除浪费及预先收集尽可能多的信息和知识。重要的是要不断和不懈地学习，并在整个产品创新生命周期中寻找改进机会。需要在全过程持续关注，因此C选项的陈述不正确。

165.【答案】B

【解析】7.4.3 管理产品生命周期

成熟阶段中的竞争加剧不代表竞争对手增加，只是说明赚钱更难了。产品生命周期各阶段主要特点见图7.6。

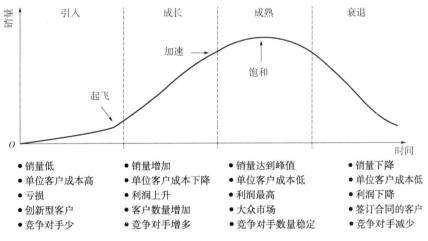

图 7.6 产品生命周期各阶段主要特点

166.【答案】B

【解析】1.6.1 波特竞争战略

差异化战略的劣势有：
- 公司必须持续创新，开发出新的产品特性，才能吸引客户。
- 未能开发出符合价值定位的产品特性会导致市场份额大幅下降。

167. 【答案】A
【解析】7.5.2 "走向市场"流程，图 7.24。

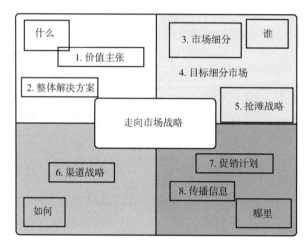

图 7.24　制定走向市场战略的八个步骤

168. 【答案】D
【解析】5.4.4 客户现场访问（Customer Site Visits）
运用客户现场访问的注意事项如下：
- 务必知会销售代表并获得其支持。
- 确认受访者是决策者或有影响力的人，并具备必要的知识，能够提供所需信息。
- 尽可能在会议室外进行访谈，要直接观看产品使用情况，以便能够获得第一手信息。
- 要求客户识别问题。如果他们提出解决方案，要倾听、认可并接纳他们的意见。
- 使用样品、视觉辅助工具及任何能与客户进行更清晰沟通的方法。

169. 【答案】D
【解析】3.3.4 敏捷产品创新方法
在对产品待办列表的优先级和需求进行排序时，产品负责人是代表客户利益并拥有最终决策权的人。

170. 【答案】A
【解析】7.11.2 风险管理过程
风险管理的七个过程如下：
- 规划风险管理。
- 识别风险。
- 定性分析。
- 定量分析。
- 规划风险应对。

- 实施风险应对。
- 监督风险。

171. 【答案】B
【解析】组合管理与战略密切相关，应该由高管制定。

172. 【答案】D
【解析】只有选项 D 是做项目组合管理的方法

173. 【答案】B
【解析】3.6 产品创新本质上是一个风险与回报的过程。应用流程和实践旨在降低不确定性程度并提高产品成功概率。

174. 【答案】A
【解析】题干提到预算限制

175. 【答案】D
【解析】1.7.2 技术预测指一个洞察未来、预见技术趋势及其对公司潜在影响的过程。技术预测的工具有很多种，包括头脑风暴（Brainstorming）、专家小组（Expert Panels）、德尔菲技术（Delphi）、SWOT 分析（SWOT Analysis）、专利分析（Patent Analysis）和趋势分析（Trend Analysis）等。

176. 【答案】A
【解析】1.6.1 波特竞争战略
差异化战略的特点如下：
- 应用于"宽市场范围"。
- 通过交付独特、优质的产品和建立客户忠诚度获取市场份额。
- 客户通常更关注产品质量和特性。

177. 【答案】B
【解析】3.5 产品创新流程控制，治理基本概念。

178. 【答案】D
【解析】1.7.3 知识产权战略

179. 【答案】A
【解析】7.4.1 产品生命周期引论

180. 【答案】A

【解析】净现值的含义，确定最高价值的项目/产品。

181. 【答案】D

【解析】4.3 概念设计阶段

182. 【答案】C

【解析】4.3.6 概念说明示例

好的产品概念说明要包含产品的核心利益、有形特性和增强特性，即在第 1 章中所介绍的产品三个层次。

183. 【答案】A

【解析】6.2.2 产品创新流程中的角色

流程倡导者是负责建立产品创新流程的高级管理者，致力于确保产品创新流程实施的质量和一致性。培训新员工和培养创新人才以支持创新也属于流程倡导者的职责范围。注意，可将产品创新流程的促进和培训工作授权给流程负责人或其他职能经理负责。

184. 【答案】C

【解析】5.6.3 联合分析（Conjoint Analysis）

联合分析是用于产品创新的一种多元化统计分析方法，可以明确人们对某一产品或服务的不同属性（特性、功能或收益）的重视程度。联合分析的目的是明确最能影响客户选择或决策的属性组合。

185. 【答案】D

【解析】7.4.2 产品生命周期阶段介绍

衰退阶段（Decline）：销量开始下降。该如何处置产品，组织要对此做出艰难的决策。该阶段现金流下降，任何额外的投资也无法推动销量增长。要么不再投资，要么在其他产品上进行投资。

186. 【答案】A

【解析】2.2.1 组合与战略的连接方法

库珀（2001）提出了用于项目选择和组合评审的三种方法，以确保在战略和产品组合之间建立清晰的链接：

- 自上而下法（该方法也被称为"战略桶"）。
- 自下而上法。
- 二者结合法。

187. 【答案】A

【解析】3.1.4 运用知识提升决策水平并减少不确定性

做出正确的决策需要知识、信息和数据，包括：
- 组织中的历史记录。
- 组织中的员工。
- 外部顾问。
- 公开文献。
- 专利。
- 竞争对手。
- 客户。

188. 【答案】B

【解析】4.2.1 什么是创意生成

在创意生成中有两种思维方式。
- 发散思维（Divergent Thinking）：不加判断、不加分析、不加讨论地提出创意和可能性的过程。它是允许自由联想和"打破边界"的思维方式，也是解决没有单一、正确或已知答案的重大问题的创新方法。
- 收敛思维（Convergent Thinking）：通过分析、判断和决策，对大量创意进行分类、评估和利弊分析，然后做出决策的过程，也称为"聚合思维"。

189. 【答案】A

【解析】1.6.1 波特竞争战略

成本领先战略的特点如下：
- 通过吸引价格敏感型客户提升公司的市场份额。
- 一些大众消费品公司经常采用该战略。
- 可以通过以下途径实现成本领先：
  —规模经济，即通过提高产量来降低单位制造成本。
  —提供"不花哨"或"有价值"的产品，并降低整体制造成本。
  —优化供应链，将零部件、原材料、包装进行标准化，并采用准时制（Just-In-Time，JIT）交付。

190. 【答案】A

【解析】4.2.2 创意生成工具

思维导图（Mind-mapping）：用于在各种信息、创意和概念之间建立联系的一种图形化技术。参与者从页面中心区的一个关键词或短句开始，然后以该关键词或短句为中心进行发散，从多个方向生成新创意，最后将这些创意联系起来，构建创意关系图。

191. 【答案】B

【解析】通用知识，六西格玛来源于质量管理。

192. 【答案】C
   【解析】2.3.1 定性评估方法
   其他评估标准：
   - 战略一致性。
   - 技术可行性。
   - 风险水平。
   - 监管影响。
   - 短期财务回报。
   - 长期财务回报。
   - 研发费用。
   - 达到盈亏平衡点或实现盈利所需时间。
   - 产品或产品线的收益范围。
   - 投资资金来源。

193. 【答案】A
   【解析】4.2.2 创意生成工具
   SCAMPER 法（奔驰法）
   采用一系列行为动词来激发创意的方法，特别适用于改进现有产品或开发新产品，有助于产生创意。SCAMPER 由以下词语的首字母组合而成：
   - S（Substitute）——替代。
   - C（Combine）——合并。
   - A（Adapt）——改造。
   - M（Modify）——调整。
   - P（Put to another use）——改变用途。
   - E（Eliminate）——去除。
   - R（Reverse）——逆向操作。

194. 【答案】B
   【解析】2.5 资源配置
   资源配置是组合管理中的一个重要方面，合理配置项目资源非常关键。很多公司发现，产品创新的成功率与产品管理的有效性受以下几个方面的影响：
   - 同一时间段内项目数量太多。
   - 糟糕的项目计划和实施。
   - 产品创新项目与其他业务争夺优先权。
   - 项目延期后，需要付出巨大的努力才能准时完成项目。
   - 在最后关头赶出来的成果却在下一阶段被搁置。

- 任务优先级不断变化，迫使资源配置跟着不断调整。
- 缺乏支持，如材料、供应商和工程部门等。
- 在处理日常工作和紧急问题上，管理者花费了大量时间。

以上情况常常导致上市延期、错失良机或因产品特性和功能不足而被拒收。

195. 【答案】B

【解析】7.11.4 决策树（Decision Trees）

决策树是一种决策辅助工具，利用树形图或者决策模型得出可能的结果，包括项目成果、资源和成本。该方法提供了一个非常有效的结构，列出备选方案，并研究每个备选方案对应的可能后果。决策树也有助于绘制一幅关于每个可能行动所带来的风险和回报的平衡图。

196. 【答案】D

【解析】7.9.1 成本

成本的基本构成是固定成本（Fixed Costs）、可变成本（Variable Costs）和资本支出（Capital Costs）。

固定成本指在相关时间段或生产规模内，总额与业务活动不成比例变化的费用，包括行政费用、租金、利息和管理费用。

197. 【答案】B

【解析】1.1.2 战略层级

职能战略，图1.1。

支持经营战略的职能战略，如信息技术战略、人力资源战略、销售战略等。

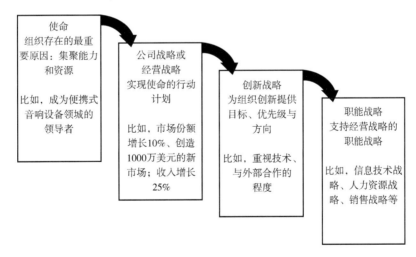

图1.1 战略层级

198. 【答案】C

【解析】1.9.2 可持续性与战略
这三个维度也被称为3P，分别是：
- 利润（Profit）。
- 人类（People）。
- 地球（Planet）。

199. 【答案】B
【解析】3.3.2 集成产品开发
集成产品开发的定义为："系统地运用由多功能学科集成而得的团队成果，有效果、有效率地开发新产品，以满足客户需求的一种理念。"（卡恩，2013）
集成产品开发由20世纪90年代中被广泛应用于航空航天行业的并行工程（Concurrent Engineering）发展而来。"并行工程是一种集成、并行设计产品及其相关过程的系统方法，包括制造和支持。该方法要求开发者从一开始就要考虑产品生命周期中的所有要素，从概念到退市，从质量、成本、进度到用户需求。"（Winner等，1988）

200. 【答案】A
【解析】3.1.4 运用知识提升决策水平并减少不确定性
做出正确的决策需要知识、信息和数据，包括：
- 组织中的历史记录。
- 组织中的员工。
- 外部顾问。
- 公开文献。
- 专利。
- 竞争对手。
- 客户。

NPDP 综合模拟试题（三）参考答案及解析

1. 【答案】A
   【解析】大数据的特点，数量多，类型多样。

2. 【答案】C
   【解析】延伸知识，见下图。

   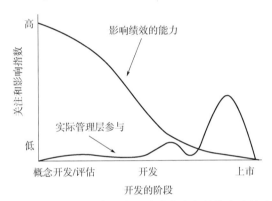

   组织中的团队支持：管理参与度（改编自惠尔赖特和克拉克，1995）

3. 【答案】B
   【解析】高风险项目适合使用老虎团队

4. 【答案】D
   【解析】P197，生命周期评估。

5. 【答案】C
   【解析】P436，定义。

6. 【答案】A
   【解析】产品创新章程的四项内容：背景、聚焦、目标和目的、特别准则。聚焦主要包括目标市场、关键技术和营销方法。B 是背景的内容，C 是目标和目的，D 没有关于关键技术的未来的描述。

309

7. 【答案】C
   【解析】实施严格的标准化流程，以降低变数，创造灵活性，产出可预见的结果。

8. 【答案】D
   【解析】创新蓝图（innovation landscape）升级现有的产品线而没有改变商业模式，只是技术的常规演进。

9. 【答案】B
   【解析】A 是创建阶段，C 是执行阶段，D 是激荡阶段。

10. 【答案】C
    【解析】决策树分析 40%×500K+60%×1000K=800K

11. 【答案】C
    【解析】合作的目标是在于抵御新技术的竞争，所以比较符合防御者战略。

12. 【答案】B
    【解析】文化是组织中众共同拥有的信念

13. 【答案】A
    【解析】P337，参考图 7.30。

14. 【答案】A
    【解析】P38 价值主张

15. 【答案】C
    【解析】关键路径的第一种进度压缩的方法

16. 【答案】B
    【解析】跨越鸿沟从创新者走向早期接受者

17. 【答案】D
    【解析】产品设计规范的第一段

18. 【答案】D
    【解析】A、B、C 都是浪费的来源

19. 【答案】C

【解析】头脑风暴、专家小组法、德尔菲技术、SWOT分析法、专利分析法和趋势分析法都是。

20. 【答案】A

    【解析】组合管理的投资与回报、短期与长期、风险不同级别的平衡。

21. 【答案】B

    【解析】分层抽样是将样本根据某些变更分为若干层，从每一层抽取一个样本的抽样方法。

22. 【答案】B

    【解析】焦点小组的缺点，群体动态可能会抑制一些参与者的活跃度，或出现由某人主导的情况。

23. 【答案】A

    【解析】焦点小组的价值，焦点小组是一种识别显性需求的好方法。

24. 【答案】A

    【解析】成熟阶段的分销措施主要是强化分销渠道，给分销商更多激励，从而扩大客户购买产品的机会。

25. 【答案】D

    【解析】产品主管代表客户利益，拥有最终决定权，主要职责是平衡有竞争关系的利益相关方之间的利益。

26. 【答案】A

    【解析】进度压缩的方法是添加资源和并行地执行任务

27. 【答案】B

    【解析】产品成功建立在一系列的正确决策之上，决策来自知识、信息和数据。

28. 【答案】A

    【解析】这些是员工直接可感知到的工作环境特点的集合

29. 【答案】C

    【解析】题目所描述的是轻量级团队，所以产品经理的权力比较小，主要是按计划进行推进，没有变更或重新分配资源的权力。

30. 【答案】A
    【解析】是核心利益的描述，也符合可持续发展的描述。

31. 【答案】D
    【解析】P71-72

32. 【答案】C
    【解析】可行性分析包括市场潜力、财务潜力、技术可行性、营销能力、制造能力、知识产权和法规影响等。

33. 【答案】B
    【解析】McCraig 理论就是麦凯格的新式走向上市的路径，主要使用迭代流程，区别于老派的线性流程。

34. 【答案】C
    【解析】成熟阶段主要是要维护市场份额，实现利润最大化。

35. 【答案】C
    【解析】成熟阶段主要是要维护市场份额，实现利润最大化。

36. 【答案】C
    【解析】使命确定了组织的聚集方向、做事的原则，这里描述了供应最新鲜、最美味的咖啡甜品就是聚集的内容。

37. 【答案】C
    【解析】3.5 产品创新流程控制
    项目管理协会将项目集治理定义为："涵盖由发起组织对项目集和战略进行定义、授权、监督和支持的体系与方法。项目集治理是指发起组织用于确保项目集（在可行的范围内）被有效和持续管理而执行的实践和流程。由评审和决策机构来实施项目集治理，该机构负责批准或签署其授权范围内的项目集建议。"（《项目集管理标准》第3版，2013）高层对流程和产品的监管就是治理，高层对流程有疑虑，说明该流程缺失高层的治理和监督。

38. 【答案】B
    【解析】客户现场访问的缺点

39. 【答案】B
    【解析】P218

NPDP综合模拟试题（三）参考答案及解析

40. 【答案】A
    【解析】P77

41. 【答案】B
    【解析】此题为争议题。组合管理包括组合开发和组合维护。

42. 【答案】A
    【解析】P332，第二段，书上原文。

43. 【答案】C
    【解析】题目描述的是对国际市场的信心不足，可以采用开放式创新，引入外部能力。

44. 【答案】B
    【解析】P25-26，颠覆式创新的描述。

45. 【答案】A
    【解析】焦点小组会用于上述所有的阶段，书上概念开发阶段的那个次级研究是typo，应该是焦点小组。

46. 【答案】D
    【解析】题目中描述是提高价值，减少浪费。

47. 【答案】A
    【解析】B不是用非正式代码，C不是发布前测试，D不是软件测试的内容。

48. 【答案】C
    【解析】模糊前端的重要性

49. 【答案】C
    【解析】此题不用计算，用排除法即可。上年的投资回报率是20%，今年的情况比上年还好，所以排除A、B，但是也没有好到3倍关系，所以排除D。

50. 【答案】A
    【解析】产品开发成功建立在一系列正确决策之上。

51. 【答案】B
    【解析】这个是平台战略的例子，若必须在这几个选项中选择，B更合适。

52. 【答案】A
    【解析】没有给出折现率，无法计算 NPV，所以不足以选择。

53. 【答案】D
    【解析】P33，植物品种权的描述。

54. 【答案】B
    【解析】P103

55. 【答案】A
    【解析】P114

56. 【答案】A
    【解析】P166，图 4.3。

57. 【答案】A
    【解析】P110，门径管理流程的关口。

58. 【答案】B
    【解析】Define，Measure，Analyze，Improve，Control。

59. 【答案】A
    【解析】ATAR，Awareness，Try，Availability，Repeat。

60. 【答案】B
    【解析】成长阶段的产品要维护产品质量，可能需要增加产品特性和辅助功能。从定价上要维持定价。A 是衰退阶段，C、D 是成熟阶段。

61. 【答案】B
    【解析】Tiktok 就是抖音的国际版，其市场前景好，但是市场份额还不高。

62. 【答案】A
    【解析】建立品牌知名度是引入期的事，成长期是建立品牌偏好。

63. 【答案】A
    【解析】P110 阶段的定义

64. 【答案】C

【解析】P318，图7.9。

65. 【答案】B
    【解析】探索者战略一般会采用新技术，敢冒险。

66. 【答案】D
    【解析】P176，设计规格是定量的。

67. 【答案】B
    【解析】P159，绿色的原话。

68. 【答案】B
    【解析】关于愿景的描述，定义了公司未来的期望状态。

69. 【答案】A
    【解析】只有A、C是波特竞争战略，而题目中是针对中上收入群体提供最高质量的咖啡，这是差异化的体现。

70. 【答案】B
    【解析】产品定价这个是PIC中没有的，排除A、C、D。

71. 【答案】C
    【解析】次级市场研究的主要价值体现在项目的早期阶段，即正在寻求一般背景信息以更好地判断项目重点和方向的时候。

72. 【答案】C
    【解析】匿名是典型的德尔菲技术

73. 【答案】C
    【解析】没有考虑到投资收益的时间安排

74. 【答案】D
    【解析】资源开采、材料生成、运输、利用和处置回收的成本都要纳入

75. 【答案】B
    【解析】焦点小组可以发掘客户对于市场空白点的想法

76. 【答案】A

【解析】P339

77. 【答案】D
    【解析】P73，图2.2。

78. 【答案】B
    【解析】快速追踪是并行执行的手段，最大的风险在于返工。

79. 【答案】B
    【解析】P336，关于资本支出的描述。

80. 【答案】C
    【解析】商业分析是进行更为深入的技术/市场和商业可行性分析

81. 【答案】D
    【解析】针对矛盾进行相关设计的方法是TRIZ

82. 【答案】C
    【解析】敏捷可以实现更快上市

83. 【答案】D
    【解析】产品路线图是将短期和长期业务目标与特定产品创新的解决方案进行匹配

84. 【答案】B
    【解析】这个最好的描述应该是探索者，但是答案中没有，那针对文件安全的差异化就是最佳答案了。

85. 【答案】D
    【解析】架构式创新是对技术和商业模式都有要求。

86. 【答案】B
    【解析】通过概念测试可以获得目标客户对新产品的反馈，有效降低新产品上市风险。

87. 【答案】A
    【解析】P311，图7.4。

88. 【答案】D
    【解析】奔驰法提供了修改产品特性等的专业方法。

89. 【答案】B
    【解析】提高服务效率，并降低成本，这是精益的主要内容。

90. 【答案】C
    【解析】题目中所描述的都不是描述上的创新，都是在商业模式上的创新来改变其提供产品和服务的方式。

91. 【答案】B
    【解析】目前刚刚上市，所以收入是低于成本的。

92. 【答案】B
    【解析】虽然产品针对的还是现有的市场，但产品是手持式，所以产品新颖性高。

93. 【答案】C
    【解析】这里描述的是锁的技术的突破，但商业模式还是原来的。

94. 【答案】B
    【解析】包括背景、聚焦领域、目标和目的及特别准则。

95. 【答案】D
    【解析】P264

96. 【答案】B
    【解析】P314

97. 【答案】C
    【解析】P37，图1.19。

98. 【答案】A
    【解析】基于产品风险和基于项目风险的描述。

99. 【答案】D
    【解析】P167，40个发明原理。

100. 【答案】D
     【解析】P336，A、B、C是固定成本。

101. 【答案】C

【解析】P123，产品负责人（产品主管）的职责。

102. 【答案】C
【解析】P268，团队的定义。

103. 【答案】A
【解析】基本概念

104. 【答案】A
【解析】流程主管对流程的战略结果负责，在敏捷流程中，主要职责是 PO 和 Scrum-Master，所以这题要看 A、B 两个选项。如果同时存在，以 PO 为主。

105. 【答案】A
【解析】发现寄希望于、创造、评估是设计思维的框架。

106. 【答案】B
【解析】突破性指技术的突破，商业模式没有变化，其中 B 是比较符合的。A、C、D 都是常规创新的内容。

107. 【答案】B
【解析】组合管理就是确保项目的平衡，以实现更多的价值。

108. 【答案】D
【解析】此题为争议题，这里没有给出概念一和概念二两列数据的意义，所以无法判断。

109. 【答案】D
【解析】此题为争议题。这个在书中没有找到出处。

110. 【答案】D
【解析】产品概念描述为开发团队的所有成员及项目相关成员提供了清晰和一致性。

111. 【答案】D
【解析】将可持续性纳入流程

112. 【答案】A
【解析】1.7.3 知识产权战略，图 1.16 知识产权管理方法。战略型知识产权管理方法竞争情报的策略是对全面的知识产权竞争情报进行持续分析。

113. 【答案】D

【解析】3.4.2 敏捷方法与门径流程相比之下，敏捷方法最初是为快速开发软件而专门设计的。在实践中，开发阶段包括一系列的冲刺，每个冲刺或迭代交付一个产品（可运行的代码或软件）并可以向相关方（客户）演示该产品。一次迭代可能无法为产品赋予足够多的功能或使产品达到上市要求，但在每次迭代结束时都会有一个可用的产品版本，这恰恰是迭代的目标。若要发布产品或新特性，则通常需要进行多次迭代。一次冲刺的周期通常为 3～5 周。

114. 【答案】B

【解析】TRIZ 是不基于直觉，而基于逻辑和数据的问题解决方法。

115. 【答案】A

【解析】此题为争议题。创建阶段还不完全了解团队将要做什么，角色和职责还不清晰。

116. 【答案】A

【解析】此题为争议题。高绩效团队的战略协调一致/参与（投入）/授权，这里推动项目向前发展属于战略一致性的内容。

117. 【答案】B

【解析】共用很多技术和零部件是典型的平台型战略

118. 【答案】C

【解析】迈尔斯和斯诺的战略框架中的防御者

119. 【答案】D

【解析】关于流程的问题

120. 【答案】D

【解析】P34

121. 【答案】B

【解析】P221，人种学研究的定义。

122. 【答案】B

【解析】题目中描述产品的特性和潜在需求有很大的不确定性，所以概念开发就很重要。

123. 【答案】C
    【解析】不确定性最高的是早期 FFE 阶段

124. 【答案】D
    【解析】包装/品牌/性能/质量/风格是有形的属性，A、B、C 都是无形的。

125. 【答案】C
    【解析】题目中描述了与客户的直接交流和观察消费者如何使用产品，这是客户现场访问的方法。

126. 【答案】D
    【解析】保密协议是为了保护商业秘密，专利是由政府层面进行保护的一种手段。

127. 【答案】A
    【解析】这个是关于文化的描述，反映了组织中人们共同的价值观。

128. 【答案】A
    【解析】P33

129. 【答案】C
    【解析】P83 图 2.10 关于产品规划者的描述

130. 【答案】D
    【解析】P336 关于资本支出的描述

131. 【答案】B
    【解析】P346 参数法的定义

132. 【答案】D
    【解析】产品的三个层次

133. 【答案】A
    【解析】手机应用程序，比较适合敏捷，可以尽早上市，并通过快速反馈进行改进。

134. 【答案】B
    【解析】颠覆式影响的通常是一个商业模式，而非一项技术。

135. 【答案】A

NPDP综合模拟试题（三）参考答案及解析

【解析】题目描述的是设计一款新产品，而A是改进现有的流程。

136. 【答案】D
    【解析】针对风险高的传统行业，门径比较适合。

137. 【答案】B
    【解析】P53 可持续性创新

138. 【答案】C
    【解析】属于针对现有产品的一种衍生

139. 【答案】C
    【解析】P263 跨职能团队的定义

140. 【答案】B
    【解析】P56 循环经济与创新

141. 【答案】B
    【解析】基本概念

142. 【答案】B
    【解析】知识产权保护界定了组织从新产品上收获价值的潜在可能

143. 【答案】B
    【解析】P33 关于商标的定义

144. 【答案】B
    【解析】书上没有相应的内容

145. 【答案】A
    【解析】此题为争议题。产品测试的基本概念，主要是了解产品的功能或特性是否被客户接受。

146. 【答案】C
    【解析】P18

147. 【答案】C
    【解析】P139，3.4.2 第三段。

321

148. 【答案】C
    【解析】BSC 包括内部（流程）/外部（客户满足度）/现在（财务）/未来（创新）四个维度。

149. 【答案】D
    【解析】P247，图 5.3 倒数第二行。

150. 【答案】A
    【解析】题目中说是新创企业，新兴无人机，是属于探索者的范畴。

151. 【答案】A
    【解析】访谈的目的不是推广，而是更好地了解产品如何被使用，发现潜在的市场机遇。

152. 【答案】D
    【解析】P193 设计新产品，是 IDOV，改进现有的流程是 DMAIC。

153. 【答案】B
    【解析】商业化阶段是 20 世纪 60 年代由博斯、艾伦等设计出的六阶段的最后一个阶段，应对于门径里的上市。产品反馈是商业化的一个重要组成部分。

154. 【答案】C
    【解析】立项分析（商业分析）就是进行更为深入的技术、市场和商业的可行性分析。

155. 【答案】A
    【解析】P218 焦点小组的优点

156. 【答案】C
    【解析】创意产生可用多种方法

157. 【答案】B
    【解析】平台型产品的典型案例

158. 【答案】C
    【解析】特定用户的定制化开发，所以客户拜访是最常用的。

159. 【答案】C

【解析】本题考到是创新画布的内容,由于技术是成熟的,已经应用在风电和农业行业。将成熟技术应用在无人机上,只是商业上的创新。

160. 【答案】C
【解析】次级市场研究在初期,可以更好地为初级市场研究奠定基础。

161. 【答案】B
【解析】P232

162. 【答案】A
【解析】描述的突破+商业模式的突破

163. 【答案】A
【解析】如下表,但是在考试中无须计算,基于常识直接就可以选A。

20%		第一年	第二年	第三年	
	方案一	90,000	0	0	7,500,000
	方案二	0	45,000	45,000	57,291.67
	方案三	0	20,000	70,000	54,398.15
	方案四	70,000	20,000	0	72,222.22

164. 【答案】D
【解析】这里讲的是开放式创新,风险较大,所以自治型团队比较好。

165. 【答案】D
【解析】P34 关于知识产权管理方法,表1.16。

166. 【答案】C
【解析】利润下滑说明前景不好,但是市场份额保持稳定在42%,所以现金牛产品比较好。

167. 【答案】B
【解析】这个属于差异化

168. 【答案】C
【解析】关口的主要内容是决策

169. 【答案】A

【解析】P104

170. 【答案】C
    【解析】这是产品三个层次最外层的内容

171. 【答案】C
    【解析】衍生到新的市场

172. 【答案】C
    【解析】将客户属性和设计属性联系起来是 QFD 的核心内容

173. 【答案】D
    【解析】这里是硬件+软件的结合

174. 【答案】C
    【解析】精益的局限性，需要改变组织的结构和文化。

175. 【答案】C
    【解析】如下表

NO.	invest	NPV	Rank
2	350	1100	3.142,857,14
9	320	1000	3.125
1	500	1300	2.6
10	650	1310	2.015,384,62
5	870	1740	2
4	800	1600	2
3	600	1200	2
6	300	600	2
7	300	500	1.666,666,67
8	310	650	2.096,774,19

176. 【答案】A
    【解析】P71

177. 【答案】C
    【解析】题目中的关键信息是："权力下放给项目经理并赋予团队活动在项目期间优先于职能性工作"。

178. 【答案】B
【解析】P117

179. 【答案】B
【解析】知识产权包括专利、版本、商标、植物品种多样权和商业秘密。公司认为专利保护成本过高，可以考虑商业秘密进行 IP 保护。

180. 【答案】B
【解析】敏捷流程适合快速上市

181. 【答案】D
【解析】花费高、风险大、周期长的项目比较适合门径管理流程。

182. 【答案】A
【解析】题目中明确需要"进一步讨论这些可能性"，这个适合机会评估。

183. 【答案】B
【解析】知识产权可以被销售、授权、交换等，它界定了组织从新产品上收获价值的潜在可能性。

184. 【答案】A
【解析】文化的表现形式

185. 【答案】D
【解析】公司的整体愿景和使命由高管团队及关键职能部门的负责人一起制定。

186. 【答案】B
【解析】在敏捷流程中，PO 负责确保创意和项目在新产品开发流程中有序且及时地流动。

187. 【答案】D
【解析】题目中提到"全新的军用机械市场"，风险大，比较适合自治团队。

188. 【答案】A
【解析】跨职能团队是项目成功的关键因素

189. 【答案】A
【解析】共同目标是高效团队的重要组成部分

190. 【答案】B
    【解析】产品经理负责产品组合并确定新产品范围。项目经理负责执行和交付。

191. 【答案】A
    【解析】思维导图在各种信息或创意之间建立思维连接的图形化技术

192. 【答案】A
    【解析】P11

193. 【答案】A
    【解析】P176

194. 【答案】B
    【解析】设计指标是定量的

195. 【答案】C
    【解析】P166

196. 【答案】B
    【解析】敏感性分析能够为风险管理奠定良好基础

197. 【答案】A
    【解析】滞后指标是在事后对实际的贡献的统计指标，其准确率是100%的。而B领先指标是在当下对未来贡献的预测，其准备率不是100%。

198. 【答案】B
    【解析】延伸知识

199. 【答案】D
    【解析】P222

200. 【答案】D
    【解析】P226 关于社交媒体的优点和价值的描述

NPDP 综合模拟试题（四）参考答案及解析

1. 【答案】C
   【解析】1.4.4 商业模式画布（Business Model Canvas，BMC）
   商业模式画布的内容包含客户细分、价值主张、渠道通路、客户关系、收入来源、关键业务、核心资源、重要合作和成本结构等。

2. 【答案】B
   【解析】1.4.4 商业模式画布（Business Model Canvas，BMC）
   价值主张
   价值主张可以将组织自身与竞争对手区分开来。价值主张一方面体现在数量上，如价格、服务、速度和交货条件等；另一方面体现在质量上，包括设计、品牌地位、客户体验和满意度等。
   1.7.4 营销战略
   一款正在开发中的新产品最终能否在市场上取得成功，关键取决于其价值主张的清晰程度。

3. 【答案】B
   【解析】1.5.1 良好创新战略的特征
   Reeves 等（2017）提出了信息优势创新战略，包含以下内容：
   - 决定在哪里竞争。
   - 管理复杂性。
   - 了解竞争对手正在做什么和提供了什么。
   - 其他有价值的信息包括实施时间表、对客户的洞察、组织能力和差距。

4. 【答案】B
   【解析】7.5.1 跨越鸿沟
   论鸿沟产生的原因和应对措施。
   - 可衡量的优势。相对于将被取代的现有解决方案而言，新产品或创新具有可以被感知的相对优势。可衡量的优势有多种形式，如经济、社会声望、便利性和性能等。被感知到的优势越明显，产品或创新就越有可能跨越鸿沟并继续前行。关于相对优势，并没有明确的定义，产品是否有优势只取决于目标用户群的需求和感知。
   - 一致性。通过过去或现在的实践、价值观、经验和用户需求所感知到的一致性。创新能够证明这种一致性的程度，并决定了它能否被采用及被采用的速度。
- 简单性。创新被理解的容易程度也将影响其被采用。创新越容易或越简单，就越有可能跨越鸿沟。简单的创新比复杂的创新被采用得更快。
- 易试性。新用户是否很容易就能试一试，即易试性。用户在有限条件下尝试或试验创新越容易，创新的风险就越小，用户采用创新的可能性也就越大。
- 可见的结果。新的潜在用户越容易、快速、轻松地了解创新后能得到的结果，创新就越可能被采用。这些可见的结果降低了感知风险和不确定性，并使目标用户群体中的同伴更容易分享经验，从而加快新技术被接受和采用的进程。

5. 【答案】D
【解析】1.6.2 迈尔斯和斯诺战略框架
图 1.10 迈尔斯和斯诺战略框架
采取探索者战略的组织
- 敢冒风险，渴望寻求新机会。
- 开发和应用新技术的灵活度高。
- 通过较快的上市速度，获得更大的市场份额。

6. 【答案】B
【解析】6.2.2 产品创新流程中的角色
项目经理负责管理具体产品创新项目。他们采用公认的项目管理方法（如门径流程或 Scrum），确保准时实现项目里程碑，并在预算内交付成果。根据产品创新项目的规模和范围，项目经理承担监督职责，也可以承担技术或营销工作。

7. 【答案】A
【解析】5.9 产品创新各阶段的市场调研
在新产品开发和创新中，通常在进入创新流程的每个阶段之前都要进行调研和测试，然后才能进入下一个阶段。要对产品创新项目流程中所采用的市场调研方法进行选择，从前端的概念发现研究，到概念测试、产品使用测试、试销，再到整个产品生命周期的市场测试等。
原型与产品使用测试
在该阶段，概念被转化为具备功能的有形产品。项目成本开始大幅上升，在产品收益、形式和功能等方面做出正确决策就显得尤为重要。与前一阶段产品的概念说明（文字和图像）相比，外观和功能化样品或可用原型为获得客户反馈提供了更好的依据。在调研中用原型进行演示会极大地加深客户对产品的理解，进而产生更有价值和更可靠的反馈。

8. 【答案】A
【解析】RACI 是分工的工具，来源于项目管理知识体系指南（PMBOK®指南）。

9. 【答案】B
【解析】4.2.2 创意生成工具
头脑书写法（Brainwriting）
参与者先用书面而非口头的方式写出解决具体问题的创意，然后将自己写好的创意传给下一个人，由下一个人续写创意，写完后再将创意传递给下一个人，以此类推。整个过程大约用时15分钟，之后将所有人的创意集中到一起，供小组讨论。还有一种方法是用图形而非文字生成创意，所有参与者共同完善创意。

10. 【答案】A
【解析】3.2 产品创新章程
产品创新章程——聚焦领域（Focus Arena）
"竞技场"（Arena）一词主要指体育比赛或文艺表演的场所。在商业上，该词含义为经营活动的场所。产品创新章程包含：
- 目标市场（比赛场所）。
- 关键技术和营销方法（如何比赛）。
- 实现项目成功的关键技术和市场规模。
- 竞争对手（其他参赛者）的优劣势，包括技术、营销、品牌、市场占有率等。
- 识别并考虑受产品影响的所有项目或产品相关方，如社群或供应链等。

11. 【答案】B
【解析】1.2.3 使命（Mission）
使命是关于组织纲领、哲学、宗旨、经营原则和公司信念的说明，它确保组织的精力和资源得以聚焦。
示例：星巴克公司（Starbucks）的使命
"激发并孕育人文精神——每人、每杯、每个社区。"

12. 【答案】C
【解析】来源于项目管理知识体系指南（PMBOK®指南）成本估算工具——自下而上估算。

13. 【答案】D
【解析】1.7.1 产品平台战略
产品平台战略是大多数公司开发新产品的基础。产品平台战略是将产品中的一些子系统及接口组成一个共用架构，继而在该共用架构上高效地开发和制造一系列衍生产品的战略。

14. 【答案】D
【解析】4.2.2 创意生成工具
头脑风暴（Brainstorming）

一种常用技术。一群人（通常为 10 人）在一起自由发言而不用担心受到批评，鼓励参与者提出大量创意。可以将创意进行融合，也可以在一个创意基础上生成另一个创意（1 + 1 = 3）。

6.6 虚拟团队

当组织采用敏捷方法时，虽然集中办公对产品创新团队而言有好处，但是将团队全部集中在一个地方办公通常是不切实际的，也是不可行的。虚拟团队主要通过电子化的手段进行沟通。团队成员在不同的工作地点办公，团队的分散度会因工作地点间的距离和每个地点的团队成员数量而异。

15. 【答案】A

【解析】3000 万美元投资，利润 1000 万美元，如果这 3000 万美元投资能赚 300 万美元（10%），故该产品的经济利润（理解为利率收入之外额外的收入）为 1000 − 300 = 700（万美元）。

16. 【答案】B

【解析】扩展知识

安索夫矩阵，现有产品和新市场属于市场开发（发展）的产品市场战略，见下图。

安索夫矩阵

	现有产品	新产品
现有市场	市场渗透 用价格促销或者提高服务	产品发展 差异化或者推出新产品
新市场	市场发展 开发消费者需求的新市场	多元化 多角化运营

17. 【答案】D

【解析】2.1 什么是产品组合

产品组合（Product Portfolio）是组织正在投资并进行战略权衡的一组项目或产品。

2.1.1 在产品创新和产品管理中，"企业可以通过两种途径实现新产品成功：做正确的项目和正确地做项目。组合管理就是做正确的项目"。

产品没选对，就是组合管理没有做好。

18. 【答案】D

【解析】5.1 市场调研引论

市场调研是获取产品创新决策所需信息的方法，包括：

- 现在和未来有哪些机会？
- 客户想要或需要什么，有哪些明确的需求和未明确的需求？
- 是什么驱动客户购买和再次购买产品？
- 新产品中应包含哪些价值主张？
- 应对产品进行哪些改进，使其成为更易于接受和更可行的解决方案？
- 客户是否会购买产品？客户购买产品的频度、地点和价格如何？
- 市场上是否有其他产品解决方案？
- 我们的产品解决方案有何优势？
- 能否通过知识产权来保护产品解决方案并确保优势？
- 产品解决方案是否可持续？

19.【答案】C
【解析】2.1.3 组合中的项目类型
衍生型项目（Derivative Projects）：由现有产品或平台衍生出来的项目，可弥补现有产品线的空白。常常通过提高制造成本优势，或运用组织的核心技术等方式提升性能或增加新特性。风险相对较低。
平台型项目和突破型项目一般开发较为复杂，适用于重量型团队和自治型团队。支持型项目风险很低，适用于职能型团队。题干的描述接近轻量型团队，适用于衍生型项目。

20.【答案】C
【解析】术语表
头脑风暴法：在新产品概念生成阶段常用的创造性解决问题的一种群体方法。形式上会有所不同，名称也各异。所有这些方法的共同点是：在对某个议题进行重大评估前，团队要提出尽可能多的创意。

21.【答案】B
【解析】7.5.2 "走向市场"流程
传播信息非常关键
用正确的方式传播正确的产品信息非常重要。这些信息不仅能呈现产品的收益和特性，还能够让目标细分市场的客户产生强烈共鸣。
图 7.24 制定走向市场战略的八个步骤

22.【答案】C
【解析】1.1 什么是战略
战略的广义定义是实现未来理想的方法或计划，如实现目标的路径或解决问题的方案。在商业中，战略是"定义并体现组织的独特定位，说明组织如何通过整合资源、技能与能力以获得竞争优势"（波特，2008）或"根据行业定位、机遇和资源，组织为实现长远目标而制订的计划"(科特勒，2012)。
战略核心是在有限的资源实现目标，故 C 最为接近。

23. 【答案】D
【解析】1.6.1 波特竞争战略
细分市场战略
细分市场战略也称为聚焦战略（Focus Strategy）。细分市场战略适用于"窄市场范围"，成本领先战略和差异化战略则聚焦于"宽市场范围"。细分市场战略建立在对关键市场深入了解的基础上，该市场通常具有独特的需求。

24. 【答案】A
【解析】2.2.1 组合与战略的连接方法
自上而下法
如果由组织中的最高权力拥有者（如首席执行官）决定所有项目，就是自上而下法，但这样做无法利用组织中其他人员的知识和经验。这里介绍的自上而下法平衡了组织高层级的方向和较低层级的输入。该方法也被称为"战略桶"，用不同的"战略桶"代表项目类型，用"战略桶"的大小代表完成项目所需的资源数量。

25. 【答案】B
【解析】2.1.1 什么是组合管理
组合管理就是选择做正确的项目。
(4) 管道平衡（Pipeline Balance）：大多数公司在产品组合中囊括太多的项目，因此要确保资源和聚焦领域不至于太过分散。应确保项目数量合理，以达到管道中资源需求和可用资源供给之间的最佳平衡。

26. 【答案】D
【解析】术语表
Break-Even Point 盈亏平衡点：在产品生命周期中，来自销售的利润刚好达到累积开发成本时的那个点。
2.3.1 定性评估方法
其他评估标准：
- 战略一致性。
- 技术可行性。
- 风险水平。
- 监管影响。
- 短期财务回报。
- 长期财务回报。
- 研发费用。

- 达到盈亏平衡点或实现盈利所需时间。
- 产品或产品线的收益范围。
- 投资资金来源。

因为特别关注回收现金流开发下一代产品，所以需要特别关注回本的时间，也就是盈亏平衡点。

27. 【答案】A
【解析】自行车展销会聚焦某个人群或某个场景，可以用焦点小组的方式就某个主题展开研究。
5.4.1 焦点小组（Focus Groups）
焦点小组是一种定性市场调研方法。在训练有素的主持人引导下，12名参与者聚集在一个房间里进行讨论，讨论的重点是产品、消费者的问题或潜在解决方案。这些讨论的结果未必适用于整体市场。

28. 【答案】C
【解析】术语表
审计（Audit）：在产品创新流程中，针对新产品开发和产品上市流程有效性的评价。

29. 【答案】B
【解析】7.5 产品生命周期中的鸿沟
对产品创新而言，产品生命周期的一个关键阶段是从引入阶段进入成长阶段并开始增长之时。该位置被称为"鸿沟"（Chasm）（见图7.9）
为什么会有鸿沟？简单说，就是因为创新者和早期采用者将创新作为变革的驱动力量。哪怕产品会有缺陷，他们也会采用，目的是能够走在前面，并在竞争中领先。早期大众愿意为创新付费，希望通过创新提高生产率，改进工作，但不一定要实现完全颠覆。在产品创新中，早期创新和快速增长之间从来没有过（或很少有过）无缝过渡。

30. 【答案】A
【解析】4.2.2 创意生成工具
人种学方法（Ethnographic Approaches）（也称为Ethnography）
观察用户在自然环境（如厨房、营地、建筑工地等）中行为的一种研究方法。该方法通过"深潜"的方式了解客户的行为、信念、态度和偏好是由哪些维度和因素决定的，同时也了解其中的复杂性。
术语表
人种学方法（Ethnography）：调研客户及其所处环境的一种定性市场调研方法。调研者在现场观察客户和所处环境，以获得对他们的生活方式或文化环境的深刻理解，从而获得客户需求和问题的基本信息。

31. 【答案】C
【解析】5.3.3 抽样方法
分层抽样：首先将总体按照某个变量分成若干层，然后从每层中抽取一个样本。这样做旨在减少抽样误差。如果这些特征与所调研的目标变量相关，每层的构成就会更均匀，目标变量的方差也会更小。

32. 【答案】A
【解析】3.3.4 敏捷产品创新方法
敏捷产品创新方法（简称"敏捷方法或敏捷"）是在合作环境下，由自治式团队进行产品迭代开发的一种方法。通过渐进式的迭代工作（也称为冲刺），团队可以应对不可预知性。敏捷方法在软件行业的应用非常普及，也用在敏捷门径混合型流程中（见3.3.1），敏捷门径混合型流程通常用于开发有形产品。

33. 【答案】A
【解析】5.2.2 二级市场调研（Secondary Research）
在整个产品创新流程中，二级市场调研是有价值的，但其价值主要体现在项目早期阶段，尤其是在获得总体背景信息后需要更好地制定项目重点和方向时。具体来说，二级市场调研的价值有：
- 提供趋势信息，包括市场、技术、人口统计、政策、法规、竞争分析和专利等。
- 为一级市场调研奠定基础。
- 为非高风险或高成本决策提供信息。

34. 【答案】A
【解析】5.5.3 概念测试与概念分类（Concept Tests and Concept Sorts）
概念测试与概念分类是定量调研方法，用来评估客户对新产品或服务创意（也称为概念）的接受程度。概念测试通常用于产品创新流程中的开发阶段之前。概念分类有助于对各种开发方案进行排序并明确哪些产品概念最优。通过运用一些技术可以让参与者更容易、更方便地参与测试和调查。通过灵活的日程安排，参与者可以在全球任何地方通过线上完成概念测试和调查。在开发阶段之前进行概念测试与分类更具成本效益性，并且能够降低风险和成本，避免造成开发流程后期成本剧增的情况。概念测试的结果可以是经批准的概念。

35. 【答案】C
【解析】1.4.4 商业模式画布（Business Model Canvas，BMC）
商业模式画布的内容包含客户细分、价值主张、渠道通路、客户关系、收入来源、关键业务、核心资源、重要合作和成本结构等。

36. 【答案】B

【解析】5.6.2 多维尺度分析（Multidimensional Scaling）
多维尺度分析提供了一种数据集里个案之间相似度的可视化或映射方法。它在直观地呈现消费者认为相似的产品时特别有用。它不仅通过产品在多维空间中的分布推断消费者认为的重要维度，还指出了当前产品存在哪些差距。

37.【答案】C
【解析】1.6.2 迈尔斯和斯诺战略框架
图 1.10 迈尔斯和斯诺战略框架
3. 采用分析者战略的组织
- 位于探索者和防御者战略之间。
- 能够承担一定风险。
- 经常紧随探索者，开发出仿制产品，也被称为"快速跟随者"。
- 仿制产品的特性或功能更具市场价值。
- 与探索者相比，产品创新成本更低。
- 在对产品和市场进行分析的基础上，将逆向工程和设计改进进行结合，形成产品创新能力。
- 重视技术，但主要是分析和重构，而不是进行激进式创新。

38.【答案】C
【解析】投资回报不低于 20% 的只有 B 和 C，相比之下，在回报率接近的情况下，C 具有更高的净现值。
7.9.3 投资回报率（Return on Investment，ROI）
投资回报率是投资回报与投资成本之比。
7.9.5 净现值（Net Present Value，NPV）
净现值等于回报（或收益）的累积现值减去成本的累积现值。

39.【答案】B
【解析】2.5 资源配置
资源配置是组合管理的一个重要方面，合理配置项目资源非常关键。很多公司发现，产品创新的成功率与产品管理的有效性受以下两个方面的影响：
- 同一时间段内项目数量太多。
- 糟糕的项目计划和实施。

40.【答案】A
【解析】项目管理中项目成果移交的概念。项目团队需要确保可交付成果顺利移交给运营团队。

41.【答案】C

【解析】5.7 产品使用测试

产品使用测试通过实际消费、使用、操作或处置产品的方式测试产品性能。

产品使用测试不同于试销（Test Marketing）（测试市场中的新产品）和市场测试（Market Testing）（测试新市场中的现有产品），它侧重于在产品上市前能否满足消费者需求和要求。产品使用测试和试销均为产品开发完成后和产品上市前的有效调研方法。在确定新产品能给用户提供可行的解决方案后，就要进行市场测试。通过对产品在新市场中的渠道、销售和零售条件进行测试，目的是进一步拓展市场。

42. 【答案】C

【解析】5.4.1 焦点小组（Focus Groups）

焦点小组是一种定性市场调研方法。在训练有素的主持人引导下，8～12 名参与者聚集在一个房间里进行讨论，讨论的重点是产品、消费者的问题或潜在解决方案。这些讨论的结果未必适用于整体市场。

43. 【答案】B

【解析】5.1.1 客户之声（Voice of Customer，VOC）

客户之声是产品创新领域中的一个重要方法，也是获取（内部或外部的）客户需求和反馈的市场调研方法。客户之声的定义是："为了找出问题的解决方法，引导客户经历一系列情境并通过结构化深度访谈提炼出客户需求。"通过间接调查了解客户如何满足自身需求及他们选中某解决方案的原因，最终明确客户需求。它是一个启发客户需求的过程。

44. 【答案】B

【解析】1.4.4 商业模式画布（Business Model Canvas，BMC）

渠道通路

为了将产品交到目标客户手中，需要关注哪些渠道通路？如何整合这些渠道通路？哪个渠道最经济？

45. 【答案】C

【解析】术语表

面向卓越的设计（Design for Excellence，DFX）：在设计与开发流程中，对所有和产品生命周期相关的因素，如可制造性、可靠性、可维护性、可承受性、可测试性等进行系统考虑的设计方式。

46. 【答案】D

【解析】2.3.1 定性评估方法

当面对大量新产品机会时，组织应采用通过/失败法进行快速筛选，以缩小机会清单的规模，从而实现更高效的组合管理。

NPDP综合模拟试题（四）参考答案及解析

47.【答案】 A

【解析】术语表

技术预测（Technology Foresighting）：通过展望未来的方法预测技术趋势及其对组织潜在影响的一种流程。

48.【答案】 C

【解析】1.6.3 延续式与颠覆式产品创新

大多数公司必须做出一个关键的战略决策：产品创新聚焦在延续式创新还是颠覆式创新上？

克里斯滕森（Clayton Christensen）首次提出了颠覆式创新的概念（1997）。根据他的定义，颠覆式创新和延续式创新之间的区别如下：

颠覆式技术或颠覆式创新有助于创造新市场和新价值网络，并将最终颠覆现有市场和现有价值网络。人们常常提及颠覆式技术这一概念，但从本质上讲，只有少数技术是颠覆式的。在许多情况下颠覆式创新才是更有意义的概念。促成和产生颠覆式影响的通常是一个商业模式，而非一项技术。与颠覆式创新相比，延续式创新并不创造新市场或新价值网络，只是通过给现有市场或价值网络增加更高价值的方式，使得公司能够与市场上其他延续式创新展开竞争。

49.【答案】 A

【解析】1.5 创新战略

高级管理层应当制定清晰的创新战略，并说明公司的创新工作是如何支持总体经营战略的。这么做有助于进行取舍和决策，从而选择最适当的行动措施。同时对创新项目优先级进行排序，使其与所有职能保持一致。（皮萨诺，2015）

50.【答案】 A

【解析】1.7.3 知识产权战略

植物品种权（Plant Variety Rights）：给予种植和销售某种可繁殖植物的独有权利。

51.【答案】 D

【解析】2.3.1 定性评估方法

（2）聚焦在一个有吸引力的市场，该市场规模较大且在不断增长，利润率高，竞争不激烈且竞争压力小。

52.【答案】 B

【解析】敏捷的决策是灵活的，响应变化，而不是固定不变的。这是敏捷的基本特点。

53.【答案】 B

【解析】1.1 什么是战略

战略的广义定义是实现未来理想的方法或计划,如实现目标的路径或解决问题的方案。在商业中,战略是"定义并体现组织的独特定位,说明组织如何通过整合资源、技能与能力以获得竞争优势"(波特,2008)或"根据行业定位、机遇和资源,组织为实现长远目标而制订的计划"(科特勒,2012)。

1.7 创新支持战略

总体创新战略为组织内的所有创新活动提供了目标、方向和框架。各事业部和职能部门按照各自的战略,逐步实现具体的创新目标。这些战略必须与总体创新战略紧密关联。支持总体创新战略的几个战略有:

- 产品平台战略。
- 技术战略。
- 知识产权战略。
- 营销战略。
- 能力战略。

54. 【答案】C

    【解析】资源忙于多个项目会降低其效率,工作的切换会导致浪费(精益的观点)。

55. 【答案】D

    【解析】术语表

    把关者(Gatekeepers):门径流程中的管理者,对项目的建议、决策和投资负责。该多职能小组运用既定的业务标准评审新产品机会和项目进度,并在每个关口相应地分配资源。该小组通常也称为"产品批准委员会"或"项目组合管理团队"。
    组合管理团队一般是高级管理者。

56. 【答案】A

    【解析】用排除法,选 A。

57. 【答案】A

    【解析】6.2.1 产品创新战略中的角色
    如第 1 章所述,公司高级管理层负责制定公司的愿景和使命。一个典型的高级管理层包括公司核心职能部门的负责人,如财务、营销、制造和技术等部门。公司董事会可以直接或间接地与高级管理层联系,并由首席执行官将董事会和高级管理层联系起来。

58. 【答案】A

    【解析】6.2.2 产品创新流程中的角色
    最成功的创新公司在产品创新生命周期中采用跨职能团队,因为技能多样性是制定产品创新解决方案的重要因素。

NPDP综合模拟试题（四）参考答案及解析

59. 【答案】D
【解析】组合管理一般是高级管理者的职责

60. 【答案】C
【解析】6.2.1 产品创新战略中的角色
高级产品管理者（如产品副总裁）和相应的事业部负责制定产品战略。

61. 【答案】D
【解析】2.3.1 定性评估方法
评分法（Scoring）
评分法则更为详细，通常用于通过/失败法筛选之后。运用评分法时，需要更多信息才能做出较好的评估。运用评分法的流程如下：
- 制定评估标准，对每个评估标准赋予权重，以体现其相对重要性。
- 按照每个评估标准对产品创意逐一进行评分（通常为10分制），计算出每个产品创意的加权分数，并按照分数高低对所有产品创意进行排序。
- 为了确保评分法的客观性，特别是当评估者众多时，非常重要的一点是在分数刻度尺上为每个分数提供说明，将其提供给评分人作为参考。

2.3.2 定量评估方法
在早期的评估产品创意阶段，数据来源有限，此时可用较为主观的财务评分法或基于主观估算的财务分析法（如销售潜力估算）对创意进行评估。

62. 【答案】B
【解析】7.9.4 投资回收期
投资回收期是指需要多长时间才能收回投入的资金。
需要从第7个月起，每个月利润为20,000美元，需要连续5个月收回投资，也就是第7、8、9、10、11这5个月即可收回投资。

63. 【答案】B
【解析】7.9.5 净现值
净现值等于回报（或收益）的累积现值减去成本的累积现值。
第一年110,000折现后的现值为110,000/(1+10%)=100,000（元），第二年121,000折现后的现值为121,000/(1+10%)^2=100,000（元），所以两年后的净现值NPV为两年的现值相加，为100,000+100,000=200,000（元）。

64. 【答案】C
【解析】2.6.1 组合管理的复杂性
解决这些问题既充满挑战，又令人殚精竭虑。一些组织的最佳实践是，在组合管理早期先采用一些简单的方法，再循序渐进地采用较为复杂的流程和技术进行组合管理和决策。此外，获得高层管理者的支持，并促进组合管理获得跨职能部门的理解和承诺也非常重要。

65. 【答案】A
【解析】2.2.1 组合与战略的连接方法
自上而下法
如果由组织中的最高权力拥有者（如首席执行官）决定所有项目，就是自上而下法，但这样做无法利用组织中其他人员的知识和经验。这里介绍的自上而下法平衡了组织高层级的方向和较低层级的输入，该方法也被称为"战略桶"。用不同的"战略桶"代表项目类型，用"战略桶"的大小代表完成项目所需的资源数量。
运用自上而下法的步骤如下：
- 明确定义组织战略、经营战略、创新相关的战略目标及优先级。
- 定义用于整个项目组合的资源水平。
- 按照在组织中的战略位置，从总体上对事业部或产品类别的优先级进行排序。
- 给"战略桶"贴上标识，然后确定各事业部或产品类别的相应比例。
- 按照优先级将项目分配到相应的"战略桶"中。

66. 【答案】C
【解析】3.3.1 门径流程
筛选（Scoping）：初步评估市场机会、技术需求及能力的可获得性。

67. 【答案】B
【解析】术语表
新产品开发流程：为了不断将最初的创意转化为可销售的产品或服务，由公司制定的、必须得到遵守的一系列任务和步骤。

68. 【答案】A
【解析】3.1.2 产品创新是"风险与回报"过程
2012年，产品开发与管理协会的一项调查显示，新产品成功率为61%（Markham和Lee，2013）。新产品成功率在很大程度上取决于企业所采用的产品创新实践和流程的质量。

69. 【答案】B
【解析】3.1.3 管理新产品失败风险
在产品创新流程中，随着时间的推移，累积成本会逐渐增加。产品开发者面临的挑战是在不断增加成本的过程中降低产品失败的概率（不确定性水平）。
图3.2 在产品创新生命周期中管理不确定性和成本

NPDP综合模拟试题（四）参考答案及解析

70. 【答案】A

   【解析】4.1 设计流程引论
   本书将设计流程定义为整体产品创新流程中的一部分，重点关注产品初始创意、制造和上市等阶段。在该流程中，需要考虑一系列因素，包括：
   - 消费者的需要和需求。
   - 外观。
   - 功能。
   - 材料和部件可得性。
   - 成本与消费者愿意或能够支付的价格。
   - 资本支出和投资回报。
   - 竞争。
   - 可制造性。
   - 环境影响。

71. 【答案】C

   【解析】7.2 产品创新关键成功因素
   产品开发与管理协会开展的比较绩效评价研究（Markham Lee，2013）总结了产品创新最佳公司所具备的独特因素。
   4. 产品创新流程
   最佳公司具有以下特征：
   - 使用正式的跨职能流程。
   - 持续设计和优化流程。
   - 针对不同类型的产品，灵活选用流程。
   - 采用定制化流程驱动产品创新。
   - 高级管理层了解并支持产品创新流程。

72. 【答案】D

   【解析】3.3 产品创新流程模型
   在过去的50年里涌现了多种流程，对产品创新流程的研究和应用发展迅猛。这些流程都是在不同的行业、产品或市场环境下应运而生的。
   必须强调的是，没有一个适用于所有组织或产品的产品创新流程。产品创新流程应当与组织及其产品或服务的具体需求相吻合。

73. 【答案】D

   【解析】3.3.4 敏捷产品创新方法
   敏捷教练
   敏捷教练是团队和产品负责人之间的促进者。敏捷教练不是管理团队，而是通过以下方式协助团队和产品负责人：

341

- 清除团队和产品负责人之间的障碍。
- 激发团队创造力，并给团队授权。
- 提升团队生产率。
- 改善工程工具和实践。
- 实时更新团队进展信息，确保各方都被知会。

74. 【答案】D

    【解析】7.5.2 "走向市场" 流程
    图 7.24 制定走向市场战略的八个步骤

75. 【答案】C

    【解析】3.3.1 门径流程
    门径流程的主要阶段有：
    - 发现（Discovery）：寻找新机会和新创意。
    - 筛选（Scoping）：初步评估市场机会、技术需求及能力的可获得性。
    - 商业论证（Business Case）：筛选阶段之后的一个关键阶段。在该阶段要进行更为深入的技术、市场及商业可行性分析。
    - 开发（Development）：产品设计、原型制作、可制造性设计、制造准备和上市规划。
    - 测试与确认（Testing and Validation）：测试产品及其商业化计划的所有方面，以确认所有假设和结论。
    - 上市（Launch）：产品的完整商业化，包括规模化制造及商业化上市。

76. 【答案】C

    【解析】3.3.3 精益产品创新方法
    精益产品创新方法的核心概念和原则包括消除浪费及预先收集尽可能多的信息和知识。

77. 【答案】B

    【解析】3.4.1 敏捷方法与精益方法
    精益方法旨在减少浪费，提高运营效率，尤其适用于制造过程中常见的重复性任务。在产品创新中，精益方法的真正价值在于它聚焦于一整套核心原则或指导方针，这些都是产品创新流程的根基。
    创建敏捷方法的初衷是希望在一个较短的时间周期内执行任务，与客户进行频繁互动，并能够对变化做出迅速响应。在应用于产品或产品部件开发时，敏捷方法对结构、流程和角色都进行了明确定义。简而言之，敏捷方法是一种以时间为中心、不断迭代的理念，推崇以一步一步（增量）的方式开发产品，交付最小可行产品。它的主要优点之一是，在任何阶段都能够适应和改变（取决于反馈、市场条件和公司制约因素等），并只提供市场所需的产品。

NPDP综合模拟试题（四）参考答案及解析

78. 【答案】C

【解析】3.1.1 什么是产品创新

产品创新是一项涉及多学科的活动，需要综合各方面信息做出合理的决策。一直以来，人们都认为，在组织中采用适当、结构化及一致化的流程是产品创新成功的关键因素。产品创新流程在不断发展，各种各样的流程也在不断涌现，每种流程都有自己的特点，适用于不同的情境。

可以将产品创新流程定义为一系列的活动、工具和技术，包括产品线规划、战略制定、概念生成、概念筛选和研究，最终为客户交付成功的成果——产品（库珀，2001）。

79. 【答案】D

【解析】3.3.1 门径流程

关口是产品创新流程中的预定节点。在关口处要做出项目下一阶段的关键决策，包括：在门径流程中，前一个阶段输出的可交付成果将作为下一个阶段的输入。如上所述，每个关口都预先设定了关口评审标准。关口评审标准可以是技术、财务和/或定性标准。关口输出是做出的决策（通过/否决/搁置/重做）和下一阶段计划，计划中包含要交付的成果、进度表和阶段性工作成果。

关口是产品创新控制和管理（治理）流程的组成部分，只有满足某些条件才能通过关口，从而进入下一阶段。

80. 【答案】C

【解析】3.3.4 敏捷产品创新方法

3.10 冲刺规划会议

冲刺规划会议是每次冲刺的起点。在该会议上，产品负责人（分配工作的人）和开发团队商讨并确定本次冲刺所要完成的工作。冲刺周期由敏捷教练决定。冲刺开始后，产品负责人退出，由开发团队主导工作。冲刺结束后，团队将已经完成的工作成果提交给产品负责人。产品负责人按照在冲刺会议上制定的验收标准，接受或拒收这些工作成果。

81. 【答案】C

【解析】3.3.4 敏捷产品创新方法

产品负责人负责对产品待办列表进行优先级排序。一个产品待办项是团队在一次冲刺迭代周期中要完成的最小工作单元。

82. 【答案】B

【解析】3.1.5 在产品创新流程中"前端"的重要性

产品创新项目的"前端"（Front-End）阶段是成功的关键，也是流程的起点。在进入正式的产品创新流程之前，组织在该阶段识别机会并生成概念。该阶段包括创意生

343

成、初始概念开发及产品创新项目如何为整体产品创新战略做出贡献的总体策划。一些文献将其称为"模糊前端"（Fuzzy Front End，FFE），因为其是项目中定义最不明确的阶段。在该阶段，产品或解决方案的概念还不具体也不清晰，仍在形成中，也未能完整定义价值主张。

5.9 产品创新各阶段的市场调研

机会识别与评估

该阶段通常被称为模糊前端或发现阶段。机会以各种形式呈现，包括全新产品、现产品调整或改进、现有产品线或平台延伸等。该阶段的重点是识别机会并在早期阶段评估潜力。此阶段适合采用各种一级和二级定性市场调研方法。

83. 【答案】B
【解析】术语表
上市时间（Time to Market）：从新产品最初创意到新产品上市开始销售所需的时间。对起点和终点的准确定义因公司而异，在公司内也因项目而异。上市时间也称为"上市速度"（Speed to Market）。

84. 【答案】C
【解析】3.3.4 敏捷产品创新方法
Scrum
Scrum 是由杰夫·萨瑟兰（Jeff Sutherland）在 1993 年创建的一种方法，灵感来自橄榄球比赛中的"争球"（Scrum）。
Scrum 是最常用的敏捷框架。团队以 Scrum 为框架，在一系列固定周期的迭代中开发产品，并以固定的节奏发布软件。

85. 【答案】C
【解析】3.3.4 敏捷产品创新方法
产品负责人
在对产品待办列表的优先级和需求进行排序时，产品负责人是代表客户利益并拥有最终决策权的人。团队必须能够随时联系到产品负责人，尤其在冲刺规划会议期间。冲刺开始后，产品负责人不应再管理团队，也不应再提出变更。产品负责人的主要职责是平衡利益相关方之间互相竞争的利益。

86. 【答案】C
【解析】3.3.4 敏捷产品创新方法
虽然流程、工具、文档、合同和计划都是重要且有价值的，但是敏捷实践者更要优先考虑个体和互动、可工作的软件、客户合作和积极互动，以及适应计划变动（响应变化）的能力，以此作为产品设计与开发的指导原则，进行产品发布。

87.【答案】A
【解析】3.3.4 敏捷产品创新方法
产品待办列表
产品待办列表包含系统的需求，其中的产品待办项（Product Backlog Items）按照优先级进行排序。需求包括客户提出的功能性和非功能性需求，以及由技术团队提出的需求。产品待办列表有多种来源。产品负责人负责对产品待办列表进行优先级排序。一个产品待办项是团队在一次冲刺迭代周期中要完成的最小工作单元。

88.【答案】D
【解析】3.3.2 集成产品开发
瀑布模型的五个典型阶段是：
- 需求：了解用户需求和产品所需的功能、目的等。
- 设计：设计产品的特性和功能，确保能够在实施阶段满足客户需求，包括可行性分析和规划。
- 实施：按照产品设计方案进行开发。
- 验证：确保产品符合客户期望。
- 维护：通过客户确定产品设计中的不足或错误，开展优化工作。

89.【答案】D
【解析】7.12.2 产品创新度量指标
最佳公司
- 高级管理层参与。
- 注重团队发展和实践。
- 使用跨职能团队。
- 有良好的认可和奖励系统。
- 支持外部合作和开放式创新。

90.【答案】A
【解析】1.7.6 数字化战略
产自创新运营与控制
随着公司从工业化时代过渡到数字化时代，产品创新运营控制方面的变化并不大。当前，几乎所有公司都在采用跨职能团队开发新产品，并使用结构化控制流程管理这些团队。这些通行方法在数字化时代仍在沿用，但在每个阶段所花费的时间会大大减少。此外，许多组织已经在IT或软件开发项目中使用敏捷项目管理方法，这也是数字化开发的最佳实践。

91.【答案】D
【解析】6.3.4 自治型团队

"自治"的含义是"独立和自我治理"。因此，自治型团队适用于重大、长期的产品创新项目。创业公司常常采用该团队结构，一些成熟公司也纷纷效仿，将其用于公司内部项目，并称之为"老虎团队""臭鼬工厂""冒险团队"。克里斯滕森推崇用自治型团队实现颠覆式创新（2003）。

如图6.5所示，自治型团队由一名高级管理者担任项目经理，并将团队成员从他们的职能部门中调离，从而形成独立的项目团队。项目领导者对团队和产品创新的成功拥有完全权力和负有完全责任。团队通常被安排在一个单独的地方，远离组织总部或经营场所，目的是为团队提供更高的独立性和更高的自主权。

92.【答案】A

【解析】6.4.1 什么是高绩效团队

团队是一群技能互补且彼此负责的人，他们做出承诺，一起实现共同的目的和目标。

93.【答案】D

【解析】TRIZ 发明问题解决理论：由苏联学者提出的解决问题和建立多种可行方案的系统方法。它基于对数百万项专利技术解决方案的分析和归纳。这种方法帮助个人在思考时突破自身经验，并通过使用其他学科和领域的解决方案进行跨学科解决问题，从而提高创造力。

应用 TRIZ 的重点在于学习解决问题的通用模式，并将 TRIZ 通用模式用于解决具体问题。

94.【答案】A

【解析】4.2.2 创意生成工具

SCAMPER

采用一系列行为动词激发创意的方法，特别适用于改进现有产品或开发新产品，有助于产生创意。

95.【答案】A

【解析】功能蔓延（Feature Creep）：在开发流程中，设计者和工程师在原有设计之上增添产品功能和特性的倾向，这样做往往会导致进度延误、开发成本和产品成本攀升。

96.【答案】B

【解析】7.11.1 什么是风险管理

有四种应对风险的措施，采取何种措施取决于风险发生概率的高低，以及对财务影响的高低。

- 规避（Avoid）：应对高概率、高影响风险。
- 转移（Transfer）：应对低概率、高影响风险，如购买保险。
- 减轻（Mitigate）：应对高概率、低影响风险。

- 接受（Accept）：应对低概率、低影响风险。

97. 【答案】A
【解析】7.11.4 决策树（Decision Trees）
决策树是一种决策辅助工具，利用树形图或者决策模型得出可能的结果，包括项目成果、资源和成本。该方法提供了一个非常有效的结构，列出备选方案，并研究每个备选方案对应的可能后果。决策树也有助于绘制一幅关于每个可能行动所带来的风险和回报的平衡图。

98. 【答案】D
【解析】3.3.6 设计思维
图3.12 设计思维框架

99. 【答案】B
【解析】4.7.2 六西格玛设计
- DMAIC 由该流程中五个阶段名称的首字母组成。
- 定义（Define）问题、改进活动、改进机会、项目目标和客户（内部和外部）需求。
- 测量（Measure）流程绩效。
- 分析（Analyze）流程，确定导致变异和绩效不良（缺陷）的根本原因。
- 改进（Improve）流程绩效，识别根本原因并解决问题。
- 控制（Control）改进后的流程和未来流程的绩效。

100. 【答案】A
【解析】4.7.2 六西格玛设计
六西格玛方法旨在通过对各种流程的专项改进，来减少业务流程和制造流程中的变异。该方法需要团队所有成员的持续承诺。六西格玛设计是将六西格玛方法应用于产品、服务及其支持流程的设计或重新设计，以满足客户的需求和期望。

101. 【答案】B
【解析】1.4.3 德尔菲技术（Delphi Technique）
德尔菲技术是一种基于问卷调查结果的预测方法。在应用该技术时，会发放多轮问卷，每轮问卷结束后将匿名回复进行汇总并与小组分享。它主要用于对未来的预测及长期战略规划。德尔菲技术的目的是通过澄清和扩散问题，识别一致或不一致之处，然后寻求共识。

102. 【答案】C
【解析】5.1 市场调研引论

对开发成功的新产品和改进现有产品而言，了解并满足利益相关方和客户需求至关重要。在产品创新流程的各阶段，都要有相应的市场调研技术为决策提供信息。通过市场调研获得关键信息，有助于减少在整个产品创新流程中的不确定性，从而提高新产品成功率。

103. 【答案】A
【解析】5.1 市场调研引论
在产品创新中，由于失误或错误决策而造成的失败成本会随着产品创新流程的推进而显著上升。因此，随着项目在产品创新流程的进一步发展，对高质量、高可靠性信息的需求也越来越高。

104. 【答案】A
【解析】7.12.2 产品创新度量指标
绩效度量指标是一套跟踪产品开发的测量指标，帮助公司在时间维度上衡量流程改进的影响。度量方法因组织而异。度量指标通常包含两类：一类用于度量新产品开发过程，如上市时间、某一阶段的持续时间；另一类用于度量产品创新结果，如每年商业化的产品数量和新产品销售额占比等。
图 7.42 总结了产品创新框架中的具体关键绩效指标和度量指标。

105. 【答案】D
【解析】4.2.2 创意生成工具
用户画像（Personas）
用户画像是对用户群体进行客观和直接观察后所设计的虚构角色。这些角色被称为"典型用户"或"用户原型"。开发者通过这些角色能够预测客户对产品特性的态度和行为。开发者通常运用人口统计、行为、态度、生活方式和偏好等信息勾勒用户画像，然后用这些特征识别细分人群或目标人群。根据用户画像，开发者可以了解用户使用产品时的场景，从而对设计进行分析和优化。

106. 【答案】B
【解析】5.4.1 焦点小组（Focus Groups）
缺点
- 群体动力会抑制某些个体的贡献，或出现被某人主导的情况。
- 要公开参与者的评论。
- 调查结果不适用于焦点小组之外的人群，即结果不可预测。
- 调查结果的质量在很大程度上受到主持人技能的影响。
- 取决于在指定的时间和地点能否约到参与者。

107. 【答案】A

【解析】5.1 市场调研引论

本章介绍了一些常见的市场调研方法。运用这些方法可以指导人们调研决策问题并获得答案。有些方法适用于获取某些特定类型的信息，有些方法则适用于获取广泛的信息。一些方法适用于探索和发现，另一些方法则适用于确认和验证。市场调研（也称为市场调查或市场测试）类型通常是指数据收集或数据分析技术。

108. 【答案】D

【解析】7.7 可行性分析

可行性分析要素

在可行性分析中，主要考虑以下内容：
- 市场潜力。
- 财务潜力。
- 技术能力。
- 营销能力。
- 制造能力。
- 知识产权。
- 法规影响。
- 投资需求。

109. 【答案】C

【解析】7.4.3 管理产品生命周期

成熟阶段
- 产品：增加产品特性，通过产品差异化与对手开展竞争。
- 价格：由于出现了新的竞争者，价格会有所下降。
- 分销：加强销售渠道，给分销商更多激励，从而扩大客户购买产品的机会。
- 促销：强调产品差异化和增加产品新特性。

110. 【答案】A

【解析】7.4.2 产品生命周期阶段介绍

成熟阶段（Marity）：竞争加剧。组织在追求利润最大化的同时保持市场份额。该阶段实现了投资回报，现金流也趋于平稳。提升品牌知名度也无法实现与之对等的销量增加。此阶段，投资趋于平稳以维持收入。

111. 【答案】A

【解析】1.9.4 可持续产品创新

可持续发展是"既满足当代发展需要，又不损害后代满足自身需要能力的发展模式"。（布伦特兰委员会，世界环境与发展委员会报告《我们共同的未来》，1987）。

112. 【答案】A
   【解析】术语表
   漂绿：一个公司或组织只是投入时间和金钱通过广告和营销宣称公司采取的是"绿色"经营方式，而不是在其实际业务中最大限度地减少对环境的影响。

113. 【答案】A
   【解析】图7.11 新式走向市场战略

114. 【答案】D
   【解析】1.6.3 延续式与颠覆式产品创新
   与颠覆式创新相比，延续式创新并不创造新市场或新价值网络，只是通过给现有市场或价值网络增加更高价值的方式，使得公司能够与市场上其他延续式创新展开竞争。

115. 【答案】D
   【解析】1.7.4 营销战略
   由波士顿咨询集团（Boston Consulting Group，BCG）开发的一种方法，包含市场增长率和市场份额两个维度，它为分析现有产品组合提供了框架。该方法将现有产品分为四类，分别为明星产品（Stars）、问题产品（Question Marks）、现金牛产品（Cash Cows）和瘦狗产品（Dogs）。
   - 明星产品是市场增长率和市场份额均高的产品。
   - 问题产品是市场增长率高而市场份额低的产品。
   - 现金牛产品是市场增长率低而市场份额高的产品。
   - 瘦狗产品是市场增长率和市场份额均低的产品。
   1.21 波士顿矩阵（NetMBA.com 授权使用）

116. 【答案】C
   【解析】1.7.1 产品平台战略
   产品平台战略是大多数公司开发新产品的基础。产品平台战略是将产品中的一些子系统及接口组成一个共用架构，继而在该共用架构上高效地开发和制造一系列衍生产品的战略。

117. 【答案】B
   【解析】1.7.2 技术战略
   技术战略——链接经营战略和创新战略
   在很大程度上，组织的战略聚焦决定了技术战略的作用和重要性：
   - 技术驱动型组织通过新颖的、开创性的技术获得竞争优势。
   - 市场驱动型组织注重满足客户需求，技术可以是也可以不是其中的核心组成部分。
   - 大多数组织处于中间的某个位置，既注重满足客户需求，也通过技术获得竞争优势。

118.【答案】A
【解析】图1.14 技术S曲线
引入阶段：采用技术的最初阶段。此时，技术性能往往有限。应用该技术的公司要承担较大的风险。由于不愿承担风险，或者害怕产品失败或降低客户满意度，一些组织只采用风险相对较低的创新战略。但是，敢于采用高风险战略的组织认为，引入阶段的技术为自身带来了在市场上获得早期立足点并成为市场领导者的机会。

119.【答案】A
【解析】1.6.3 延续式与颠覆式产品创新
颠覆式技术或颠覆式创新有助于创造新市场和新价值网络，并将最终颠覆现有市场和现有价值网络。人们常常提及颠覆式技术这一概念，但从本质上讲，只有少数技术是颠覆式的。在许多情况下颠覆式创新才是更有意义的概念。促成和产生颠覆式影响的通常是一个商业模式，而非一项技术。与颠覆式创新相比，延续式创新并不创造新市场或新价值网络，只是通过给现有市场或价值网络增加更高价值的方式，使得公司能够与市场上其他延续式创新展开竞争。

120.【答案】C
【解析】1.7.1 产品平台战略
产品平台战略是大多数公司开发新产品的基础。产品平台战略是将产品中的一些子系统及接口组成一个共用架构，继而在该共用架构上高效地开发和制造一系列衍生产品的战略。

121.【答案】D
【解析】1.7.3 知识产权战略
近年来，组织将知识产权纳入经营战略的做法已经日臻成熟，从以前只跟踪知识产权开发的被动状态逐步转变为利用知识产权获得竞争优势的主动状态。组织总体目标和运营环境决定了知识产权战略，并通过知识产权驱动总体经营战略。图1.16 总结了四种知识产权管理方法，即被动型、主动型、战略型和优化型。
图1.16 知识产权管理方法

122.【答案】B
【解析】1.7.3 知识产权战略
知识产权（Intellectual Property）指运用智力创造出来的成果，如发明、文学、艺术、设计、符号、名称和用于商业的图像。像其他产权（土地、建筑物等）一样，知识产权能够被其所有者用来销售、授权、交换或赠送。
在产品创新中，知识产权尤为重要，因为它能使组织从新产品上获得价值。组织可以在制造和销售新产品阶段直接申请知识产权，也可以将具有知识产权的产品授权给另一个组织，还可以出售知识产权。知识产权保护是经营战略中的重要组成部分。保护知识产权的法律途径有很多种，这些途径使得知识产权所有者能够从他们的发明或创造中获得认可或财务收益。

商业秘密（Trade Secrets）：在组织内保持秘密状态并与知识产权相关的信息。

123. 【答案】B

【解析】2.3.1 定性评估方法

顾名思义，定性评估方法或评分法带有主观性。但有确凿的证据表明，应用评分法的组织在组合管理上取得了显著的成功（Markham 和 Lee，2013；库珀等，2001）。近年来，针对新产品成功因素开展了大量研究，研究中发现一些较为关键的成功因素，分别是：

（1）组织拥有独特、出色的产品。该产品有别于竞争对手的产品，能够为客户提供独特收益和显著价值。

（2）聚焦在一个有吸引力的市场。该市场规模较大且在不断增长，利润率高，竞争不激烈且竞争压力小。

（3）善于利用组织内部优势。组织能够利用自身在营销和技术方面的优势、能力及经验开发出相应的产品和项目（库珀等，2001）。

大多数成功因素都是众所周知的，也是很好理解的，特别是对传统行业而言。如果直接将这些成功因素作为标准来评估新产品机会，那么得出的结论就会有相当高的置信度。

其他一些评估标准有：

- 战略一致性。
- 技术可行性。
- 风险水平。
- 监管影响。
- 短期财务回报。
- 长期财务回报。
- 研发费用。
- 达到盈亏平衡点或实现盈利所需时间。
- 产品或产品线的收益范围。
- 投资资金来源。

124. 【答案】A

【解析】2.4.2 将产品组合可视化

图2.7、图2.8、图2.9是组合管理中具有不同维度设置的气泡图示例。

在向高级管理层进行报告时，使用气泡图特别有效，汇报者可以相对简单又一目了然地报告组合总体状况，也很容易发现组合中的空白或与经营战略及目标不一致之处。

例如，在图 2.8 中，通过采用市场风险和技术风险两个维度对所有项目进行分析，就会发现组织相对重视低、中级风险项目。其中只有一个项目位于高市场和高技术风险区域，且该项目需要较多的资源需求。该总览图有助于管理者在考虑风险的基础上，快速了解组合与总体战略的一致性。

图 2.8 组合气泡图：市场风险与技术风险

125. 【答案】B
【解析】3.3.4 敏捷产品创新方法
虽然流程、工具、文档、合同和计划都是重要且有价值的，但是敏捷实践者更要优先考虑个体和互动、可工作的软件、客户合作和积极互动，以及适应计划变动（响应变化）的能力，以此作为产品设计与开发的指导原则，进行产品发布。

126. 【答案】D
【解析】6.4.1 什么是高绩效团队
团队是一群技能互补且彼此负责的人，他们做出承诺，一起实现共同的目的和目标（Katzenbach Smith，1993）。高绩效团队的成长和发展通常会经历一些众所周知的阶段和过程。团队领导者与产品创新流程倡导者及产品创新流程负责人合作，确保创新团队成员拥有正确的技能，选择符合项目规模和范围的团队结构。只有当团队氛围符合战略一致性、参与和授权等关键方面的要求时，创新团队才能走向成功。

127. 【答案】C
【解析】6.1 创新文化与氛围
虽然文化无法用语言来表述，但是可以从组织的日常活动和行为中体现出来。氛围则是在特定工作环境中的一些局部特征。员工在团队氛围中开展日常工作和活动，其行为会受到团队氛围的强烈影响。

128. 【答案】B
【解析】7.9.4 投资回收期
投资回收期是指需要多长时间才能收回投入的资金。
前四年的利润总和 100,000 + 200,000 + 300,000 + 400,000 = 1,000,000 刚好等于投资额，故投资回收期为 4 年。

129. 【答案】D
【解析】7.9.5 净现值
净现值等于各年的现值累加，各年的现值等于终值（表格中的数据）除以（1+折现率）^{n}（n 为第几年），表格中各年终值相加都是 100,000，而选项 D 方案四的大额资金回收得更早，折现率就会低一点损失少一点，这样一来净现值就会比其他方案要高。

同样可以用净现值的公式加以计算：各年的现值等于终值（表格中的数据）除以$(1+折现率)^n$（n为第几年），净现值等于各年的现值累加，最终计算的结果也是方案四最大。

130. 【答案】B

【解析】7.9.7 财务分析电子表

大多数通用电子表都有财务函数，包括净现值和内部收益率。简化的财务分析电子表为产品经理提供了有效的工具。最有价值的一点是基于电子表的"假设情景分析"及"敏感性分析"能够为风险管理奠定良好基础

131. 【答案】B

【解析】5.1.2 市场调研中的六个关键步骤

开展市场调研工作，要遵循六个关键步骤（Naresh，2009）：

（1）定义问题。明确说明要获得什么信息，回答什么问题。

（2）定义结果的准确度。总体可靠性要达到什么水平，统计置信度和实验误差的可接受水平为多少。

（3）收集数据。选择并应用适当的方法收集数据，以达到所需的准确度。

（4）分析与解读数据。应用相应方法对数据进行分析，并对所提出的问题进行归纳和总结。

（5）得出结论。用调研结果对问题进行解读，并得出具体结论。

（6）实施。按照调研结果和结论，解决所定义的问题。

132. 【答案】A

【解析】5.4.1 焦点小组（Focus Groups）

焦点小组是一种定性市场调研方法。在训练有素的主持人引导下，12名参与者聚集在一个房间里进行讨论，讨论的重点是产品、消费者的问题或潜在解决方案。这些讨论的结果未必适用于整体市场。

133. 【答案】C

【解析】4.4.1 联合分析（Conjoint analysis）

该方法已成功用于产品概念开发、产品设计和新产品战略中。联合分析是一种补偿模型。补偿模型指消费者愿意牺牲产品中的某一属性或收益来增强另一属性的消费行为模式。该方法将偏好程度作为产品关键属性组合（用线性加权的方式）中的一个因素进行评估。

134. 【答案】C

【解析】4.7.3 可持续性设计（Design for Sustainability，DFS）

可持续性设计要求在设计周期和产品生命周期中，综合考虑环境、社会、经济和其他

因素。

术语表

面向环境的设计（Design for the Environment，DFE）：在设计与开发流程中，对产品生命周期内的环境安全和健康问题进行系统考虑的设计方式。

135. 【答案】B

【解析】7.5.2 "走向市场"流程

抢滩战略（Beachhead Strategy）

抢滩战略是一种杠杆式的市场推广方法。先选出最具潜力的细分市场作为产品首次上市地点。在该市场获得成功后，再陆续将产品投放到其他细分市场。

图 7.20 Circuit Meter 抢滩上市战略

136. 【答案】C

【解析】4.7.4 可持续性分析工具

生命周期评估（Life Cycle Assessment，LCA）

该方法用于生态设计，已经在行业中应用了 30 多年。生命周期评估提供产品从摇篮（材料提取）到坟墓（退市）的整个阶段对环境影响的定量数据。该方法分为四个阶段：明确生命周期评估的目标与范围；对产品生命周期所有阶段的能源和材料投入进行检查；对生命周期中与输入和输出相关的环境影响进行评估；对结果进行说明并采取纠正措施。

137. 【答案】D

【解析】4.18 产品可持续性指标类别与因子

138. 【答案】B

【解析】7.4.5 产品经理在产品生命周期中的角色

成熟阶段

在成熟阶段，大多数关于定位和价值主张不确定性的问题都得以解决。但在该阶段，销售增长也大大放缓，大多数想购买产品的客户已经购买了你的产品，进入市场的新买家越来越少，因此抓住现有客户变得非常重要。对产品经理来说，就要开始关注经营数据了。通过精心管理产品成本、营销和销售成本等，往往可以延长成熟产品的寿命。该阶段也是将成长阶段中的客户反馈用于产品延伸或改进以延长产品生命周期的阶段。

139. 【答案】C

【解析】3.2 产品创新章程

产自创新章程——聚焦领域（Focus Arena）

"竞技场"（Arena）一词主要是指体育比赛或文艺表演的场所。在商业上，该词含义为经营活动的场所。产品创新章程包含：
- 目标市场（比赛场所）。
- 关键技术和营销方法（如何比赛）。
- 实现项目成功的关键技术和市场规模。
- 竞争对手（其他参赛者）的优劣势，包括技术、营销、品牌、市场占有率和制造等。
- 识别并考虑受产品影响的所有项目或产品相关方，如社群或供应链等。

140. 【答案】A
【解析】1.2.3 使命（Mission）
使命是关于组织纲领、哲学、宗旨、经营原则和公司信念的说明，它确保组织的精力和资源得以聚焦。
示例：星巴克公司（Starbucks）的使命"激发并孕育人文精神——每人、每杯、每个社区。"

141. 【答案】C
【解析】1.6.1 波特竞争战略
成本领先战略
在价格竞争激烈的市场中，成本领先通常是进入市场或者保持市场地位的唯一方法。在这类市场上，因为竞争激烈，所以客户对产品的差异化并不敏感。成本领先战略的劣势在于，持续降低成本会影响产品质量，最终导致部分客户转向竞争对手。此外，由于遭受不断降低成本的压力，利润率会变低，因此在研发上的投入也非常有限。

142. 【答案】C
【解析】1.7.4 营销战略
分析现有产品组合
产品管理和产品创新规划的核心是对组织现有的产品组合进行分析。
由波士顿咨询集团（Boston Consulting Group，BCG）开发的一种方法，包含市场增长率和市场份额两个维度，它为分析现有产品组合提供了框架。该方法将现有产品分为四类，分别为明星产品（Stars）、问题产品（Question Marks）、现金牛产品（Cash Cows）和瘦狗产品（Dogs）。
- 明星产品是市场增长率和市场份额均高的产品。
- 问题产品是市场增长率高而市场份额低的产品。
- 现金牛产品是市场增长率低而市场份额高的产品。
- 瘦狗产品是市场增长率和市场份额均低的产品。

143. 【答案】C
【解析】2.1.3 组合中的项目类型

突破型项目（Breakthrough Projects，有时也称为激进型或颠覆型项目）：向市场推出具有新技术的新产品。此类项目与组织的现有项目有着显著差异，风险很高。

144. 【答案】C
【解析】7.6.1 产品路线图（Product Roadmaps）
在产品驱动型公司（硬件或软件，B2B、B2C），产品路线图对落实组织战略而言至关重要。产品路线图用于对产品战略进行图解，呈现产品随时间的发展过程，也有即将推出的功能和产品的重要创新细节，如技术方案和资源配置。产品路线图也是一种强大的沟通工具，产品经理可以通过它使不同部门保持一致，也可以通过它让销售团队与潜在客户就产品进行对话，并让营销团队根据未来的新产品和产品线延伸型新产品发布计划策划营销活动。

145. 【答案】A
【解析】1.7.4 营销战略
- 核心利益（Core Benefits）：目标市场从产品中获得的收益。
- 有形特性（Tangible Features）：产品的外观美学特性和物理功能特性。
- 增强特性（Augmented Features）：额外提供的收益，可以是免费的，也可以让产品的价格更高。

此题中 B 是有形，C 是核心，D 是有形，A 是附加。

146. 【答案】A
【解析】2.2.1 组合与战略的连接方法
如果由组织中的最高权力拥有者（如首席执行官）来决定所有项目，那么就是"自上而下法"，但这么做无法利用组织中其他人员的知识和经验。这里介绍的自上而下法平衡了组织高层级的方向和较低层级的输入，该方法也被称为"战略桶"。用不同的"战略桶"代表项目类型，用"战略桶"的大小代表完成项目所需的资源数量。

147. 【答案】A
【解析】2.4.2 将产品组合可视化
在开发和报告时，将产品组合可视化非常重要。气泡图（Bubble Diagram）是一种最常用的可视化工具。
典型的气泡图用 X 轴和 Y 轴两个维度呈现项目。X 轴和 Y 轴各代表一个维度，如风险和回报。可以根据项目在 X 轴和 Y 轴上的分值确定气泡的位置。气泡的大小则代表第三个维度，如投资额或资源、需求量。

148. 【答案】B
【解析】2.5 资源配置
资源配置不是对单个问题进行简单相加，而是相对复杂的流程。

资源配置要求在合适的时间，为项目配备具有合适技能的合适人选。合理的资源配置会带来以下益处：
- 更有效的项目流程（更少的项目延期）。
- 更多的成果输出（更多的上市产品）。
- 更高的员工满意度。
- 更有效的组合管理。

149.【答案】B
【解析】7.9.3 投资回报率
投资回报率是投资回报与投资成本之比。它可用于评估单个投资的价值，也可用作对多个投资方案进行比较的工具。

150.【答案】B
【解析】2.1.1 什么是组合管理
"项目组合是指为了实现战略目标而组合在一起管理的项目、项目集、子项目组合和运营工作。项目组合中的项目或项目集不一定彼此依赖或直接相关。"（项目管理协会，《项目管理知识体系指南》，2013）
在产品创新和产品管理中，"企业可以通过两种途径实现新产品成功：做正确的项目和正确地做项目。组合管理就是做正确的项目"（Belliveau 等，2002）。

151.【答案】C
【解析】7.3.1 产品管理的作用
产品经理是创造产品内部和外部愿景并从零开始领导产品创新的人。产品经理在整个过程中与相关方和团队一起制定定位战略。产品经理的主要职责有：
- 了解客户体验。
- 制定愿景。
- 选择流程和排序活动优先级。
- 制定产品价格和定位战略。
- 与相关方谈判。
- 制定并遵循路线图。
- 安排产品测试小组。
- 推动产品上市。
- 参与制订促销计划。
- 在产品团队各个层面上推广产品。

152.【答案】B
【解析】3.5 产品创新流程控制
本章介绍的每种产品创新流程在基本结构和基本原理方面都具有明显的优势。每种流程都有自己的应用情境，先有流程后有结果。例如，交付团队通常会制定一些所需的文档，如需求文件或架构文件，以通过流程中的关口。高级管理者或管理团队应承担管理（治理）和控制责任，这是确保产品创新流程整体有效性的前提。正确的流程应聚焦在高效和有效地交付正确结果上。

项目管理协会将项目治理定义为：涵盖由发起组织对项目集和战略进行定义、授权、监督和支持的体系与方法。项目治理指发起组织用于确保项目集（在可行的范围内）被有效和持续管理而执行的实践和流程。由评审和决策机构来实施项目集治理，该机构负责批准或签署其授权范围内的项目建议。

153. 【答案】D
【解析】3.2 产品创新章程
通过制定创新战略来明确目标和方向是产品创新项目成功的基础。产品创新章程（Product Innovation Charter，PIC）提供了更为明确的定义。

产品创新章程是一份关键的战略文件，也是组织对新产品进行商业化的核心。它涵盖了项目的立项原因、总体目标、具体目标、准则和范围，回答了产品开发项目中"谁、什么、哪里、何时、为什么"等问题。在发现阶段，包括对市场偏好、客户需求、销售潜力和利润潜力做出的假设。进入开发阶段后，经过原型开发和市场测试，以上假设会遇到挑战。随着项目的进展，业务需求和市场条件也会发生变化，项目开发者必须确保项目不偏离既定轨道。在开发阶段，必须不断对照产品创新章程，以确保它仍然有效、项目仍然在所定义的范围内，以及发现阶段所假设的机会仍然存在。

154. 【答案】B
【解析】2.1.1 什么是组合管理
（2）战略一致（Business Strategic Alignment）：确保整体组合与组织经营战略及创新战略保持一致，也确保组合中的投资与组织的战略优先级保持一致。

155. 【答案】D
【解析】3.3.1 门径流程
什么是关口（Gate）
关口是产品创新流程中的预定节点。在关口处要做出项目下一阶段的关键决策，包括：在门径流程中，前一个阶段输出的可交付成果将作为下一个阶段的输入。如上所述，每个关口都预先设定了关口评审标准。关口评审标准可以是技术、财务和/或定性标准。关口输出是做出的决策（通过/否决/搁置/重做）和下一阶段计划，计划中包含要交付的成果、进度表和阶段性工作成果。
关口是产品创新控制和管理（治理）流程的组成部分，只有满足某些条件才能通过关口，从而进入下一阶段。

156. 【答案】B

【解析】3.1.4 运用知识提升决策水平并减少不确定性
做出正确的决策需要知识、信息和数据，包括：
- 组织中的历史记录。
- 组织中的员工。
- 外部顾问。
- 公开文献。
- 专利。
- 竞争对手。
- 客户。

157. 【答案】B
【解析】3.3.1 门径流程
图 3.4 门径流程的基本框架
库珀和艾杰特在20世纪80年代早期首先提出了门径流程。随着行业需求的不断变化，该流程也在不断更新。
3.3.4 敏捷产品创新方法
敏捷产品创新方法（简称敏捷方法或敏捷）是在合作环境下，由自治式团队进行产品迭代开发的一种方法。通过渐进式的迭代工作（也称为"冲刺"），团队可以应对不可预知性。敏捷方法在软件行业的应用非常普及，也用在敏捷门径混合型流程中（3.3.1），敏捷门径混合型流程通常用于开发有形产品。与硬件不同，软件是不断变化的。

158. 【答案】D
【解析】6.2.1 产品创新战略中的角色
由跨职能高级管理者组成的团队负责制定创新战略，通常由一名高级管理者领导，如首席执行官、首席技术官、首席创新官或创新副总裁。高级管理层确保创新战略与总体经营战略保持一致，并与相关职能战略协同。通过该方式，创新被融入组织目标。如第2章所述，只有当项目目标与组织战略一致，并有足够的资源来实施项目时，才能将产品创新项目安排给产品创新团队。

159. 【答案】C
【解析】3.3.4 敏捷产品创新方法
敏捷团队
敏捷团队通常由7人组成，也可在此基础上增减2人。为了实现冲刺目标，团队成员通常由多个职能部门（跨职能团队）的人员组成。软件开发团队成员包括软件工程师、架构师、程序员、分析员、质量专家、测试员及用户界面设计师等。在冲刺期间，团队通过自组织的方式实现冲刺目标。团队在实现目标的方法上享有自主权，并对这些目标负责。

160. 【答案】B

【解析】6.3.3 重量型团队

图 6.4 重量型团队

与轻量型团队有所不同，重量型团队更专注于项目工作而非职能工作。如图 6.4 所示，跨职能核心团队由完成产品创新工作所需的各专业成员组成。项目领导者是全职的，负责内、外部协调和沟通。当产品创新团队将概念转化为商业上可行的产品或服务时，市场就成为驱动项目工作的关键因素。

161. 【答案】A

【解析】6.5 领导力

6.5.1 角色与责任

团队领导者为朝着特定目标努力的一群人提供方向、指导和支持。高效的领导者了解团队成员的优缺点和动机。团队领导者的角色包括：

- 提出目标（团队应实现的目标）。
- 打造一个明星团队，而不是将一群明星拼凑成一个团队。
- 承担共同完成成果的责任。
- 充分发挥团队成员的潜能。
- 把工作变得有趣和引人入胜。
- 鼓励和激励团队成员。
- 领导和促进建设性沟通。
- 在不进行微观管理的情况下监控进展情况。

162. 【答案】D

【解析】7.7 可行性分析

可行性分析是分析项目或新产品成功可能性的流程。在产品创新项目和产品生命周期中，会开展不同详细程度的可行性分析。在门径流程的关口评审（见第 3 章）处要做可行性分析，在系统工程方法中也要做可行性分析，尤其要对用户需求进行早期可行性分析。

163. 【答案】C

【解析】7.9.1 成本

成本的基本构成是固定成本（Fixed Costs）、可变成本（Variable Costs）和资本支出（Capital Costs）。

固定成本是指在相关时间段或生产规模内，总额与业务活动不成比例变化的费用，包括行政费用、租金、利息和管理费用。

可变成本是与业务活动成比例变化的费用，如生产人员工资、电费、清洁材料成本和制造材料成本。

总成本 = 固定成本 + 可变成本

资本支出指购买土地、建筑物和设备等的支出，在生产产品或提供服务时要用到。

164. 【答案】A

【解析】7.12.2 产品创新度量指标
用于汇报和持续改进的度量指标
在许多组织中，度量指标是管理层在汇报产品创新投资回报并证明未来投资合理性时所用到的关键工具。用于向高级管理层汇报的常用度量指标有：
- 活力指数：过去几年中，新产品销售额占总销售额之比。
- 研发费用占比：研发费用占总收入之比。
- 盈亏平衡时间或盈利所需时间。
- 专利数量，包括申请的专利和授予专利。
- 上市的新产品数量。

活力指数（Vitality Index）：在企业中，新产品销售额除以指定时期内某一产品线或部门所有产品的销售额的所得值。

165. 【答案】B

【解析】4.2.2 创意生成工具
德尔菲技术（Delphi Technique）
通过向专家组发送问卷，然后根据专家匿名回复的结果进行预测的方法。通常向专家发放几轮问卷，每轮问卷结束后，将专家的匿名回复进行汇总并在专家组内公布。它主要用于对未来技术和消费者趋势进行预测和判断。

166. 【答案】D

【解析】4.2.2 创意生成工具
六顶思考帽（Six Thinking Hats）
爱德华·德·博诺（Edward de Bono）开发的一种工具，它鼓励团队成员将思维方式分成六种明确的功能和角色，每种角色都有一项具有象征性颜色的"思考帽"。
- 白色：象征客观，聚焦在事实上。
- 黄色：象征积极，寻找价值和收益。
- 黑色：象征消极，寻找问题或缺陷。
- 红色：象征情绪，喜欢、不喜欢或害怕。
- 绿色：象征创造力，寻找新的创意、可能性和解决方案。
- 蓝色：象征控制，确保遵循正确的流程。

167. 【答案】C

【解析】4.6.1 质量功能展开
质量功能展开的优点与缺点
优点

- 采用团队协作的方法达成一致，以便更好地进行跨职能讨论。
- 确保新产品开发团队聚焦于客户需求。
- 提供了从客户需求出发，逐级定义产品设计规格和工程设计需求的结构化基础。
- 随着开发工作不断推进，通过市场测试的反馈，有助于优化设计，并能够避免忽视最初的概念设计和客户需求。

缺点
- 较为烦琐（要处理大量需求并创建大型表格），并且需要很长的时间完成整个质量功能展开过程。
- 较为冗长，会让人迷失产品设计所追求的目标。
- 随着消费者需求的不断变化，需要聚焦在定义正确的设计规格上。当产品竞争激烈，需要新技术支持时，要做到这一点并非易事。

168. 【答案】C

【解析】7.11.3 产品创新项目风险管理

产品风险（Product-Based Risks），包括在产品商业化后：
- 对客户造成了损害。
- 未提供承诺的收益。
- 不符合法律法规。
- 未满足客户期望，如外观、特性、功能或价格。

169. 【答案】B

【解析】4.3.1 概念工程（Concept Engineering Method）

第一阶段：了解客户环境

了解项目范围并制定路线图，用路线图指导探索活动，收集客户之声并形成客户环境和产品应用的共同画像。通过客户访问和环境调查深度了解客户使用环境。将收集到的客户之声转化为需求，并纳入产品设计所包含的预期特性。该阶段要求设计团队用三角互证法（Triangulation of Perspectives）开发客户环境的共同画像。

170. 【答案】D

【解析】5.9 产品创新各阶段的市场调研

在新产品开发和创新中，通常在进入创新流程的每个阶段之前都要进行调研和测试，然后才能进入下个阶段。要对产品创新项目流程中所采用的市场调研方法进行选择，从前端的概念发现研究，到概念测试、产品使用测试、试销，再到整个产品生命周期的市场测试等。每种方法各有优点，没有一种工具或方法能够解决所有问题。关键是要了解哪些方法能够用于探索、发现和洞察，哪些方法能够用于确认和验证，哪些方法能够降低失败概率并做出正确决策。总之，在每个阶段都要选用相应的方法和工具做出决策。

171. 【答案】B
【解析】1.9.4 可持续产品创新
循环经济与创新"从摇篮到摇篮"（从一款产品生命的开始到一款新产品生命的开始）让我们思考或专注于能够形成战略驱动力的循环经济。
循环经济（Circular Economy）的目标是在产品生命周期中形成闭环。循环经济基于以下三个原则。
原则一：通过控制有限的存量和对可再生资源的流动进行平衡，从而保护并增加自然资源。
原则二：通过循环利用产品、零部件和原材料，优化资源产出，并在技术和生物周期中保持资源利用率最大化。
原则三：通过发现并消除外部负面影响提升系统效率。

172. 【答案】B
【解析】7.5.2 "走向市场"流程
图 7.10 老式走向市场战略
老式走向市场战略 老式走向市场战略是做出产品，然后再考虑如何出售产品的线性化流程。
图 7.11 新式走向市场战略
新式走向市场战略则是迭代式流程。

173. 【答案】D
【解析】6.1 创新文化与氛围
文化是组织中人们拥有的共同信念、核心价值观、行为和期望的集合。一般来说，文化：
- 反映了组织的价值观。
- 通过习俗、礼仪和仪式体现出来。
- 决定了如何完成工作。
- 决定了组织的长期可持续性。

174. 【答案】B
【解析】1.7.2 技术战略
图 1.14 技术 S 曲线
成长阶段：技术有了显著改进和性能大幅提高的阶段。此时，越来越多的风险规避型组织会考虑应用该技术。这样一来，基于该技术的产品之间就会出现激烈竞争。

175. 【答案】B
【解析】1.6.1 波特竞争战略
差异化战略

差异化战略的特点是：
- 应用于"宽市场范围"。
- 通过交付独特、优质的产品和建立客户忠诚度获取市场份额。
- 客户通常更关注产品质量和特性。

176. 【答案】A
【解析】1.6.2 迈尔斯和斯诺战略框架
图 1.10 迈尔斯和斯诺战略框架
采取探索者战略的组织
- 敢冒风险，渴望寻求新机会。
- 开发和应用新技术的灵活度高。
- 通过较快的上市速度，获得更大的市场份额。

177. 【答案】A
【解析】1.6.4 创新景观图（The Innovation Landscape Map）（Pisano，2015）
图 1.12 创新景观图
颠覆式创新（Disruptive Innovation）。创新商业模式，但无须新技术支持。

178. 【答案】C
【解析】1.6.1 波特竞争战略
细分市场战略
细分市场战略也称为聚焦战略（Focus Strategy）。细分市场战略适用于"窄市场范围"，成本领先战略和差异化战略则聚焦于"宽市场范围"。细分市场战略建立在对关键市场深入了解的基础上，该市场通常具有独特的需求。

179. 【答案】B
【解析】3.2 产品创新章程
通过制定创新战略明确目标和方向是产品创新项目成功的基础。产品创新章程（Product Innovation Charter，PIC）提供了更为明确的定义。
产品创新章程是一份关键的战略文件，也是组织对新产品进行商业化的核心。它涵盖项目的立项原因、总体目标、具体目标、准则和范围，回答了产品开发项目中"谁、什么、哪里、何时、为什么"等问题。在发现阶段，包括对市场偏好、客户需求、销售潜力和利润潜力做出的假设。进入开发阶段后，经过原型开发和市场测试，以上假设会遇到挑战。随着项目的进展，业务需求和市场条件也会产生变化，项目开发者必须确保项目不偏离既定轨道。在开发阶段，必须不断对照产品创新章程，以确保它仍然有效，项目仍然在所定义的范围内，以及发现阶段所假设的机会仍然存在。

180. 【答案】B

【解析】2.1.3 组合中的项目类型
突破型项目（Breakthrough Projects，有时也称为激进型或颠覆型项目）：向市场推出具有新技术的新产品。此类项目与组织的现有项目有显著差异，风险很高。

181. 【答案】B
【解析】2.1.1 什么是组合管理
（2）项目平衡（Balance）：根据预设的标准选择不同类型的项目，并实现项目平衡。标准包括长期与短期、高风险与低风险、产品或市场类型等。

182. 【答案】C
【解析】2.5.2 资源配置流程
图 2.10 资源规划和配置中的角色和责任

183. 【答案】C
【解析】1.7.2 技术战略
技术战略——链接经营战略和创新战略
在很大程度上，组织的战略聚焦决定了技术战略的作用和重要性：
- 技术驱动型组织通过新颖的、开创性的技术获得竞争优势。
- 市场驱动型组织注重满足客户需求，技术可以是也可以不是其中的核心组成部分。
- 大多数组织处于中间的某个位置，既注重满足客户需求，也通过技术获得竞争优势。

184. 【答案】C
【解析】1.7.1 产品平台战略
产品平台战略是大多数公司开发新产品的基础。产品平台战略是将产品中的一些子系统及接口组成一个共用架构，继而在该共用架构上高效地开发和制造一系列衍生产品的战略。

185. 【答案】C
【解析】7.4.4 产品生命周期对产品组合的影响
在产品生命周期不同阶段的管理战略，强调了产品改进、增加新特性、延伸产品线和降低成本的重要性，这些也应在新产品组合中得到体现。正如第2章所述，总体经营战略和创新战略为产品组合管理提供了方向和框架。这些战略决定了各类新产品的优先级，包括：
- 世界级新产品或公司级新产品。
- 产品线延伸型新产品。
- 降低成本型新产品。
- 改进型新产品。

NPDP综合模拟试题（四）参考答案及解析

186. 【答案】B

【解析】3.1.5 在产品创新流程中"前端"的重要性

产品创新项目的"前端"（Front-End）阶段是成功的关键，也是流程的起点。在进入正式的产品创新流程之前，组织在该阶段识别机会并生成概念。该阶段包括创意生成、初始概念开发及产品创新项目如何为整体产品创新战略做出贡献的总体策划。一些文献将其称为"模糊前端"（Fuzzy Front End，FFE），因为其是项目中定义最不明确的阶段。在该阶段，产品或解决方案的概念还不具体也不清晰，仍在形成中，也未能完整定义价值主张。该阶段也被称为创新前端（Front End of Innovation，FEI），通常会在相关文件中予以说明

187. 【答案】B

【解析】3.3.1 门径流程

门径流程的主要阶段：

- 发现（Discovery）：寻找新机会和新创意。
- 筛选（Scoping）：初步评估市场机会、技术需求及能力的可获得性。
- 商业论证（Business Case）：筛选阶段之后的一个关键阶段。在该阶段要进行更为深入的技术、市场及商业可行性分析。
- 开发（Development）：产品设计、原型制作、可制造性设计、制造准备和上市规划。
- 测试与确认（Testing and Validation）：测试产品及其商业化计划的所有方面，以确认所有假设和结论。
- 上市（Launch）：产品的完整商业化，包括规模化制造及商业化上市。

188. 【答案】C

【解析】5.10 市场调研中的度量指标与关键绩效指标

分销（Distribution）：在市场上可以获得某产品的程度。

189. 【答案】B

【解析】1.3.1 经营战略（Business Strategy，也称为业务战略）

波特（1996）认为，竞争战略就是"做到与众不同"。他还提到："要有目的、有意识地选择一组与众不同的行动，以提供独特的价值组合。"简而言之，波特认为战略就是竞争定位，就是差异化，要通过一系列与竞争对手不同的做法为客户增加价值。

190. 【答案】B

【解析】1.7.2 技术战略

图1.14 技术S曲线

引入阶段：采用技术的最初阶段。此时，技术性能往往有限，应用该技术的公司要承担较大的风险。由于不愿承担风险，或者害怕产品失败或降低客户满意度，一些组织

只采用风险相对较低的创新战略。但是，敢于采用高风险战略的组织认为，引入阶段的技术为自身带来了在市场上获得早期立足点并成为市场领导者的机会。

成长阶段：技术有了显著改进和性能大幅提高的阶段。此时，越来越多的风险规避型组织会考虑应用该技术。这样一来，基于该技术的产品之间就会出现激烈竞争。

成熟阶段：是技术到达科学极限，无法获得进一步提升的阶段，或是新技术已经取代该技术的阶段。

191. 【答案】A
【解析】1.6.1 波特竞争战略
差异化战略
差异化战略的特点：
- 应用于"宽市场范围"。
- 通过交付独特、优质的产品和建立客户忠诚度获取市场份额。
- 客户通常更关注产品质量和特性。

192. 【答案】D
【解析】2.4 平衡组合
大多数组织会寻找各种各样的新产品机会，并将其纳入产品组合。这样做有助于平衡风险和收益。此外，多元化的组合能够抵御市场变化造成的影响。新产品机会的范围和比例应取决于公司战略或经营战略，并与创新战略保持一致。有很多对新产品机会进行分类的方法，如按照事业部、产品类别、目标市场分类或按照项目特征分类。

193. 【答案】C
【解析】6.3.3 重量型团队
图 6.4 重量型团队
与轻量型团队有所不同，重量型团队更专注于项目工作而非职能工作。如图 6.4 所示，跨职能核心团队由完成产品创新工作所需的各专业成员组成。项目领导者是全职的，负责内外部协调和沟通。当产品创新团队将概念转化为商业上可行的产品或服务时，市场就成为驱动项目工作的关键因素。

194. 【答案】D
【解析】1.4.4 商业模式画布（Business Model Canvas，BMC）
1.8 商业模式画布框架
商业模式画布的一个重要特征是可视化，如图 1.8 所示。该图将整个商业模式呈现在一页纸上，其右侧聚焦在客户上，左侧则聚焦在业务上。通过提出和回答关键问题的方式，在画布上写出相关信息。

195. 【答案】C

【解析】1.8.1 开放式创新的基础

开放式创新（Open Innovation，OI）指组织通过联盟、合作或签约的方式，主动地从外部寻求知识，以补充和增强其内部能力，从而改进创新成果的战略。这些创新成果可以在内部、通过新的商业实体实现商业化，也可以通过向外部发放许可的方式实现商业化。

196. 【答案】D

【解析】2.1.1 什么是组合管理

库珀等（2015）提出了组合管理要实现的五个目标。

（1）价值最大（Value Maximization）：通过配置资源实现组合价值最大化（各个项目的商业价值总和）。

（2）项目平衡（Balance）：根据预设的标准选择不同类型的项目，并实现项目平衡。标准包括长期与短期、高风险与低风险、产品或市场类型等。

（3）战略一致（Business Strategic Alignment）：确保整体组合与组织经营战略及创新战略保持一致，也确保组合中的投资与组织的战略优先级保持一致。

（4）管道平衡（Pipeline Balance）：大多数公司在产品组合中囊括太多的项目，因此要确保资源和聚焦领域不至于太过分散。应确保项目数量合理，以达到管道中资源需求和可用资源供给之间的最佳平衡。

（5）盈利充分（Sufficiency）：确保在产品组合中选定的项目能够实现产品创新战略中设定的财务目标。

2.6.1 组合管理的复杂性

一些组织的最佳实践是，在组合管理早期先采用一些简单的方法，再循序渐进地采用较为复杂的流程和技术进行组合管理和决策。此外，获得高层管理者的支持，并促进组合管理获得跨职能部门的理解和承诺也非常重要。

197. 【答案】D

【解析】2.3 新产品机会评估与选择

图2.2 项目评估工具及其使用情况（Markham Lee，2013）

198. 【答案】A

【解析】2.3.1 定性评估方法

通过/失败法（Pass/Fail）

通过/失败法指产品创意能否满足一些基本标准要求，能否通过"第一关"。采用一些标准对每个创意进行评估，最后得出"通过"（用"P"表示）或"失败"（用"F"表示）的结论。只有符合所有标准要求的创意才能进入下一关。与大多数筛选方法一样，在进行评估时，最好邀请跨职能部门（如营销、技术和制造部门等）的代表参与评估，以便将其知识和经验应用于评估流程中。

评分法（Scoring）

评分法则更为详细，通常用于通过/失败法筛选之后。运用评分法时，需要更多信息才能做出较好的评估。

199. 【答案】C
【解析】2.3.2 定量评估方法
在产品组合选择和组合评审中，通常用定量评估方法评估经济性。
图 2.5 财务分析的框架
通过一些具体的财务指标可以明确项目成本（资本支出）和累计净收入（收入减去成本）之间的关系。这些指标有：
- 净现值（Net Present Value，NPV）。
- 内部收益率（Internal Rate of Return，IRR）。
- 投资回报率（Return on Investment，ROI）。
- 投资回收期（Payback Period，PBP）。

7.9.6 内部收益率
内部收益率是净现值为零时的折现率，它用于评估在项目或产品上进行投资的吸引力。可以将内部收益率和公司最低收益率及其他内外投资方式进行比较。

200. 【答案】B
【解析】图 3.3 标准决策框架